Machtspiele

Matthias Nöllke

Machtspiele

Wie wir unseren Willen durchsetzen

3., erweiterte Auflage

Haufe Gruppe
Freiburg · München · Stuttgart

Bibliografische Information der Deutschen Nationalbibliothek

Die Deutsche Nationalbibliothek verzeichnet diese Publikation in der Deutschen Nationalbibliografie; detaillierte bibliografische Daten sind im Internet über http://dnb.dnb.de abrufbar.

Print: ISBN 978-3-648-09506-5 Bestell-Nr. 10088-0002
ePub: ISBN 978-3-648-09507-2 Bestell-Nr. 10088-0101
ePDF: ISBN 978-3-648-09512-6 Bestell-Nr. 10088-0151

Matthias Nöllke
Machtspiele
3. Auflage 2017

© 2017 Haufe-Lexware GmbH & Co. KG, Freiburg
www.haufe.de
info@haufe.de
Produktmanagement: Anne Rathgeber

Lektorat: Ulrich Leinz, Berlin
Satz: kühn & weyh Software GmbH, Satz und Medien, Freiburg
Umschlag: RED GmbH, Krailling

Alle Angaben/Daten nach bestem Wissen, jedoch ohne Gewähr für Vollständigkeit und Richtigkeit.
Alle Rechte, auch die des auszugsweisen Nachdrucks, der fotomechanischen Wiedergabe (einschließlich Mikrokopie) sowie der Auswertung durch Datenbanken oder ähnliche Einrichtungen, vorbehalten.

Inhaltsverzeichnis

Vorwort		7
1	**Was ist Macht?**	9
2	**Was sind Machtspiele?**	25
3	**Grundspiele**	39
3.1	Das »Ich will ein Eis!«-Spiel	39
3.2	Die Kunst der Drohung	42
3.3	Das Spiel des Lobens	50
3.4	Schuld schieben	56
3.5	Die Überrumpelung	58
3.6	Das Opferspiel	62
4	**Boss-Spiele**	69
4.1	Den Sklaven vorführen	72
4.2	Der Knicktest	76
4.3	Niederbügeln, um aufzubauen	79
4.4	Durch Lob verbrennen	82
4.5	Ein Huhn schlachten	86
4.6	Das Flegelspiel	89
4.7	Der Leitwolf und sein Betamännchen	91
5	**Mitarbeiterspiele**	95
5.1	Vollbeschäftigung	97
5.2	In den Graben fahren	101
5.3	Das Jasager-Spiel	104
5.4	Nüsse verstecken	108
5.5	Die Marionette führt	110
5.6	Die Niedrigstrom-Provokation	115
5.7	Mit Liebe gekocht	119
6	**Verhandlungsspiele**	123
6.1	Das »Mein gnadenloser Boss«-Spiel	123
6.2	Die freiwillige Selbstfesselung	126
6.3	Das »Klappe zu«-Spiel	129
6.4	Die eingebaute Nachverhandlung	132
6.5	Hart an der Schmerzgrenze	135

Inhaltsverzeichnis

6.6	»Verdammt, ich brauch Sie, ich brauch Sie nicht!«	136
6.7	Nicht erreichbar	141
6.8	Low Ball und andere Köderspiele	144
7	**Konkurrenz- und Karrierespiele**	**149**
7.1	Das geborgte Messer	153
7.2	Wir sind alle gute Freunde	157
7.3	Der Materazzi	160
7.4	Ein hohes Tier anschießen – ein Killerspiel	164
7.5	Der innere Kreis	167
7.6	Der Heuschreckenkrebs und andere Kampfspiele	172
8	**Organisationsspiele**	**179**
8.1	Der Scheinhäuptling	179
8.2	Das Mülleimerspiel	183
8.3	Der Flaschenzug	187
8.4	Der Abteilungskampf	191
9	**Soft-Power-Spiele**	**195**
9.1	Eigenverantwortung	195
9.2	Stühle wechseln	199
9.3	Ein Auge zudrücken	201
9.4	Das »Sei-kein-Arschloch«-Spiel	205
9.5	Das Enttäuschungsspiel	207
10	**Foulspiele – und wie man sich dagegen wehrt**	**211**
10.1	Die Normfalle	212
10.2	Die schmutzigen Tricks der Verleumdung	214
10.3	Das Schikanierspiel	219

Literatur **225**

Vorwort

> *Bei Schimpansen geschieht es nicht selten, dass ein verletzter Anführer doppelt so viel Energie in seine Drohgebärden steckt wie vorher und damit die Illusion erzeugt, in ausgezeichneter Verfassung zu sein.*
> Frans de Waal: Der Affe in uns

Machtspiele sind alltäglich. Ob im Beruf, in der Partnerschaft, unter Freunden, bei der Kindererziehung, im Straßenverkehr oder auch in der Affenhorde, nahezu überall können wir die Erfahrung machen: Viele setzen ihren Willen nicht »einfach so« durch, weil sie die Stärkeren sind oder die amtliche Erlaubnis haben, sondern weil sie tricksen, weil sie drohen, weil sie bluffen, weil sie das eine sagen und das andere meinen. Weil sie so tun, als würden sie nachgeben, und in Wirklichkeit nehmen sie uns die Dinge aus der Hand. Weil sie es verstehen, uns zu beeindrucken. Weil sie unsere Gefühle für sich ausnutzen. Weil sie uns vor anderen anschwärzen. Weil sie uns vereinnahmen, weil sie uns einschüchtern und weil sie uns bei unserer Eitelkeit packen. Und wir? Wir halten es mit unseren Mitmenschen im Prinzip nicht viel anders. Denn auch wir wollen unseren Willen durchsetzen. Wir wollen nicht die Dummen sein, sondern die Schlauen. Und deshalb mischen wir mehr oder weniger geschickt mit – bei diesen Machtspielen.

Genau darum soll es in diesem Buch gehen: Um die bunte Vielfalt alltäglicher Machtspiele. Sie erfahren, was es mit der »Kunst der Drohung« auf sich hat, wie Ihr Chef Sie »durch Lob verbrennen« kann, wie manche die Schuldgefühle ihrer Mitmenschen in eine sprudelnde Machtquelle verwandeln, warum das Prinzip »Eigenverantwortung« Sie in eine noch größere Abhängigkeit verstricken kann und vieles, vieles mehr. Dabei hat dieses Buch eine doppelte Zielrichtung: Zunächst einmal sollen Sie verstehen, wie solche Machtspiele ablaufen, wie die Spielregeln sind und wie Sie diese Spiele für sich nutzen können. Denn Machtspiele müssen keineswegs immer nur schlimm, unmoralisch und böse sein, sie können auch legitim, sportiv, ja geradezu charmant sein. Aber es gibt natürlich auch eine dunkle Seite, die keineswegs unterschlagen werden soll. Denn Machtspiele können Sie regelrecht zerstören, wenn Sie sich nicht zu helfen wissen. Und daher ist zweite Zielrichtung dieses Buchs aufzuzeigen, wie Sie auf die Machtspiele der anderen reagieren können: Sollen Sie, müssen Sie mitspielen, oder können Sie das Spiel durchkreuzen? Welche Möglichkeiten Ihnen offen stehen, hängt stark von Ihrer Position im Machtgefüge ab. Und diese Position können Sie wiederum verändern, nach oben oder unten – durch Machtspiele.

Vorwort

Bevor wir uns aber mit diesen Spielen beschäftigen, müssen wir erst einmal klären, was wir unter Macht verstehen. Dieser Frage ist das erste Kapitel gewidmet. Darauf aufbauend wird uns beschäftigen, was Machtspiele auszeichnet und ob es auch einen Umgang mit Macht »ohne Spiel« geben kann. Die folgenden Kapitel stellen die verschiedenen Machtspiele vor: Von den »Grundspielen« bis zu den »Foulspielen«, von den »Boss-Spielen« bis zu den »Mitarbeiterspielen«, denn natürlich treiben auch die Mitarbeiter mit ihrem Vorgesetzten ihre Spiele.

Vor 17 Jahren habe ich mich erstmals mit dem Thema beschäftigt. Damals habe ich für den Bayerischen Rundfunk eine dreiteilige Hörfunkreihe über Machtspiele geschrieben. Seitdem hat mich das Thema nicht mehr losgelassen. Für dieses Buch habe ich mehr als vierzig Interviews und Hintergrundgespräche geführt mit Führungskräften, Wissenschaftlern und Mitarbeitern aus den verschiedensten Branchen und Hierarchieebenen. Ihre Berichte und Informationen waren das Rohmaterial, aus dem ich die hier versammelten Spiele extrahiert habe. Ich habe mich bemüht, eine möglichst große Spannbreite einzufangen, was natürlich nicht heißt, dass irgendeine Form von Vollständigkeit angestrebt war. Je mehr ich mich mit dem Thema beschäftigt habe, umso vielfältiger ist es mir erschienen. In jedem neuen Interview habe ich Neues hinzugelernt. Daher bitte ich Sie: Wenn Sie mir Ihre eigenen Erfahrungen mit Machtspielen mitteilen möchten, schreiben Sie mir eine Mail an: machtspiele@noellke.de.

Einige Leser haben das bereits getan. Denn die »Machtspiele« sind erstmals 2007 erschienen. Das Buch hat großen Anklang gefunden, es stand einige Wochen auf der Bestsellerliste der Financial Times Deutschland. Und es hat viele Leser bewegt, mir von ihren Erfahrungen mit verschiedenen Machtspielen zu berichten. Dafür möchte ich mich bedanken. Ebenso bei der Produktmanagerin Anne Rathgeber und dem Verlag, die es möglich gemacht haben, dass die »Machtspiele« in einer zweiten und nunmehr dritten Neuauflage erscheinen konnten. Dafür habe ich den Text komplett überarbeitet, aktualisiert und neue Spiele ergänzt wie »die Überrumpelung« oder das »Killerspiel: Ein hohes Tier anschießen«. Auch der Untertitel wurde auf meinen Wunsch geändert. Denn worum es auf den folgenden Seiten gehen soll, das sind die manchmal recht verschlungenen Wege – wie wir unseren Willen durchsetzen.

Und damit wünsche ich viel Vergnügen beim Lesen.

Dr. Matthias Nöllke, München im März 2017

1 Was ist Macht?

Wenn nötig, zögere nicht, deine eigene Mutter zu verkaufen, um die Macht zu ergreifen. Sobald du die Macht hast, wirst du merken, dass es mehrere Wege gibt, die Mutter wieder zurückzuholen.
Sprichwort der Aschanti

Kaum etwas erscheint so erstrebenswert wie Macht. Wer Macht hat, bestimmt, was geschieht. Am Arbeitsplatz, in der Partnerschaft oder auf der Überholspur der Autobahn, sobald wir es mit anderen Menschen zu tun bekommen, ergeben sich Gelegenheiten, sie in unserem Sinne zu beeinflussen. Denn genau darum geht es bei der Macht: gegenüber anderen seinen eigenen Willen durchzusetzen. Und zwar, wie der Soziologe Max Weber in seiner viel zitierten Definition bemerkt, »auch gegen Widerstreben«. Das Wörtchen »auch« sollte nicht übersehen werden: Die anderen können »auch« unterwürfig Beifall klatschen, sich beleidigt zurückziehen oder die Sache widerstandslos hinnehmen, das spielt keine Rolle. Wer Macht über sie hat, setzt seinen Willen durch. Punktum.

Dabei handelt es sich um eine außerordentlich beglückende Erfahrung. Sie hebt unser Selbstwertgefühl, baut Stresshormone ab und stärkt uns für kommende Auseinandersetzungen. Jeder braucht die Erfahrung von Macht. Experimente mit vier Monate alten Säuglingen deuten darauf hin, dass wir schon sehr früh eine ausgeprägte Lust daran entwickeln, unsere Umwelt zu steuern. Den Babys wurden in einer etwas komplizierten Versuchsanordnung bunte Lichteffekte vorgeführt, die sie durch das dreimalige Drehen des Kopfes beeinflussen konnten. Die Forscher registrierten, dass ihre Studienobjekte in Strampelhosen rasch das Interesse verloren, wenn sie die Lichteffekte nicht steuern konnten. Was ihre Aufmerksamkeit fesselte, waren nicht die bunten Blitze, sondern die Tatsache, dass sie es waren, die die Kontrolle darüber ausübten.

Menschen wollen etwas bewirken, vor allem auf andere Menschen wollen sie einwirken. Denn wir sind ausgesprochen soziale Wesen und verkümmern, wenn wir keinen Zugang zu den anderen finden. Für unsere seelische Gesundheit brauchen wir immer wieder die Gewissheit, dass wir es sind, die Einfluss auf sie nehmen und ein wenig in ihren Angelegenheiten mitmischen. Ob im Strampelanzug, im Blaumann oder im feinen Zwirn: Menschen genießen es, Macht über andere auszuüben. Auch wenn das Feld, auf dem sie sich durchsetzen, anderen völlig unbedeutend erscheint. Ja, manche üben ihre Macht so sehr im Verborgenen aus, dass es andere kaum bemerken. Und doch wäre es ein Fehler, diese unscheinbare Macht zu übersehen. Denn Menschen werden im Allgemeinen sehr ungemütlich, wenn man versucht, ihnen einen Teil ihrer Macht wieder zu entziehen.

Macht bereitet nicht nur Genuss, sie verschafft auch Anerkennung und Prestige. Der amerikanische Kultursoziologe Richard Sennett hat das einmal so ausgedrückt: Nicht derjenige, den wir besonders achten und dessen Qualitäten wir schätzen, gelangt auf eine Machtposition, sondern es ist oft andersherum – wer auf einer mächtigen Position sitzt, dem bringen wir Achtung und Respekt entgegen. Da wir uns ohnehin nach ihm richten müssen, nehmen wir sicherheitshalber an, dass er zu Recht da oben sitzt. Es wäre zu beschämend sich vorzustellen, dass wir einem Menschen mit zweifelhaften Fähigkeiten und Charakterzügen folgen. Also bekommt unser Chef einen Vorschuss an Anerkennung, den er mehren oder aufbrauchen kann. Das Gleiche gilt im Übrigen für Menschen, die Macht über andere haben. Auch die halten wir erst einmal für respektabel, ehe wir Anlass haben, das Gegenteil anzunehmen. Denn wie wären sie sonst auf ihre einflussreiche Position gekommen, wenn nicht durch ihre außerordentlichen Qualitäten?

Die Unanständigkeit der Macht
Doch das ist nur die eine Seite. Macht gilt nicht nur als attraktiv, sondern auch als anrüchig. Nicht zufällig scheuen sich viele Führungskräfte, die doch nichts dringender benötigen als Macht, diesen Begriff in den Mund zu nehmen. Stattdessen sprechen sie lieber von

- Einfluss (was fließt, ist weicher und geschmeidiger),
- Autorität (etwas, das auf ganz natürliche Art und Weise wächst, und vor der sich die anderen freiwillig in den Staub werfen),
- Verantwortung (die auf ihnen lastet, die sie aber gerne annehmen, weil sie gestalten wollen – drei Ungereimtheiten in einem Satz, wie Sie noch sehen werden),
- oder kraftvoll-energiegeladen von Power und Leadership.

Wenn man schon von Macht sprechen muss, dann wenigstens nicht auf Deutsch. »Keine Macht für niemand« klingt nach Befreiung, »No power« klingt nach toter Hose, denn »Power« steht bekanntlich auch für Kraft und Energie. Und ein »Leader« ist nun geradezu das Gegenteil von einem kalten und berechnenden Machtmenschen. Er ist ein Vorbild, charakterlich integer und menschlich beeindruckend. Er wendet keine Macht an, sondern er »begeistert« und »inspiriert« die anderen, etwa im Sinne des Bismarckschen Bonmots, unter seiner Führung könne jeder tun, was er (nämlich Bismarck) wolle. Und das bitte noch im Glücksrausch.

1 Was ist Macht?

Das Streben nach Macht und die Anwendung von Macht hat hingegen immer etwas Unanständiges und Anmaßendes. Wer erkennen lässt, dass es ihm um die Macht geht, der erregt Argwohn und Abneigung. Wir halten ihn für egoistisch, brutal, gewissenlos, mit einem Wort: für machthungrig. Solchen Menschen trauen wir nicht über den Weg und wir versuchen, uns ihrem Einfluss zu entziehen. Wenn wir ihnen folgen, dann weil wir sie für stark halten und uns von ihrer Rücksichtslosigkeit Vorteile erhoffen oder weil wir im Machtkampf bereits kapituliert haben. Aber auf Sympathie und Vertrauen kann so ein Machtmensch nicht bauen. Vielmehr muss er mit Widerstand rechnen, mit Misstrauen, mit geheimen Gegenbündnissen. Und mit unverhohlener Schadenfreude, wenn er scheitert.

Wie passt das zusammen? Wie kommt es zu dieser gespaltenen Einschätzung? Was wir an der Macht bewundern, das ist ihre Stärke. Und was wir anerkennen, das ist die Macht, die sich bereits durchgesetzt hat und mit der wir uns arrangieren können (oder auch müssen), die arrivierte Macht. Was wir nicht in Frage stellen, das ist die Macht, die unseren Interessen dient und Ziele verfolgt, die wir teilen. Einen mächtigen Verbündeten wollen wir eher stärken als schwächen, auch wenn er in der Wahl seiner Mittel nicht zimperlich ist. Und unsere eigene Macht empfinden wir schon gar nicht als Bedrohung. Vielmehr schützt sie uns und gibt uns die Möglichkeit, etwas nach unseren Vorstellungen zu gestalten. Eigentlich hätten wir gern mehr davon und nicht weniger. Was uns so bedenklich, ja gefährlich erscheint, das ist die Macht, die sich gegen uns und unsere Interessen kehren könnte. Und genau das ist zu befürchten, wenn ein anderer nach Macht strebt. Oder schlimmer noch: Wenn ein anderer seine Macht uns gegenüber ausspielt.

Freiheit und Abhängigkeit
Der Zuwachs an Macht auf der einen Seite bedeutet Einschränkung von Freiheit auf der anderen Seite. Im Klartext: Wer die Macht hat, hindert die anderen daran, das zu tun, was sie wollen. Sie müssen sich seinem Willen fügen. Das kann manchmal sehr quälend sein, etwa wenn von jemandem verlangt wird, gegen seine Überzeugung zu handeln, in aller Öffentlichkeit Unsinn zu reden oder Projekte zu verfolgen, die zum Scheitern verurteilt sind, die sein Chef aber für eine »interessante Idee« hält.

Andererseits ergeben sich durch ein Abhängigkeitsverhältnis neue Freiheiten. Wir können Dinge tun, für die wir nicht voll verantwortlich zu machen sind. »Obwohl beide Seiten handeln, wird das, was geschieht, dem Machthaber allein zugerechnet«, spitzt der Systemtheoretiker Niklas Luhmann diesen Sachverhalt zu. Das heißt nicht, dass der Vorgesetzte die Fehler seines Mitarbeiters ausbaden muss (obwohl das auch vorkommt, aber dann kann sich der Mitarbeiter keineswegs entspannt zurücklehnen, denn er trägt immer auch einen Teil der Verantwortung). Vielmehr verschafft ihm sein Abhängigkeitsverhältnis ungeahnte Möglichkeiten gegenüber Dritten (→ Verhandlungsspiele, Mein gnadenloser Boss, Kapitel 6.1 und Low Ball, Kapitel 6.8). Er kann sich immer darauf berufen, er selbst würde es ja gerne anders machen, aber der Chef, »dieser harte Hund«, würde ihn damit nicht durchkommen lassen.

Selbstachtung und Selbstbehauptung
Jede Ausübung von Macht stellt denjenigen, der sich dem Willen des anderen beugen soll, vor ein gewisses Problem: Wie behalte ich meine Selbstachtung, wenn ich nicht selbst darüber bestimme, was ich tue, sondern mich einem fremden Willen unterwerfe? Ich kann mich von der ganzen Sache distanzieren und sie nicht als meine Angelegenheit betrachten. Was der andere will, dafür bin nicht ich verantwortlich, auch wenn ich es in die Tat umsetze. Das ist eine weit verbreitete (und häufig auch die einzig angemessene) Haltung, vor allem in verfestigten und hierarchisierten Machtbeziehungen – und wenn es nicht gerade darum geht, ein Verbrechen zu begehen: Die Anweisungen meines Chefs kann ich befolgen, sogar wenn ich persönlich sie für Blödsinn halte. Sie sind nicht »mein Bier«. Um mich über meine eigene Machtlosigkeit hinwegzutrösten, kann ich mit Gleichgesinnten über den unfähigen Chef herziehen. Das verschafft mir dieses kleine Überlegenheitsgefühl, das ich brauche, um weiterhin zu tun, was er sagt.

Allerdings lässt sich diese Einstellung auf Dauer kaum durchhalten. Ich kann mich nicht ständig zum willenlosen Werkzeug machen lassen, ohne an Selbstachtung zu verlieren. Wenn ich sie behalten möchte, muss ich immer wieder mal meinen Willen ins Spiel bringen – auf eine von vier möglichen Arten:
- Freiwillig akzeptieren: Ich erkläre mich mit dem, was ich tun soll, ausdrücklich einverstanden. Ich mache gewissermaßen den fremden Willen zu meinem eigenen.
- Fassaden aufbauen: Ich gelobe Folgsamkeit, weiche jedoch mehr oder minder von den Vorgaben ab, in der Annahme, dass der andere das nicht bemerkt. Oder dass er es bemerkt, aber nichts dagegen unternimmt. Dabei habe ich das beruhigende Gefühl, dass ich derjenige bin, der in dieser Angelegenheit eigentlich die Macht hat.
- Rache üben: Ich füge mich zwar der Macht, weil die im Moment in einer besseren Position ist. Ich nehme mir aber vor, es dem anderen bei nächster Gelegenheit heimzuzahlen.
- Widerstand leisten: Ich weigere mich, das zu tun, was ich tun soll. Ich tue gar nichts oder etwas ganz anderes.

Was ist Macht?

Mit der letztgenannten Reaktion wird der Machtanspruch zurückgewiesen. Entweder steckt jetzt der andere zurück oder es kommt zum Machtkampf, der für eine Seite mit einer großen Demütigung enden wird. Der Punkt, um den es uns hier geht: Wird der Machtanspruch über einen bestimmten Grad hinaus ausgedehnt, weckt er fast zwangsläufig den Wunsch, ihm etwas entgegenzusetzen. Mit zunehmender Macht auf der einen Seite wächst die Bereitschaft zum Widerstand auf der anderen. Auf diese Weise pendeln sich die Machtverhältnisse nach und nach auf ein bestimmtes Verteilungsverhältnis ein. Zwar ist die Macht ungleich verteilt, aber immerhin ist sie verteilt, bemerkt der Soziologe Rainer Paris.

Allerdings kann die Entwicklung auch in eine ganz andere Richtung ausschlagen: Macht weckt den Wunsch nach noch mehr Macht. Allein, um die vorhandene Macht abzusichern, die durch den drohenden Widerstand gefährdet scheint. Durch höhere Machtansprüche nimmt aber gerade die Bereitschaft zu, Widerstand zu leisten. Das verschärft wiederum die Anstrengungen des Mächtigen, die Kontrolle in der Hand zu behalten. Dadurch wird aber die Gegenseite erst recht dazu angehalten, sich nach Auswegen umzusehen, was schließlich den Mächtigen dazu veranlasst, die Auswege zu versperren. Die Macht schlägt um in Zwang.

Ein Verhältnis auf Gegenseitigkeit
In aller Regel sind Machtverhältnisse keine einseitige Angelegenheit. Auch wenn Sie sich dem Willen eines anderen beugen müssen, sind Sie keineswegs machtlos, allein schon dadurch, dass der Mächtige Sie braucht. Er will ja etwas von Ihnen. Ohne Sie hätte er keine Macht. Er müsste sich jemand anderen suchen, der nach seinem Willen handelt. Und es kommt noch etwas hinzu: Seine Macht ist nur dann etwas wert, wenn Sie über nennenswerte Fähigkeiten verfügen (→ Den Sklaven vorführen, Kapitel 4.1). Sie nimmt noch zu in dem Maße, in dem Sie Fähigkeiten erwerben, die nicht so leicht ersetzbar sind. Macht über jemanden, der unfähig ist, mag zwar eine gewisse Genugtuung erzeugen, doch bleibt sie wirkungslos. Wenn sie nicht sogar Schaden anrichtet, weil die Unfähigen eben nicht in der Lage sind, den Willen des Mächtigen umzusetzen.

Nehmen wir an, Sie stellen sich ganz auf den anderen ein, eignen sich die Fertigkeiten an, die er braucht, und sind immer besser in der Lage, seine Vorstellungen in die Tat umzusetzen. Oberflächlich betrachtet hat der andere mehr und mehr Macht über Sie bekommen. Und seine Macht ist auch mehr wert, weil er mit Ihren besseren Fähigkeiten auch immer mehr von Ihnen fordern kann. Nun gibt es aber einen Punkt, an dem das Machtverhältnis umschlagen kann. Denn der andere kann immer weniger auf Sie verzichten. Seine Machtbasis würde zerbröckeln, wenn Sie ihm nicht mehr zu Verfügung stünden. Mit einem Mal sind Sie derjenige, der Forderungen stellen kann. Und genau das müssen Sie auch tun, um Macht zu gewinnen. Sonst bleiben Sie ein schlafender Riese, der sich einfach an die Leine legen lässt. Sie selbst müssen Ihre Interessen ins Spiel bringen und Druck aufbauen. Dabei stärkt es Ihre Position, wenn Sie Ihre Fähigkeiten auch einem anderen, womöglich einem Konkurrenten, zur Verfügung stellen könnten.

Allerdings ist es ratsam, seine Macht eher behutsam ins Spiel zu bringen. Sonst fühlt sich der andere, der sich ja immer noch für den Tonangebenden hält, vor den Kopf gestoßen. Aus verletzter Eitelkeit könnte er Sie fallen lassen – auch wenn er sich damit letztlich selbst schadet. Meist liegt es auch in Ihrem Interesse, wenn dieser Fall nicht eintritt. Immerhin haben Sie sich auf den anderen eingestellt, sich ihm und seinen besonderen Forderungen angepasst. Sie sind sozusagen ein »eingespieltes Team«. Und genau das sollten beide Seiten anerkennen: Erfolgreiche und stabile Machtverhältnisse sind immer ein Verhältnis auf Gegenseitigkeit.

Das Streben nach Dominanz
Manchen Menschen scheint die Macht fast von alleine zuzufallen. Sie kommen in eine Gruppe und alle hören auf ihr Kommando. Sie müssen niemandem drohen, benötigen keine herausgehobene Position und auch kein Expertenwissen. Sie beanspruchen einfach die Macht für sich. Sie sagen ihren Mitmenschen, was sie zu tun haben – und wie durch Wunderhand bewegt folgen diese tatsächlich ihren Anweisungen.

Wie ist das möglich? Es liegt weniger am persönlichen Charisma als an einem Charakterzug, den man als Dominanzstreben bezeichnet. Ein wenig haben wir alle davon, doch Menschen mit einem ausgeprägten Dominanzstreben sind die, die immer und überall bestimmen wollen und denen es nichts ausmacht, wenn sie damit anecken. Früher oder später setzen sie sich durch – zumindest in Angelegenheiten, die ihrem Gegenüber nicht so wichtig sind – und solange sie nicht auf jemanden treffen, der ein ähnlich entwickeltes Dominanzstreben hat. Denn dann geraten die beiden unweigerlich aneinander und Unbeteiligte wundern sich, wie man über solch eine Lappalie überhaupt streiten kann.

Wenn sich zwei Menschen begegnen, dann entscheidet sich in recht kurzer Zeit, wer wen dominiert, häufig ohne dass die beiden das bewusst bemerken. Aber es zeigt sich an ganz subtilen Signalen: Der eine bestimmt, der andere gibt nach. Andernfalls verläuft das Zusammentreffen wenig harmonisch. Dieser Effekt lässt sich sogar an unserer Stimme messen. Wenn man alle Frequenzen über 500 Hertz herausfiltert, so bleibt von ihrem Klang nur ein tiefes Summen übrig. Bei jeder Person klingt das anders, aber im Laufe eines Gesprächs schwingen sich beide Partner auf einen Ton ein. Es ist nicht überraschend, dass der Dominantere buchstäblich den Ton vorgibt, dem sich der andere anpasst.

Nun gibt es ohne Zweifel einen engen Zusammenhang zwischen Macht und dominantem Charakter. Dominante Menschen wollen bestimmen, sie sind auf Macht geradezu fixiert. Das treibt sie an. Und es ist nicht überraschend, dass auf hohe Führungspositionen vor allem Menschen mit ausgeprägtem Dominanzstreben gelangen. Dennoch sollten wir Macht und Dominanz auseinander halten. Und zwar aus drei Gründen:

- Es gibt Konstellationen und Formen der Macht, bei denen sind die nichtdominanten Charaktere im Vorteil (einige dieser Fälle werden Sie in diesem Buch als Machtspiel noch kennen lernen).
- Wer dominant auftritt, zieht die Aufmerksamkeit und auch die Abneigung seiner Konkurrenten auf sich. Nicht wenige dominante Charaktere landen daher nicht auf dem Chefsessel, sondern im Abseits.
- Überbordende Dominanz unterhöhlt die eigene Machtposition, nicht nur weil sie Neider auf den Plan ruft, sondern weil es auf Dauer ruinös ist, sich überall durchsetzen zu müssen.

Zum letzten Punkt gibt es eine interessante Entsprechung bei unseren haarigen Verwandten, den Affen. Wie der Neurologe Robert Sapolsky beobachtet hat, richten sich überdominante Alphamännchen selbst zugrunde, weil sie nicht zwischen einer ernsthaften und einer harmlosen Herausforderung unterscheiden können. Sicherheitshalber bekommt jeder eins aufs Dach. Diese etwas paranoiden Superaffen räumen zwar schnell alle Konkurrenten aus dem Weg und gelangen schneller auf die Alphaposition als bedächtigere Charaktere. Doch dort können sie sich selten lange halten. Der Stress ruiniert ihre Gesundheit. Sie bekommen Magengeschwüre und Herzanfälle. Da sie sich auf dem Höhepunkt ihrer Macht meist sehr despotisch aufgeführt haben, sind die Sympathien in der Horde sehr gering. Der angeschlagene Tyrann wird gerne gestürzt.

Wie entsteht Macht?
Wenn Sie Macht über mich haben, dann folge ich nicht meinem, sondern Ihrem Willen. Doch warum sollte ich das überhaupt tun? Dafür gibt es zwei vernünftige Gründe: Entweder muss ich mit unangenehmen Folgen rechnen, wenn ich mich über Ihren Willen hinwegsetze. Sie beschweren sich über mich, weigern sich, mich zu bezahlen, möchten nicht mehr mit mir zusammenarbeiten oder Sie bekommen schlechte Laune und verderben mir den Abend. Ob diese möglichen Folgen wirklich eintreten würden oder nicht, spielt keine Rolle. Entscheidend ist, dass ich damit rechne und dass ich lieber Ihrem Willen folge, anstatt mir den befürchteten Ärger einzuhandeln. Zweiter Grund:

Sie sind besser informiert als ich, Sie haben den Überblick, wissen mehr und können besser abschätzen, welche Folgen mein Verhalten nach sich zieht. Davon muss ich überzeugt sein und ich muss unterstellen, dass Sie mir keinen Schaden zufügen wollen. Ich vertraue Ihnen. Dann sollte es Ihnen ebenfalls gelingen, meinen Willen auf Ihr Gleis umzuleiten.

Ihre Macht speist sich also aus zwei Quellen: Sie verfügen über Ressourcen, mit denen Sie mir Unannehmlichkeiten bereiten können, und/oder Sie verfügen über Wissen, das ich nicht habe. Zu den Unannehmlichkeiten gehört auch, dass Sie mir Belohnungen vorenthalten können. In diesem Sinne ist die Belohnungsmacht die freundliche Schwester der Bestrafungsmacht. Und was das Wissen betrifft, so geht es nicht so sehr darum, dass Sie sich am besten auskennen, sondern dass ich annehme, dass mir Ihr Wissen letztlich zugute kommt. Ich folge Ihrem Willen also nur, wenn er auf etwas abzielt, das ich im Grunde auch will. Mein Wille geht sozusagen einen Umweg über Ihren Willen.

Neben diesen zwei vernünftigen Gründen gibt es aber noch zwei weitere, die nicht ganz so glashart dem rationalen Abwägen von Vor- und Nachteilen entspringen:
- Ich folge Ihrem Willen, weil ich in der betreffenden Angelegenheit gar keinen eigenen Willen habe.
- Ich folge Ihrem Willen, weil sich das zwischen uns so eingespielt hat.

Manche Menschen setzen sich einfach deshalb durch, weil sie etwas wollen und die anderen bei dieser Sache keine klare Vorstellung haben und keine eigenen Interessen verfolgen – vielleicht weil sie darüber noch gar nicht nachgedacht haben, weil sie sich mit anderen Dingen beschäftigen (müssen) oder weil es sich gar nicht um ihre Angelegenheit handelt. Auf solchen »unbestellten Feldern der Macht« müssen Sie mit dem geringsten Widerstand rechnen. Oft bekommen Sie Ihren Willen einfach so, aus reiner Gefälligkeit oder weil Ihre Mitmenschen erleichtert sind, wenn jemand in einer so lästigen Sache die Initiative ergreift. Es liegt auf der Hand, dass Sie nur bescheidene Ansprüche stellen können, denn sonst wären ja wieder die Interessen der anderen berührt. Aber immerhin, ein Anfang ist gemacht.

In Hinblick auf solche bescheidenen Anfänge sollten Sie auch deshalb aufmerksam sein, weil Machtbeziehungen die Tendenz haben, sich zu verfestigen. Wir haben es schon beim Abschnitt über Dominanz angesprochen: Wer seinen Willen bekommt, das hängt zu einem nicht unerheblichen Teil davon ab, wer zuvor seinen Willen durchgesetzt hat. Und zwar nicht im Sinne einer ausgleichenden Gerechtigkeit (heute bekommen Sie Ihren Willen, morgen ich meinen), sondern das Ungleichgewicht nimmt eher noch zu!

1 Was ist Macht?

Natürlich gibt es auch den Fall, dass sich mal der eine, mal der andere durchsetzt. Oder dass der eine auf diesem Gebiet, der andere auf jenem den Ton angibt. Der entscheidende Punkt ist: Solche Muster bilden sich relativ schnell heraus und sie lassen sich später nur noch mühsam wieder ändern, wie Ihnen jeder Paartherapeut bestätigen wird. Zwar können sich Machtverhältnisse verschieben, sogar umkehren, aber eben auf der Grundlage dieser Muster. Es gibt auch den Fall, dass der gehorsame Part irgendwann rebelliert, weil die andere Seite den Bogen überspannt hat. Das geschieht sogar recht häufig – zur Verblüffung des dominanteren Parts, der gar nicht versteht, was los ist und warum der andere »nicht schon viel früher« etwas gesagt hat. All das gehört zur inneren Dynamik von Machtverhältnissen dazu. Dass es bei solchen Konstellationen erst zum Knall kommen muss, ehe sich etwas verändert, ist ja gerade ein Indiz für die Wirksamkeit solcher Muster, die sich fast zwangsläufig einschleifen. Wenn wir diese Dynamik durchschauen, wird uns auch klarer, warum jemand nach dem Willen eines anderen handelt, obwohl es dafür eigentlich gar keinen Grund zu geben scheint.

Die Klaviatur der Gefühle
Beim Thema Macht können wir die Rolle der Gefühle nicht übergehen. Dabei sind nicht nur die Machtgefühle mit im Spiel, sondern Gefühle aller Schattierungen: Stolz, Angst, Ärger, Freude, Zuneigung, Trauer und – bei unserem Thema doppelt und dreifach zu unterstreichen – Schuld und Scham. Nach Ansicht vieler Psychologen werden wir vor allem von unseren Gefühlen gesteuert, wir können kaum anders, als ihnen zu gehorchen. Wer Macht über andere gewinnen möchte, hat daher einen enormen Vorteil, wenn er es versteht, auf der Klaviatur ihrer Gefühle zu spielen.

Um bei dem eben entwickelten Modell zu bleiben: Die Fähigkeit, meine Gefühle zu beeinflussen, gehört ohne Zweifel zur ersten Machtquelle, von denen eben die Rede war: Ressourcen, mit denen Sie mir Unannehmlichkeiten bereiten können, wenn ich nicht das tue, was Sie wollen. Ich werde traurig oder wütend, bekomme Angst, schäme mich oder fühle mich schuldig. Die positive Kehrseite davon lautet: Wenn ich Ihren Wünschen nachkomme, fühle ich mich gut. Ich empfinde Stolz, Erleichterung oder Freude.

Allerdings ist der menschliche Gefühlshaushalt kompliziert genug, dass es so einfach nun auch wieder nicht ist, hier steuernd einzugreifen. Es gibt widerstreitende Gefühle, gemischte Gefühle, Stimmungsschwankungen und immer wieder überraschende emotionale Reaktionen. Zudem ticken die Menschen sehr unterschiedlich. Was dem einen Angst einjagt, hält der andere für eine reizvolle Herausforderung. Während der eine von heftigen Schuldgefühlen geplagt wird, wenn er jemanden gekränkt hat, wird der andere in solchen

Fällen von wohligen Glücksgefühlen durchflutet. Einigkeit besteht aber ganz gewiss in einem Punkt: Wenn wir entdecken, dass jemand unsere Gefühle manipulieren will, reagieren wir äußerst verstimmt. Das Gleiche gilt für den Fall, dass wir merken, wie jemand seine eigenen Gefühle nur taktisch einsetzt, sie also nur simuliert. So jemand ist nicht authentisch – und er ist nicht vertrauenswürdig.

Nun spielen wir aber alle ein wenig mit den Gefühlen der anderen und auch mit unseren eigenen, wenn wir Einfluss nehmen wollen. Wir verbergen Emotionen, wir übertreiben sie oder täuschen sie auch mal vor. In bescheidenem Rahmen wird das durchaus toleriert, ja erwartet und mit ins Kalkül gezogen. Dass wir alle nicht immer authentisch und ehrlich sind, ist die erste Voraussetzung dafür, dass wir miteinander auskommen. Es wirkt als soziales Schmiermittel. Problematisch wird es da, wo große Gefühle ins Spiel kommen, wo die emotionale Betriebstemperatur steigt und die Distanz zwischen uns dahin schmilzt. Wer da noch an den Gefühlen herumschraubt, Zuneigung, Scham, Wut und Hass für seine Zwecke einspannt, geht ein hohes Risiko ein. Auf der anderen Seite beginnt es erst hier für manche Machtmenschen interessant zu werden. Denn wer diese Gefühle zu lenken versteht (seine eigenen und die der anderen), dem eröffnen sich ungeahnte Möglichkeiten, seine Mitmenschen wie Spielfiguren hin und her zu schieben, unter der Voraussetzung natürlich, dass die seine Manöver nicht durchschauen. Er kann sie gegen andere aufhetzen, ihnen Schuldgefühle einpflanzen oder sie dadurch unter Druck setzen, dass er von ihnen »zutiefst enttäuscht« ist, weil sie nicht getan haben, was er wollte (→ Das Enttäuschungsspiel, Kapitel 9.5).

Glücklicherweise scheinen viele bei diesem doppelbödigen Spiel ihre Fähigkeiten zu überschätzen und führen sich am Ende mit ihren Allmachtsfantasien selbst an der Nase herum. Denn schließlich sollte eines nicht unter den Tisch fallen: Auch derjenige, der Macht über andere gewinnen will, wird von Gefühlen getrieben – nicht nur von Machtgefühlen. Auch er hat Ängste, Sehnsüchte, ist anfällig für Scham- und Schuldgefühle. Ja, das, was er will – seine Interessen –, die er anderen gegenüber durchsetzen möchte, werden ganz erheblich durch seine Gefühle beeinflusst, an denen wiederum andere drehen könnten. Sind keine Gefühle im Spiel, dann besteht allerhöchste Alarmstufe. Es gibt kaum etwas Schlimmeres, als einem Menschen in die Hände zu fallen, der seine eigenen Gefühle nur taktisch einsetzt und innerlich eiskalt ist (mehr dazu → Foulspiele, Kapitel 10).

Die Flüchtigkeit von Macht
Im beruflichen Zusammenhang gilt Macht häufig als eine Eigenschaft, die ein Mensch bekommen kann wie einen Dienstwagen. Mächtig ist beispielsweise

jemand, der eine bestimmte Führungsposition innehat. Und mächtig bleibt er, bis er diese Position wieder aufgibt. Doch diese Vorstellung führt ein wenig in die Irre. Denn ob im Beruf, in der Partnerschaft oder in der Politik, Macht »hat« man nicht einfach so. Macht ist etwas, das sich schwer greifen lässt, das sich auf manchmal unvorhersehbare Weise verteilt und das an keinem anderen Ort existiert als in den Köpfen der Menschen.

Macht ist an menschliche Beziehungen geknüpft. Sie richtet sich immer auf andere Menschen und ihr Verhalten, das beeinflusst oder sogar gesteuert werden soll. Benehmen sich die anderen, wie sie sich auch ohne mich benehmen würden, dann kann ich ihr Vorgesetzter sein, der Geschäftsinhaber oder eine goldene Krone tragen, Macht habe ich in dieser konkreten Angelegenheit nicht über sie. Das muss für die Machtbeziehung kein Nachteil sein. Im Gegenteil, Macht ist vor allem dann von Dauer, wenn sie sich nicht dauernd einmischt. Kritisch wird es erst, wenn ich versuche, Einfluss zu nehmen, und mich nicht durchsetzen kann. Dann habe ich einen Machtverlust erlitten. Aber auch der muss keineswegs ernsthafte Folgen haben, sondern kann sich als bloße Episode erweisen. Wenn ich Sie bei nächster Gelegenheit wieder hinter mich bringe, kann ich sogar gestärkt aus solch einer Auseinandersetzung hervorgehen. Aber genau das muss mir erst einmal gelingen. Schaffe ich es nicht, dann habe ich durch ein einziges Ereignis dieser Art dramatisch an Einfluss verloren.

Gefährlich wird es ebenfalls, wenn ich es mir auf meinem Vorgesetztensessel bequem mache, die Dinge laufen lasse und mich gar nicht mehr einmische, sondern mich vermeintlich höheren Aufgaben widme, von denen meine »Untergebenen« nicht viel mitbekommen. Dann werde ich eines Tages feststellen, dass sich hinter meinem Rücken neue Machtstrukturen herausgebildet haben, die ich kaum noch beeinflussen kann. Wenn die Dinge gut laufen, wird man mir die Erfolge von außen zwar immer noch anrechnen und mich für eine gute Führungskraft halten, aber meine Macht habe ich eingebüßt. Und diejenigen, die sie an sich gezogen haben, werden sich bitter darüber beklagen, dass ihre Verdienste nicht genügend anerkannt werden.

Macht ist so gesehen immer gefährdet und muss sich immer wieder neu beweisen. Nicht zuletzt diesem Zweck dienen die Machtdemonstrationen, die nicht gerade in hohem Ansehen stehen, weil sie ja nichts ernsthaft bewirken wollen, sondern nur zeigen sollen, wer den Ton angibt. Und doch haben sie ihren Sinn – gerade wenn alles bestens läuft und es keine zwingende Notwendigkeit gibt einzugreifen. Dann bekommen häufig die Leute aus der zweiten Reihe Oberwasser und neigen dazu, ihre Selbstständigkeit weiter auszubauen. Höchste Zeit für eine machtbewusste Führungskraft, auf den Tisch zu hauen, um sich zurückzumelden. Allen Lästereien über solche eitlen

Kraftmeiereien zum Trotz gehören Machtdemonstrationen zu den wichtigsten Machtspielen (→ Boss-Spiele, Kapitel 4).

Macht und Verantwortung
Sie sind untrennbar miteinander verbunden, heißt es: Macht und Verantwortung. Wer Macht hat, der soll auch die Verantwortung dafür übernehmen, was geschieht. Ja, dass er das tut, ist geradezu die Voraussetzung, die Geschäftsgrundlage dafür, dass andere seinem Willen folgen. Sie tun, was er will, dafür entlastet er sie davon, für die Folgen geradezustehen. »Ich übernehme die Verantwortung«, erklärt der Mächtige und bekommt dafür seinen Willen. Den Mitmenschen bleibt nur eine nachgeordnete, moralische Verantwortung für das, was sie persönlich anrichten. Diese grundlegende Verantwortung können sie als zurechnungsfähige menschliche Wesen auch gar nicht ablegen. Ansonsten bleibt es dabei: Der Mächtige gilt als »der Verantwortliche«. Und je mehr Macht er hat, desto mehr Verantwortung muss er schultern.

Es gibt nur einen Haken: Macht und Verantwortung vertragen sich weit weniger gut, als immer wieder behauptet wird. Schon gar nicht ergänzen sie sich – etwa in dem Sinne, dass derjenige, dem mehr Verantwortung übertragen wird, dadurch auch mehr Macht bekommt. Das wird zwar gern so gesagt, aber diesem Schönwetterreden sollten Sie nicht auf den Leim gehen. Es geht entweder um Macht oder um Verantwortung. Entweder erhalten Sie tatsächlich mehr Macht, und das wird einer bewährten Konvention gemäß offiziell als »Zuwachs an Verantwortung« verkauft. Oder Sie müssen tatsächlich mehr Verantwortung übernehmen und büßen dadurch an Macht ein. Das kann Ihnen übrigens durchaus auch blühen, wenn Sie beruflich aufsteigen: Immer mehr Verantwortung und immer weniger Macht.

Darauf sind schon viele hereingefallen. Denn beim Thema Verantwortung befinden wir uns bereits tief in dem Terrain der Machtspiele. Verantwortung klebt zwar fast immer außen an der Macht: Zumindest wenn Sie formal die Macht innehaben, also Vorgesetzter sind, können Sie gar nicht anders, als sich »zu Ihrer Verantwortung zu bekennen«. Aber die Grenze ist schnell erreicht. Denn wenn es wirklich um etwas geht, muss die Verantwortung ausgedünnt, zurückgefahren, auf andere geschoben werden. Sonst kann sie die Macht regelrecht erdrücken. Wer Macht sucht, muss Verantwortung loswerden können. Das klingt etwas beunruhigend, ist aber gar nicht zu vermeiden.

Verantwortung verträgt sich nur dann mit Macht, solange alles nach Plan läuft, Sie erfolgreich sind und Ihr Ziel erreichen. In diesem Fall wird sich niemand dagegen sträuben, Verantwortung zu übernehmen, und sich im Übrigen bei all denen bedanken, die »maßgeblich zu diesem Erfolg beigetragen haben«. Problematisch wird es jedoch, wenn das Ziel verfehlt wird oder höchst unerwünschte Folgen eintreten, Nebenwirkungen, mit denen niemand gerechnet hat, Konflikte, die plötzlich aufbrechen, Gegenreaktionen, die verheerende Schäden anrichten. Wer soll dafür die Verantwortung übernehmen?

Der Kabarettist Gerhard Polt hat die Figur des »Verantwortungsnehmers« erfunden. Ein Verantwortungsnehmer ist für solche Fälle zuständig. Er hat zwar keinen Einfluss, aber er übernimmt Verantwortung. Vom Sündenbock unterscheidet er sich dadurch, dass er damit einverstanden ist, die Verantwortung zu übernehmen, und dass er dafür mitunter sehr gut bezahlt wird. Er hat zwar einen etwas riskanten Job, weil er hin und wieder abgeschoben oder sogar entlassen werden muss. Aber er wird viel zu sehr gebraucht, als dass man auf einen verdienstvollen »Verantwortungsnehmer« verzichten könnte. Und so kommt er schnell wieder unter.

Macht bedeutet hingegen, etwas in Gang zu setzen, ohne ganz für die Folgen aufkommen zu müssen. Und das hat durchaus seinen Sinn: Denn je weiter Ihre Macht reicht, umso weniger sind die Folgen kalkulierbar. Es sind mehr und mehr Personen beteiligt, die ihre eigenen Ziele verfolgen, die Fehler machen oder vor allem auch gegen Sie arbeiten. Es gibt unvorhersehbare Wendungen, dumme Zufälle, Sabotage, verdeckte Spätfolgen. Wenn Sie sich all das zurechnen lassen müssten, dann wäre dies das Ende Ihrer Macht. Sie wären zum »Verantwortungsnehmer« geworden, auf den alle anderen ihren Anteil an Schuld abwälzen könnten. In Zukunft müssten Sie alles kontrollieren, auf Nummer sicher gehen, auf Bewährtes setzen, um solche bösen Überraschungen zu vermeiden. Mit Macht hätte das nicht viel zu tun. Es führt also kein Weg daran vorbei: Wer Macht sucht, muss Verantwortung loswerden können.

Es geht allerdings auch anders. Eine eindrucksvolle Variante besteht darin, die Verantwortung zu übernehmen – ohne die Verantwortung zu übernehmen. Selbstbewusst erklären Sie: »Ich übernehme die volle Verantwortung.« Weitere Konsequenzen hat das keine. Niemand tritt zurück, keiner bekommt weniger Gehalt oder muss für einen wohltätigen Zweck spenden. Die Sache ist einfach erledigt, weil Sie Ihre Erklärung abgegeben haben. Und alle anderen schweigen – tief beeindruckt von so viel menschlicher Größe.

Die besten Absichten
Dass jemand die Verantwortung übernimmt, ist die eine Legitimation von Macht. Die zweite sind die guten Absichten, die er verfolgt, die Werte, an die er sein Handeln bindet. Wir haben es ja schon angesprochen: Wer im Verdacht steht, dass es ihm ausschließlich darum geht, sich durchzusetzen, stößt nicht gerade auf Sympathie und erweckt kaum Vertrauen. Wer Macht ausüben will,

der braucht gute Gründe dafür. Was er vorhat, muss einem respektablen Zweck dienen. Sonst stößt er auf Widerstand und muss anstelle von Macht Zwang ausüben. Auf die Frage seines Gegenübers: »Warum soll ich das tun?« darf er nicht schweigen.

In Organisationen lässt sich aber oft beobachten, dass die Angehörigen der unteren Hierarchie-Ebenen von den guten Absichten der oberen nicht restlos überzeugt sind. Manche zucken verächtlich die Schultern, andere machen sich über die angeblich so hehren Motive ihrer Vorgesetzten lustig. Das ist jedoch im Allgemeinen kein Grund zur Sorge. Ja, es hat sogar einen gewissen Nutzen, wenn die Mitarbeiter meinen, dass sie sich »keine Illusionen« darüber machen, was ihre Vorgesetzten »eigentlich« antreibt: Der pure Eigennutz, die reine Machtgier, wie auch immer die wenig schmeichelhaften Unterstellungen lauten. Die vermeintliche Entlarvung gibt ihnen das erhebende Gefühl, das Spiel zu durchschauen, bei dem sie trotzdem weiter mitmischen. Das ungünstige Urteil über »die da oben« wird im Übrigen deutlich milder, wenn man selbst aufsteigt.

Doch warum, könnte man nun fragen, brauchen »die da oben« überhaupt Gründe und Rechtfertigungen ihrer Macht, wenn »die da unten« ihnen ohnehin nicht recht glauben? Wäre es nicht ehrlicher, auf solche Spielchen zu verzichten? Keineswegs. Und zwar aus zwei Gründen: Es ist ja überhaupt nicht ausgemacht, dass die Mitarbeiter mit ihren Unterstellungen Recht haben. Vielmehr sind diese Unterstellungen selbst Teil des Spielchens. Mit ihnen werten sich die Mitarbeiter auf und schweißen sich als Gruppe gegen »die da oben« zusammen, denen sie sich ausgeliefert fühlen. Das Spiel wäre sofort zu Ende, wenn ihre Unterstellungen ernsthafte Konsequenzen hätten und sie ihre Vorgesetzten absetzen könnten. Und ebenso würde sich die Situation grundlegend ändern, wenn es die Führung wäre, die behaupten würde: Uns geht es um nichts anderes als um persönliche Machtentfaltung.

Zweiter Grund: Die Rechtfertigung richtet sich keineswegs nur an diejenigen, die tätig werden sollen. Auch andere, die mit »denen da oben« zu tun haben, beobachten und bewerten deren Verhalten: Geschäftspartner, Konkurrenten, die Öffentlichkeit. Wer Zweifel daran aufkommen lässt, dass er respektable Absichten verfolgt, ruiniert seinen Ruf. Und das kann ihn sogar die Macht kosten, denn mit so jemandem möchte man nicht gerne zusammenarbeiten, man passt sehr genau auf, nicht übervorteilt zu werden, und sieht sich nach Alternativen um. Und schließlich brauchen wir die »guten Gründe« nicht zuletzt, um uns selbst zu überzeugen. Wenn wir unsicher sind, ob wir überhaupt »das Richtige« wollen, dann schwächt uns das gewaltig. Vielleicht lassen wir uns sogar noch umstimmen, knicken ein, werden weich. Daher haben manche Informationsveranstaltungen weniger den Sinn, die Mitarbeiter von der Richtigkeit einer bestimmten Maßnahme zu überzeugen, sondern sie stärken die Führungskräfte selbst, die diese Maßnahme ihren Mitarbeitern gegenüber erläutern. Wenn sie die Sache schlüssig finden, dann hat der Workshop sein Ziel vollkommen erreicht.

Die Kontrollillusion
Zum Abschluss dieses Kapitels müssen wir noch eine unbequeme, vielleicht aber auch ganz tröstliche Einsicht loswerden: Wir Menschen neigen dazu, unsere Macht und unseren Einfluss hemmungslos zu überschätzen. Die amerikanische Psychologin Ellen Langer hat diesen Effekt vor über 30 Jahren in ihren Laborexperimenten nachgewiesen und »Kontrollillusion« genannt. Pure Zufallsereignisse erscheinen uns demnach so, als hätten wir sie ausgelöst. Voraussetzung für diese Täuschung ist, dass uns sogenannte »Skill cues« begegnen, das sind Anzeichen dafür, dass wir unsere Fertigkeiten ins Spiel bringen (müssen). Wenn Sie sich in einer Wettbewerbssituation befinden, wenn Sie irgendeine Auswahl treffen müssen (deren Ergebnis Sie gar nicht vorhersagen können), wenn Sie irgendeine Handlung selbst vollziehen müssen (zum Beispiel würfeln oder eine Taste drücken), dann sind das »Skill cues«, die uns annehmen lassen, wir würden die Dinge steuern. Das ist der entscheidende Unterschied zu der Situation, in der sich die Babys befanden, von denen zu Beginn des Kapitels die Rede war: Die wandten sich ab, als sie merkten, dass sie die Lichteffekte nicht beeinflussen konnten. Kein Wunder, denn da gab es ja auch keine »Skill cues«, die sie hätten annehmen lassen, dass sie die bunten Blitze doch steuern. Bei der Kontrollillusion lautet hingegen die Botschaft: Gib den Menschen ein paar Knöpfe, die sie drücken können, schaffe eine Wettbewerbssituation, und schon werden sie annehmen, sie hätten die Dinge in der Hand.

An manchen Situationen sind wir zwar beteiligt, nehmen aber kaum Einfluss darauf. Häufig lässt sich das komplizierte Geflecht von Einflüssen auch gar nicht entwirren. Es gibt keinen Hauptverursacher, sondern nur ein Bündel von Reaktionen und Gegenreaktionen, das keiner ganz durchschaut. Doch auch hier schreiben wir uns oft einen maßgeblichen Einfluss zu – zumindest wenn das Ergebnis unseren Hoffnungen und Erwartungen entspricht oder wenn wir es uns schönreden können. Geht die Sache hingegen schief, dann kehrt sich der Effekt eher um: Wir halten unseren Einfluss für gering, wir konnten uns mit unseren Vorstellungen nicht durchsetzen oder wir haben durch unseren Einfluss gerade noch Schlimmeres verhindert. In unserem Inneren wiederholt sich das Spiel mit der Verantwortung, das ich gerade beschrieben habe. Auch vor uns selbst müssen wir immer wieder Verantwortung abgeben (können), um weiterhin Macht auszuüben, kurz, um handlungsfähig zu bleiben.

Darin liegt denn auch der eigentliche Nutzen der Kontrollillusion (und ihrer Umkehrung): Wir müssen diese komplizierte Welt zu unseren Gunsten vereinfachen und uns für einflussreicher halten, als wir es letztlich sind. Das versetzt uns überhaupt erst in die Lage, Pläne zu machen und Projekte anzuschieben, die wir für sinnvoll halten. Würden wir uns klarmachen, wer uns alles reinredet, unsere Absichten durchkreuzt und überhaupt eingreift, dann könnten wir schnell mutlos werden. Allerdings könnten wir noch mutloser werden, wenn wir uns auch für alles verantwortlich machen müssten, was schief läuft. Hier muss dann die »Entlastungsillusion« her. Und so bleibt am Ende dieses Kapitels die Einsicht, dass wir beim Spiel um die Macht nicht nur die anderen austricksen und täuschen – sondern vielleicht am meisten uns selbst.

2 Was sind Machtspiele?

> *Sie spielen ein Spiel. Sie spielen damit, kein Spiel zu spielen.*
> *Lasse ich erkennen, dass ich sie spielen sehe, dann breche ich die Regeln*
> *und sie werden mich bestrafen. Ich muss ihr Spiel spielen, nicht zu sehen,*
> *dass ich das Spiel sehe.*
> Ronald D. Laing: Knoten

> *Der will doch nur spielen.*
> Unbekannter Hundebesitzer

Keiner mag sie, aber alle wollen wissen, wie es gemacht wird. So ist das mit den Machtspielen. Einerseits haben sie einen miserablen Ruf. Sie gelten als unfair und hinterhältig, gutgläubige Menschen werden damit hereingelegt, Vertrauen wird vernichtet, Idealismus zerstört, Zynismus breitet sich aus. Nur die abgebrühtesten Machtmenschen erklären mit einem breiten »Ich rauche gern!«-Grinsen, dass sie zu Machtspielen ein »entspanntes Verhältnis« haben, was nichts anderes heißen soll als: »Vorsicht, ich habe die moralischen Skrupel eines Pitbull-Terriers.« Über Führungskräfte, die als fair und integer gelten, wird hingegen gerne behauptet, dass sie »auf Machtspiele verzichten« oder diese ihnen »fremd sind«, was als Kompliment gemeint und – wie alle Komplimente – halb gelogen ist.

Denn es macht sich kaum jemand Illusionen: Wo Macht ist, da sind auch die Machtspiele nicht fern. Und wer sie nicht zu spielen versteht, der wird sich bald verabschieden müssen – von der Macht. Immerhin hat man ja nicht nur mit den Machtspielen zu tun, die man selbst anzettelt, sondern wird vor allem in die der anderen verwickelt. Auf Dauer ist es einfach nicht möglich, sich herauszuhalten. Vielmehr ist man gezwungen, auf die eine oder andere Weise mitzuspielen, um die eigenen Interessen zu wahren. So ergibt sich die spannungsreiche Ausgangslage, dass zwar fast keiner Lust auf diese schmuddeligen Spiele hat, dass aber fast alle sie mitspielen.

Allerdings müssen wir sorgsam unterscheiden zwischen den kleinen, alltäglichen Machtspielen, um die man kaum herumkommt, wie wir noch sehen werden, und den großen, bösartigen Intrigen. Viele haben ja vor allem die vor Augen, wenn von Machtspielen die Rede ist. Sie denken an skrupellose Karrieristen und heimtückische Mobber, die ihre Mitmenschen seelisch kaputtmachen. Doch das sind, wie ich glaube, nicht »die« Machtspiele, sondern die Auswüchse davon. Man würde die meisten Machtspiele unter den Tisch fallen lassen, wenn man sich nur auf dieses Horrorkabinett menschlicher Niedertracht beschränken würde. Was nicht bedeutet, dass die anderen Machtspiele immer harmlos und akzeptabel wären. Und auch diejenigen, die unscheinbar beginnen, können eine Eigendynamik bekommen und plötzlich ins Zerstörerische abdriften – ohne dass einer der Beteiligten das beabsichtigt hat.

Spiele der Erwachsenen
Wieso sprechen wir im Zusammenhang mit dem Thema Macht überhaupt von Spielen? Ist die Sache nicht viel zu ernst? Tatsächlich sind Machtspiele alles andere als ein unbekümmerter Zeitvertreib. Spiele sind sie auch in einem anderen Sinn. Sie folgen ihren eigenen Regeln. Sie schaffen Spieler und Gegenspieler, typische Spielzüge und Gegenzüge. Womöglich gibt es auch ein Publikum, das den Ablauf des Spiels verfolgt und kommentiert. Wie bei jedem anderen Spiel wird das Verhalten der Spieler erst verständlich, wenn man das Spiel und seine Regeln kennt.

Und es kommt noch etwas hinzu: Die Doppelbödigkeit. Für den amerikanischen Psychologen Eric Berne ist das überhaupt das wichtigste Merkmal der »Spiele der Erwachsenen« (so der Titel seines sehr einflussreichen Buchs): Der Handelnde gibt vor, »das eine zu tun, während er in Wirklichkeit etwas anderes tut«. Oder noch deutlicher: Irgendein »Schwindel« ist immer mit im Spiel, wie Berne sagt. Wenn Ihr Chef Sie anbrüllt, weil er ein Choleriker ist, dann ist das kein Machtspiel. Tut er das Gleiche jedoch, weil er der Ansicht ist, zur Festigung seiner eigenen Position müsste er mal wieder jemanden vor Publikum herunterputzen (→ Ein Huhn schlachten, Kapitel 4.5), dann ist das ein lupenreines Machtspiel.

Wenn es um Macht geht, liegt die Doppelbödigkeit besonders nahe. Dafür gibt es zwei Gründe. Einmal möchte man all das verschleiern, was wir im ersten Kapitel die »Unanständigkeit der Macht« genannt haben: Dass ich jemandem meinen Willen aufnötige. Dass ich ihn daran hindere, das zu tun, was er will. Dass ich seine Abhängigkeit für meine Zwecke ausnutze. Wenn ich das dem anderen unter die Nase reibe, fordere ich nur seinen Widerwillen heraus und untergrabe damit meine eigene Macht. Aber auch für das Gegenüber kann eine solche Doppelbödigkeit vorteilhaft sein. Denn sie erspart ihm die Demütigung, nicht seinem eigenen Willen folgen zu können. Eine »unverhüllte« Machtausübung würde hingegen verhindern, dass er sein Gesicht wahren kann – wenn er sich beugt.

Der zweite Grund betrifft die Quellen der Macht selbst: In vielen Fällen erlaubt mir überhaupt erst die Doppelbödigkeit, Einfluss zu nehmen. Wenn ich bei Verhandlungen nicht bereit bin, »das Spiel« mitzuspielen (→ Verhandlungsspiele, Kapitel 6), dann habe ich gegen die anderen keine Chance. Ebenso gerate ich schnell ins Hintertreffen, wenn ich gegenüber meinen Konkurrenten allzu leicht auszurechnen bin. Und auch ein ungetrübtes Verhältnis zwischen Vorgesetzten und Mitarbeitern ist ohne ein gesundes Maß an »Schwindel« (im Sinne von Berne) kaum vorstellbar. Das gilt übrigens in beiden Richtungen: Die Mitarbeiter ziehen ihre Macht ebenso aus den Spielen, in die sie ihre Vorgesetzten verstricken (→ Mitarbeiterspiele, Kapitel 5). Oder versuchen Sie einmal ganz ohne »Spiel«, zum Beispiel Ihren Urlaub um zwei Wochen vorzuziehen, sich unliebsame Aufgaben vom Hals zu halten, um die entnervende Zusammenarbeit mit unfähigen Kollegen herumzukommen oder den vereinbarten Abgabetermin um ein paar Tage zu überschreiten.

Machen die das mit Absicht?
Was die Doppelbödigkeit betrifft, so müssen wir uns die Sache noch ein wenig genauer anschauen. Es liegt ja nahe anzunehmen: Wenn jemand ein Machtspiel betreibt, so geschieht das ganz bewusst, mit voller Absicht und Vorsatz. So jemand verbirgt seine wahren Motive, über die er sich völlig im Klaren ist. Er ist es, der die anderen täuscht, die seine Spielzüge nicht durchschauen und sich austricksen lassen.

Doch häufig ist das gar nicht so. Wir haben es ja eben angesprochen: Es gibt durchaus Spiele, bei denen die anderen die Doppelbödigkeit durchschauen und sich bereitwillig auf sie einlassen. Man macht sich gegenseitig etwas vor, um sein Gesicht zu wahren. Allerdings ist ein anderer Fall weit häufiger: Dem Machtspieler ist selbst gar nicht so ganz bewusst, welches Spiel er da treibt. Er tut es dennoch. Womöglich nach allen Regeln der Kunst. Mit schlafwandlerischer Sicherheit. Das ist kein Zufall. Denn einige Machtspiele haben erst dann Erfolg, wenn sich derjenige, der sie betreibt, zumindest nicht vollständig über seine Spielzüge bewusst ist. Er muss sich selbst etwas vormachen, seinen »Schwindel« ernstnehmen, damit die Sache gelingt.

Der Evolutionsbiologe Robert Trivers hat diesen Zusammenhang akribisch herausgearbeitet. »Betrug und Selbstbetrug« hat er seine Studie genannt. Beide Formen der Täuschung hängen enger miteinander zusammen, als uns bewusst ist. Wer seine Mitmenschen hereinlegt, der ist oft ehrlich davon überzeugt, alles gehe mit rechten Dingen zu. Manche neigen sogar zu der Ansicht, ihre Opfer sollten ihnen sogar noch dankbar sein.

Selbstbetrug, so der Befund von Trivers, existiert in zwei Spielarten: Einer »defensiven« und einer »offensiven«. Beim defensiven Selbstbetrug versuchen wir uns über die deprimierende Wirklichkeit hinwegzutäuschen. Das kann – auch bei Machtspielen – durchaus zweckmäßig sein. Wir müssen uns jemandem unterwerfen und reden uns ein, wir würden das freiwillig tun. Uns unterläuft ein schwerer Fehler, und wir schieben die Verantwortung auf andere. Der defensive Selbstbetrug ermöglicht uns, dass wir uns und unsere Fähigkeiten überschätzen. So schlecht sind wir doch gar nicht, meinen wir. Zu Unrecht. Andere urteilen über unsere mangelnde Kompetenz weit strenger – und zutreffender. Doch solange wir uns etwas vormachen können, bleiben wir handlungsfähig, lassen nicht den Mut sinken.

Für Machtspiele nicht weniger wichtig ist die offensive Variante. Wir verfolgen ein Motiv, das wir uns selbst nicht eingestehen, wir täuschen und tricksen – und sind überzeugt, im Grunde doch aufrichtig und fair zu sein. Wir folgen rücksichtslos unseren Interessen und reden uns ein, wir handelten uneigennützig.

Manchmal ahnen wir, dass wir unseren eigenen moralischen Maßstäben nicht ganz genügen. Aber das beschäftigt uns nicht länger, wir blenden es aus oder sorgen für einen Ausgleich: Wir handeln vermeintlich selbstlos. Und weil wir in der einen Sache so hochanständig sind, gestatten wir uns, in einer anderen Angelegenheit vom Pfad der Tugend ein wenig abzuweichen. Selbstverständlich hat diese Angelegenheit für uns weit mehr Gewicht. Worauf es uns ankommt, da verschaffen wir uns Vorteile. So machen es schließlich alle.

Oh ja, diese Verhaltensweisen sind ein wenig peinlich. Anderen lassen wir sie auch nicht durchgehen. Wir reagieren darauf ausgesprochen empfindlich. Bei uns selbst sind wir hingegen sehr nachsichtig. Wir finden immer gute Gründe, warum wir uns so und nicht anders verhalten haben. In eigener Sache sind wir stark positiv voreingenommen.

Das lässt uns allerdings häufig übersehen, wie unser Verhalten auf die anderen wirkt. Die legen unsere Aktionen eben nicht so wohlwollend aus. Womöglich unterstellen sie uns die bösen Absichten, die wir vor uns selbst so geschickt verborgen haben.

Für unser Thema heißt das zweierlei: Rechnen Sie nicht damit, dass Ihrem Gegenüber das Machtspiel, das er betreibt, überhaupt vollständig bewusst ist. Womöglich macht er sich etwas vor oder er handelt einfach aus dem Bauch heraus. Zweitens sollten Sie sich darüber klar sein, dass Ihr eigenes Verhalten von den anderen weitaus kritischer beurteilt wird. Die unterstellen Ihnen ein Machtspiel, auch wenn Sie aus Ihrer Sicht ganz korrekt gehandelt haben. Wenn Sie für die Perspektive der anderen blind bleiben, kann das ein gewaltiger Nachteil sein.

2 Was sind Machtspiele?

Spiele auf der Vorder- und der Hinterbühne
Um die Machtspiele besser beschreiben zu können, sie anschaulicher zu machen, greifen wir auf eine Idee zurück, die der amerikanische Soziologe Erving Goffman entwickelt hat. Goffman verwendet Begriffe aus der Welt des Theaters für ganz alltägliches Verhalten. Er spricht von Kulissen, Auftritten, Bühnenbildern und Rollenskripten. Für unsere Zwecke besonders nützlich ist seine Unterscheidung zwischen Vorder- und Hinterbühne, nicht zuletzt, weil hier auch die erwähnte Doppelbödigkeit sichtbar wird.

Wer sich auf der Vorderbühne befindet, der handelt vor einem »Publikum«. Hier spielt sich gewissermaßen die »offizielle Version« des Machtspiels ab. Auf der Vorderbühne bemühen sich die Akteure hauptsächlich darum, einen günstigen Eindruck zu hinterlassen. Aber nicht jeder, der auf der Vorderbühne steht, ist auch freiwillig dort. Manche werden dorthin gelockt oder beordert, andere versuchen nur, einen Mitspieler wieder einzufangen, um ihn dann hinter die Kulissen zu verschleppen.

Denn auf der Hinterbühne geschieht all das, was das Publikum nicht mitbekommt und vor allem auch nicht mitbekommen soll. Dies ist der Raum hinter den Kulissen, der berüchtigte Backstage-Bereich. Hier lassen die Machtspieler ihre Masken fallen: Sie drohen, schüchtern ein, treffen geheime Absprachen oder misshandeln ihr Opfer, bevor sie sich mit ihm als »Freund und gleichberechtigtem Partner« wieder auf der Vorderbühne sehen lassen. Auch der umgekehrte Fall kommt vor: Erbitterte Feindschaft auf der Vorderbühne, kollegiale Verständigung hinter den Kulissen. Und schließlich kann die Hinterbühne auch als Ruheraum dienen, als Rückzugsgebiet, als Lager für die Requisiten, die zum rechten Zeitpunkt auf der Vorderbühne hervorgezaubert werden, und als Probebühne, auf der die Gesten einstudiert werden, die man vorne überzeugend präsentieren muss. Damit Machtspiele gelingen, ist es fast immer nötig, die Hinterbühne zu kontrollieren.

Das Publikum
Es kann leicht in die Irre führen, wenn wir bei Machtspielen nur diejenigen betrachten, die unmittelbar daran beteiligt sind. Großen Einfluss auf den Verlauf der Spiele hat nämlich auch das Publikum. Sogar wenn es gar nichts mitbekommt, sich das Geschehen also im Wesentlichen auf der Hinterbühne abspielt, kann allein die Drohung, sich auf die Vorderbühne, vor das Publikum zu begeben, das Spiel völlig umkrempeln.

Wer aber bildet das Publikum? Es sind diejenigen, die Zeugen der Auftritte werden und die ein gewisses Interesse dafür aufbringen. Das können Kollegen sein, Kunden, gemeinsame Bekannte, Geschäftspartner, Nachbarn, Vereinsmitglieder, Eltern, Kinder, ja auch zufällig Anwesende können als Publikum in das Machtspiel hineingezogen werden. Ihre Aufgabe ist es zunächst einmal, Resonanzkörper zu sein für das, was sich auf der Vorderbühne abspielt. Auch wenn das Publikum gerne als eine Art Schiedsrichter betrachtet wird, muss es keineswegs neutral sein. Es kann gegen einen der Akteure hochgradig voreingenommen sein, was diesen veranlasst, sich lieber nicht auf der Vorderbühne blicken zu lassen. Manches Publikum hat keine klare Präferenz, ist sehr geteilter Meinung oder schwenkt plötzlich um. All das hat Auswirkungen auf das Machtspiel.

Obendrein kann sich jemand aus dem Publikum lösen und selbst zum Mitspieler werden (ein gravierender Unterschied zum herkömmlichen Theaterzuschauer, der im Höchstfall Tomaten oder Blumen auf die Bühne wirft). Er tritt gewissermaßen auf die Bühne, um schlichtend einzugreifen oder einem der Akteure beizustehen. Noch häufiger ist es jedoch, dass einer der Akteure darauf spekuliert, Leute aus dem Publikum auf die Bühne zu holen – als seine Bündnispartner. Doch auch wenn der Einfluss des Publikums auf das Machtspiel ganz erheblich ist, so entscheidet sich dieses letztlich auf der Bühne. Anders gesagt: Einem der Akteure können durchaus die Sympathien des Publikums gehören und er kann das Machtspiel dennoch verlieren, weil er sich dem Willen des anderen beugen muss. Ob allerdings ein ausgemachter Bühnenbösewicht bei seinen Machtspielen dauerhaft erfolgreich sein kann, darf bezweifelt werden.

Rollen und Regeln
Wo kommen überhaupt die Rollen her, die wir in einem Machtspiel übernehmen? Und wer legt die Regeln fest? Die Antwort ist nicht ganz einfach und besteht aus zwei Teilen: Zunächst einmal sind Rollen und Regeln kulturell vorgeprägt. Als Angehörige einer bestimmten Kultur haben wir mehr oder weniger feste Erwartungen, wie man sich in bestimmten Situationen zu verhalten hat, sagen wir, als Arzt im Umgang mit seinen Patienten. Wir bemerken ziemlich gut, wenn jemand davon abweicht und dadurch »aus der Rolle fällt«. Dazu müssen wir nicht das Geringste von Medizin verstehen.

Eine Rolle existiert aber nicht isoliert, sondern es gibt andere Rollen, die dazu komplementär sind, die sie also ergänzen. Damit der Arzt seine Patienten behandeln kann, ist er darauf angewiesen, dass auch die sich an ihre Rolle, die des Patienten, halten und seine Sprechstundenhilfe ebenfalls mitspielt. Dabei folgen wir alle ungeschriebenen Regeln, die festlegen, wie zum Beispiel ein Patient mit seinem Arzt oder der Sprechstundenhilfe umgeht. Was erlaubt ist und was nicht. Wie viel körperlichen Abstand wir einhalten müssen. Wer wen als Erstes begrüßt und vieles mehr. Wenn wir uns nicht an diese Regeln halten, können die Konsequenzen dramatisch sein. Das zeigen die »Krisenexperimente«, die der US-Soziologe Harold Garfinkel in den 1960er Jahren unternahm. Studenten benahmen sich zu Hause, als wären sie dort nur zu Gast. Gäste im Restaurant wurden so behandelt, als gehörten sie zum Personal. Die Situation brach regelrecht zusammen. Die Beteiligten waren ratlos, verstört und handlungsunfähig.

Nun legt uns eine Rolle nicht vollständig fest. Vielmehr lässt sie uns mehr oder weniger Spielraum, sie auszugestalten. Darüber hinaus sind in vielen Situationen die Rollen nicht eindeutig festgelegt. Dann können wir unter mehreren Möglichkeiten auswählen. Wir beanspruchen eine Rolle, indem wir uns genau so verhalten, wie es dieser Rolle entspricht. Wenn die anderen mitspielen und die entsprechenden »Komplementärrollen« (also die dazu passenden Parts) übernehmen, ist alles in Ordnung. Und das ist der zweite Teil der Antwort: Es liegt an uns und unserem Verhalten, welche Rolle wir übernehmen oder auch: in welche Rolle wir uns drängen lassen.

Im Zusammenhang mit Machtspielen ist das ein sehr wichtiger Punkt: Wem es gelingt, eine bestimmte Rolle durchzusetzen, der zwingt die anderen dazu, eine Komplementärrolle zu übernehmen. Treten Sie in einer Gruppe als der Chef auf, haben die anderen nur zwei Möglichkeiten: Sie auflaufen zu lassen und von dieser Rolle abzubringen oder Ihnen zu folgen. Behandelt uns jemand unterwürfig, so müssen wir ihn zu einem andern Verhalten bewegen oder derjenige sein, der sagt, wo es langgeht.

Solange wir unsere Rollen nicht gegenseitig anerkannt und festgeklopft haben, bleibt die Situation vage. Wir fühlen uns unwohl. Wir kommen irgendwie nicht zusammen. Können wir diesen unangenehmen Schwebezustand nicht beenden, wird unsere Begegnung nicht lange andauern. Daher sind wir bestrebt, doch noch halbwegs passende Rollen auszuhandeln. Die Sache ist nur: Haben wir uns einmal in ein bestimmtes Spiel verstrickt, dann ist es sehr schwer, da wieder herauszukommen. Wir müssen Regeln brechen und buchstäblich aus der Rolle fallen, wenn uns das Spiel nicht mehr behagt. Und das bedeutet eigentlich immer, dass es Ärger gibt.

Die Rolle der Persönlichkeit

Wo bleibt bei all diesen Rollenspielen eigentlich die Persönlichkeit? Riskieren wir nicht, sie zu verlieren? Das Gegenteil ist der Fall, wenn wir einem der großen alten Männer der amerikanischen Soziologie, Robert Ezra Park, folgen wollen, der daran erinnert, dass »das Wort Person in seiner ursprünglichen Bedeutung eine Maske bezeichnet. Darin liegt eher eine Anerkennung der Tatsache, dass jedermann überall und immer mehr oder weniger bewusst eine

Rolle spielt. In diesen Rollen erkennen wir einander; in den Rollen erkennen wir uns selbst.« Das heißt auch, dass wir bestimmte Rollen bevorzugen, andere vermeiden und überhaupt die Mehrzahl für uns gar nicht in Frage kommt. Sie passen nicht zu uns, zu dem Bild, das wir von uns aufrechterhalten.

Und wenn wir doch einmal in solch eine Rolle hineingeraten, die selten eine rühmliche ist, dann bekommen wir zu hören, dass unsere Mitmenschen uns »so« gar nicht kennen. Und wir selbst sind uns auch fremd. Wir rätseln, wie wir da reingeschlittert sind. War Alkohol im Spiel, Müdigkeit, Stress oder hat uns jemand in diese Rolle gedrängt? Wir brauchen eine Erklärung, um mit uns ins Reine zu kommen. Und wir nehmen uns vor, solche Ausrutscher in Zukunft zu vermeiden. In den zugespitzten Worten von Erving Goffman: »Anerkannte Eigenschaften und ihre Beziehung zum Image machen aus jedem Menschen seinen eigenen Gefängniswärter.« Doch er fügt versöhnlich hinzu: »Auch wenn er seine Zelle gerne mag.«

In aller Regel übernehmen wir also nur die Rollen und spielen nur die Machtspiele, die Ausdruck unserer Persönlichkeit sind. Manche – wie der Managementprofessor Robert I. Sutton – meinen dementsprechend auch: Wer etwas über den Charakter eines Menschen herausfinden will, sollte sich anschauen, wie er mit Macht umgeht und wie er Personen behandelt, die weniger Macht haben als er. Da ist sicher etwas dran. Auf der anderen Seite geraten wir immer wieder in Zustände, in denen wir »außerhalb unserer Persönlichkeit handeln«, etwa durch Schlafmangel, Überlastung, Krankheit, weil uns jemand in diese Rolle gedrängt hat – oder weil wir als Mitglied einer Organisation handeln, etwa als Angestellter in der Verwaltung, Abteilungsleiter in einem Unternehmen oder als Funktionär einer Partei.

Die kleinen Sauereien in der Organisation
Schon in den Anfängen der Organisationsforschung stieß man auf ein bemerkenswertes Phänomen: Menschen verhalten sich in einer bestimmten Organisation nicht so wie außerhalb davon, aber auch nicht so wie in einer anderen Organisation. Sie stimmen ihr Verhalten darauf ab, was jeweils von ihnen erwartet wird. Das bedeutet nicht unbedingt, dass sie sich ganz und gar verbiegen müssen. Vielmehr haben sie ein Interesse daran, einer Organisation beizutreten, in der sie ihre persönlichen Eigenschaften zur Geltung bringen können und nicht unterdrücken müssen.

Doch das ändert nichts daran: Wenn Sie in eine Organisation eintreten, deren Mitglied werden, dann müssen Sie deren »Erwartungen anerkennen«, wie Niklas Luhmann bemerkt. Sie müssen sich anpassen, charakterlich und was Ihre Fähigkeiten angeht. Sie können nicht einfach nach Ihren Vorstellungen Ihre

Talente einbringen wie bei einem Hobby oder wenn Sie nur für sich selbst verantwortlich sind. Und auch Ihre persönlichen Wertvorstellungen haben keine uneingeschränkte Geltung mehr, allen Beteuerungen zum Trotz, dass es eben diese Wertvorstellungen sind, auf die die Organisation baut. Solche Erklärungen sollten Sie besser nicht allzu ernst nehmen. So eine Organisation würde gar nicht funktionieren, nicht zuletzt weil die Wertvorstellungen der Mitglieder sich unterscheiden und weil reibungslose Abläufe in der Organisation nur stattfinden können, wenn die Mitglieder ihre persönlichen Wertvorstellungen zurückstellen. Im Grunde ist es banal und die alltägliche Erfahrung gerade derer, die den unteren Hierarchieebenen angehören: Sie tun, was sie tun sollen, und schalten ihre persönlichen Wertvorstellungen in den Stand-by-Modus (aus dem sie erst wieder hochgefahren werden, wenn es ernst und schmutzig wird).

Das erleichtert eben auch manches. Man kann Aufträge erledigen, die man für sinnlos oder sogar ein wenig fragwürdig hält, Produkte empfehlen, von denen man abraten würde, oder Versprechungen machen, die niemand in der Organisation halten wird. Nicht wenige Mitarbeiter und Führungskräfte distanzieren sich als Privatperson von dem, was sie tagein, tagaus tun. Und sie machen es trotzdem. Solange es sich nur um »kleine Sauereien« handelt, sehen sie vielleicht sogar mit einem Schmunzeln darüber hinweg.

Warum tun sie das? Der Grund ist nicht allein, dass sie dafür bezahlt werden, sondern dass sie die Organisation verlassen müssten, wenn sie nicht mehr mitspielen. Und dieser Preis scheint doch sehr hoch zu sein, wie die Organisationssoziologen Stefan Kühl und André Kieserling herausgearbeitet haben. Die Mitglieder einer Organisation lassen sich sehr viel zumuten, um ihr weiterhin anzugehören. Widerstand äußert sich typischerweise in kleinen Sabotageakten, wenn niemand genau hinschaut. Ansonsten aber wird mitgespielt, häufig auch dann noch, wenn das Gewissen aus seinem Energiesparmodus erwacht ist. Im Extremfall begehen die Mitglieder Handlungen, die sie eigentlich ablehnen, sozusagen »große Sauereien«. Und dafür können sie die Verantwortung nicht mehr schmunzelnd abschieben. Für Handlungen, die offensichtlich nicht in Ordnung sind, werden sie verantwortlich gemacht. Von denen, die außerhalb der Organisation stehen, ohnehin, aber manchmal auch von der Organisation selbst, die sich allzu gern von ihren »schwarzen Schafen« trennt, wenn die »großen Sauereien« auffliegen.

Allerdings muss es ja gar nicht zum moralischen Dammbruch kommen. Der Punkt ist vielmehr: In einer Organisation übernehmen wir eine Rolle, die uns ganz eigene Verhaltensweisen abverlangt. Dabei können wir uns recht weit von dem entfernen, was wir im Privatleben als unsere Persönlichkeit betrachten. Einige können ganz gut damit leben, andere leiden still unter dieser Spaltung. Eine dritte Gruppe verhält sich nun auch im Privatleben anders und gleicht ihre Persönlichkeit den neuen Erfordernissen an.

Spielkulturen
Organisationen können sich sehr stark voneinander unterscheiden. Es gelten jeweils andere Regeln, es werden unterschiedliche Rollen gespielt – und damit sind auch die Machtspiele sehr verschieden, die uns dort begegnen. Ja, auch innerhalb einer Organisation existieren meist mehrere Spielkulturen nebeneinander bzw. über- und untereinander. Einzelne Abteilungen haben ihre ganz besondere Spielkultur, die für die Kollegen anderer Abteilungen nicht leicht zu durchschauen ist. Und wie »oben« gespielt wird, ist für diejenigen an der Basis auch nicht immer klar.

Wenn Sie neu in eine Abteilung kommen, müssen Sie erst herausfinden, wie hier gespielt wird. Womöglich machen Sie sich Feinde, wenn Sie zu forsch auftreten oder sich von den falschen Leuten vereinnahmen lassen. So ist es keine Seltenheit, dass gerade diejenigen mit besonders offenen Armen auf Neulinge zugehen, deren eigener Stern im Sinken begriffen ist. Das muss jedoch kein Nachteil sein, sofern Sie sich nur rechtzeitig von so jemandem absetzen. Und auch Feindschaften müssen nicht immer ungünstig sein. Womöglich öffnen sich dadurch erst manche Türen. Weil der Feind Ihres Feindes in Ihnen einen Verbündeten vermutet.

Gravierende Unterschiede gibt es auch im Umgang mit den Vorgesetzten. In manchen Organisationen ist es üblich, Distanz zu wahren. Während es andernorts als Zeichen eines großartigen Betriebsklimas gilt, wenn alle den Chef als Kumpel (selbstredend als »besten Kumpel«) betrachten. Dabei sind es manchmal gerade die Kumpelkulturen, die ihre Mitarbeiter besonders schamlos ausnehmen.

Und nicht immer muss der Vorgesetzte das Sagen haben. Es kommt durchaus vor, dass jemand geschickt die Fäden zieht, der von seiner offiziellen Position her gar nicht befugt ist, anderen Anweisungen zu erteilen. Oder dass jemand aus undurchschaubaren Gründen Narrenfreiheit genießt und jede Kritik an ihm niedergebügelt wird. Hierarchien spiegeln Machtverhältnisse keineswegs zuverlässig wider. Geradezu entscheidend ist es, dass Sie die Rituale und Prozeduren verstehen, die sich in der Abteilung eingeschliffen haben. Ist es üblich, dass sich am Beginn einer Besprechung erst mal alle kräftig loben? Oder ist das verpönt, weil darin ein Indiz für »zu große Selbstzufriedenheit« gesehen wird, die sich lähmend auf die Organisation auswirkt? Sollten Sie stattdessen lieber von den »Herausforderungen« sprechen, die vor Ihnen liegen? Oder machen Sie sich mit diesem Vokabular hier eher lächerlich?

Überhaupt müssen Sie herausfinden, was bestimmte Worte bedeuten. Das gilt insbesondere für das Wörtchen »wir«. Sagt Ihr Vorgesetzter beispielsweise: »Das müssen wir in einer Woche vom Tisch bekommen...«, so kann das heißen: »Das müssen Sie in einer Woche vom Tisch bekommen.« Oder: »Das müssen wir gemeinsam in einer Woche vom Tisch bekommen.« (Alleingänge würde er Ihnen übel nehmen). Oder auch: »Das muss ich in einer Woche vom Tisch bekommen.« (Sie dürfen allenfalls Handlangerdienste leisten).

Wodurch werden die mitunter sehr stark voneinander abweichenden Spielkulturen eigentlich bestimmt? Einerseits kommt hier die Identität der Organisation (oder der Abteilung) zum Tragen. Bestimmte Verhaltensweisen, ein bestimmter Stil hat sich innerhalb der Organisation herausgebildet. Es gibt Traditionen, die weiterwirken und nicht so ohne Weiteres gekappt werden können. Andererseits nehmen die Menschen, die in der Organisation arbeiten, durch ihre persönliche Art und ihren Führungsstil Einfluss darauf, wie gespielt wird. Dabei ist auch diese persönliche Art, wie wir gesehen haben, stark geprägt dadurch, was die Organisation zulässt, erwartet oder sogar fordert.

Ein Bündel von Machtspielen
Nun lautet eine wichtige Erkenntnis der Organisationsforschung, dass jede Organisation viel komplizierter ist, als es den Anschein hat. Wenn wir davon sprechen, dass ein Unternehmen, eine politische Partei oder eine gemeinnützige Einrichtung Erwartungen hegt oder bestimmte Ziele verfolgt, so ist das eine starke Vereinfachung. Natürlich hat sie ihren Sinn, sie ist nützlich, ja unvermeidlich, wenn wir mit Organisationen zu tun haben. Aber je genauer wir hinschauen, umso komplexer wird dieses Gebilde mit seinen offiziellen und inoffiziellen Hierarchien, kurzen und langen Dienstwegen, abgestuften Feindschaften und Zweckbündnissen.

Ein wenig Orientierung bekommen wir durch den Begriff der »Spielkulturen«, den ich gerade eingeführt habe. In verschiedenen Bereichen einer Organisation können jeweils andere Spielregeln gelten und für den Umgang der einzelnen Abteilungen miteinander gibt es wiederum ganz eigene Spielregeln. Die beiden Soziologen Michel Crozier und Erhard Friedberg gehen noch einen Schritt weiter: Für sie bestehen Organisationen aus nichts anderem als aus den Spielen, die von den Angehörigen der Organisation gespielt werden. Sie spielen darum, andere für die eigenen Ziele einzuspannen und selbst von denen eingespannt zu werden, weil ihnen das nämlich Einflussmöglichkeiten sichert. Mit einem Wort, die Organisation ist ein riesiges Bündel von ineinander verwobenen Machtspielen.

Das ist jedoch keine skandalträchtige Enthüllung, in dem Sinne: Schauen Sie mal in Ihre Organisation, was die da machen, die spielen den ganzen Tag nur um die Macht. Vielmehr soll der Begriff des Spiels, man könnte auch sagen: die Metapher, dabei helfen, das Dickicht der Organisation besser zu durchdringen und vor allem auf Phänomene aufmerksam zu werden, die einem sonst entgehen würden.

Machtspiele im Sinne von Crozier und Friedberg sind nämlich nicht so sehr die geheimen Tricks und hinterhältigen Manipulationen von Führungskräften oder Karrieristen. Machtspiele werden vielmehr von allen betrieben, die der Organisation angehören. Im Prinzip bemüht sich nämlich jeder darum, auf andere »Zwang auszuüben, um seine eigenen Forderungen durchzusetzen« (wie bescheiden diese Forderungen auch ausfallen mögen). Und zugleich ist jeder bestrebt, seinen eigenen Freiraum gegenüber Eingriffen anderer abzuschirmen. Jeder bringt sich selbst ins Spiel durch die Möglichkeiten, die er den Mitmenschen bietet. Zugleich aber ist er bei der Verwirklichung seiner Ziele auf die anderen angewiesen. Daraus ergibt sich ein Geflecht von Macht- und Abhängigkeitsverhältnissen, denen alle unterworfen sind – auch und gerade Führungskräfte, deren »maßlos übersteigerte Rolle« Crozier und Friedberg in ihrem Konzept etwas zurechtrücken. Denn es sind nicht die Führungskräfte, die eine Organisation »steuern«. Auch sie sind den Regeln des Spiels unterworfen und können nur »bruchstückartig« und »indirekt« in das Spiel eingreifen, wobei ihre Eingriffe auch immer auf sie selbst zurückwirken. So gesehen sitzt niemand am Steuer, sondern alle sind mehr oder weniger voneinander abhängig und nehmen aufeinander Einfluss. Niemand kann seine Ziele auf Kosten der anderen durchsetzen, sondern muss zumindest den einen oder anderen bei der Verfolgung seiner Ziele unterstützen.

Die Unvermeidlichkeit von Machtspielen
Machtspiele sind nicht nur weit verbreitet, sie sind gar nicht zu vermeiden. Und zwar aus zwei Gründen: Wenn Sie jemand in ein Machtspiel verstrickt, können Sie in den meisten Fällen nicht einfach aussteigen oder die magische »Win-win«-Karte ziehen mit dem Aufdruck »Wir sind alle gute Freunde«. Sie müssen mitmischen und sich Gegenstrategien überlegen, wenn sich jemand beispielsweise Verbündete sucht. Er muss Sie gar nicht als seinen erklärten Gegner auf der Rechnung haben. Es genügt, wenn Sie nicht dazugehören und sich einem Bündnis von Kollegen gegenübersehen, die gemeinsame Sache machen. Als aufrechter Einzelkämpfer haben Sie gegen solch ein Kartell nicht die Spur einer Chance.

Der zweite Grund: Wollen Sie selbst etwas durchsetzen und ist nicht damit zu rechnen, dass man Ihnen begeistert zustimmt, dann kommen Sie meist nicht darum herum, selbst ein Machtspiel anzustoßen. Ist Ihnen jemand noch einen Gefallen schuldig? Müssen Sie vielleicht die »Kunst der Drohung« (→ Grundspiele, Kapitel 3.2) einsetzen, mit Lob oder Schmeicheleien arbeiten oder können Sie Schuldgefühle mobilisieren? Machtspiele beginnen ganz unspektakulär. Denken Sie nur daran, was für ein Feuerwerk an Desinformation Eltern abbrennen, nur um ihre Kinder ins Bett zu bringen oder ihnen einen Eisbecher auszureden, den sie in diesem Moment haben wollen. Wie können Sie da erwarten, dass Sie ausgerechnet gegenüber erwachsenen Menschen Ihren Willen behaupten können – ganz ohne Machtspiel und Taktiererei? Das wird Ihnen nicht gelingen. Der entscheidende Punkt ist nur, dass Sie eine Grenze nicht überschreiten, die das Machtspiel vom »Foulspiel« trennt. Dieses Thema wird uns im letzten Kapitel beschäftigen.

Machtverhältnisse durchschaubarer machen
Bleibt zum Schluss dieses Kapitels die Frage: Was unterscheidet ein Machtspiel eigentlich von einem nicht gespielten Umgang mit der Macht? Gibt es den überhaupt? Oder liegt über jedem Umgang mit der Macht ein mehr oder minder starker Spielverdacht? Immerhin handelt es sich bei unseren Machtspielen ja nicht um eine Art von offiziell anerkanntem Berufssport, sondern um Unterstellungen. Möglicherweise ist Ihr Gegenüber nämlich überzeugt, dass es kein Machtspiel treibt, obwohl es aus Ihrer Sicht gute Gründe gibt, genau das anzunehmen. Ist also alles Machtspiel? Das glaube ich nicht. Ich möchte den Begriff der Machtspiele auch nicht überstrapazieren. Nach meinem Verständnis sollten drei Merkmale gegeben sein:

- Machtspiele zeichnen sich durch ein charakteristisches Muster aus. Deswegen können wir sie überhaupt erst als »Spiele« mit bestimmten »Regeln« beschreiben. Sie sind wiederholbar und nicht an eine bestimmte Person gebunden. Im Prinzip könnte sie jeder spielen.
- Machtspiele erfordern eine gewisse Doppelbödigkeit. Es muss einen Widerspruch geben zwischen dem, was jemand sagt, und dem, was er meint. Dazu ist es nicht erforderlich, andere zu täuschen. Die können nur zu gut wissen, was »eigentlich« gemeint ist.
- In Machtspielen geht es letztlich darum, seinen Willen durchzusetzen, entweder, indem man Einfluss auf andere nimmt, oder indem man solche Einflussversuche abwehrt und seinen Freiraum schützt. Schließlich können Machtspiele auch dazu dienen, die Bedingungen für die Machtausübung zu verbessern. Diesem Zweck dienen etwa Intrigen (die einem Konkurrenten schaden sollen) und Machtdemonstrationen.

Wenn wir in den folgenden Kapiteln eine ganze Palette von Machtspielen vorstellen, so verbindet sich damit eine bestimmte Absicht: Wir möchten Ihren Blick für den Umgang mit Macht schärfen. Nicht so sehr, damit Sie Ihre

Mitmenschen besser über den Tisch ziehen können, sondern damit Sie den Machtspielen der anderen nicht hilflos ausgeliefert sind. Sie sollten darüber nachdenken, was für Sie die vernünftigste Gegenstrategie ist: Mitspielen, das Spiel durchkreuzen oder im Extremfall auch aussteigen.

3 Grundspiele

> Ihr Kind will ein Eis. Sie lehnen ab. Ihr Kind will ein Eis. Sie erklären Ihrem Kind, dass es so kurz vor dem Abendessen kein Eis essen soll. Ihr Kind will ein Eis. Sie weisen Ihr Kind darauf hin, dass der Verzehr von Eiskrem seine Zähne schädigt und seinen Magen ruiniert. Ihr Kind will ein Eis. Sie bieten Ihrem Kind eine Banane an. Ihr Kind will ein Eis. Sie machen Ihr Kind auf einen lustigen kleinen Hund aufmerksam und ein feuerrotes Auto. Ihr Kind will ein Eis. Sie versprechen Ihrem Kind, ihm übermorgen ein Eis, ein riesiges Eis zu kaufen. Ihr Kind will ein Eis. Sie schreien Ihr Kind an: »Jetzt gibt es kein Eis!« Ihr Kind will ein Eis. Sie kaufen Ihrem Kind ein Eis. Aber nur eins. Doch Ihr Kind will kein Eis. Ihr Kind will viel lieber Lakritze.

Kommt Ihnen die geschilderte Szene vertraut vor? Dann kennen Sie schon unser erstes Machtspiel, ein Spiel, bei dem sich jemand völlig ohne Argumente, ganz allein durch die beharrliche Wiederholung seines Wunsches durchzusetzen versucht. Wie die kleinen Kinder, die sich etwas in den Kopf gesetzt haben und nicht eher Ruhe geben, bis sie es bekommen. Folgerichtig haben wir es das »Ich will ein Eis!«-Spiel genannt, obwohl es dabei nur selten um Eis geht, sondern um Überstunden, geänderte Urlaubspläne oder um kleine raffinierte Geräte, die Ihr Chef bei jemandem gesehen hat und jetzt unbedingt haben muss. Außerdem stellen wir Ihnen die grundlegenden Machtspiele vor, die Klassiker, die jeder kennen (und lieben) muss, der bei unserem Thema mitreden möchte: Die Kunst der Drohung, das Spiel des Lobens, das Schuldschieben, die Überrumpelung und – von Alphatieren vielfach unterschätzt – das Opferspiel.

3.1 Das »Ich will ein Eis!«-Spiel

Das »Ich will ein Eis!«-Spiel ist ein einfaches, fast schon plumpes, aber vielfach sehr wirksames Machtspiel, das Sie in Ihrer Familie, im Sportverein, mit Ihrer Sekretärin oder Ihren Arbeitskollegen, kurz gesagt, in allen Lebenslagen spielen können, wenn Sie damit rechnen, auf keinen ebenbürtigen Gegenspieler zu treffen. Es ist sogar möglich, das Spiel an der Supermarktkasse zu spielen, vorausgesetzt, Sie sind derjenige, der sich vorgedrängelt hat.

Ziel des Spiels
Vordergründig geht es darum, dass Sie Ihren Willen durchsetzen – und zwar unter nicht ganz einfachen Bedingungen, wie Sie gleich merken werden. Sie bringen Ihren Gegenspieler durch Hartnäckigkeit und Ignoranz zur Verzweiflung bzw. zum Nachgeben. »Ich will ein Eis!« ist ein geeignetes Spiel, wenn Sie Ihre Macht demonstrieren – oder auch testen wollen. Denn wenn Sie mit

dem »Ich will ein Eis!«-Spiel durchkommen, können Sie sicher sein, dass Sie derjenige sind, der das Sagen hat – und Ihre Mitspieler können das auch.

Für wen geeignet?
Im Berufsleben wird das »Ich will ein Eis!«-Spiel meist von Vorgesetzten gespielt, die damit kleine, aber unzumutbare Bitten durchsetzen. Aber auch Mitarbeiter, die ihren Chef auflaufen lassen wollen, versuchen es gelegentlich mit diesem nervtötenden Spiel. Unter Freunden kommt das »Ich will ein Eis!«-Spiel ebenso vor wie in der Partnerschaft. Und willensstarke Kinder sind überhaupt die wahren Champions in dieser Disziplin.

Spielverlauf
Sie richten an Ihren Mitspieler eine Bitte, die er aus irgendeinem Grund ablehnen wird: Weil ihm die Sache zuwider ist, weil sie seine Interessen verletzt oder weil sie schlicht unsinnig ist. Wichtig: Es muss dem anderen zwar gegen den Strich gehen, doch darf es sich um keine allzu große Sache handeln. Haben Sie alles richtig gemacht, wird Ihnen Ihr Mitspieler nun entgegenhalten, warum er Ihre Forderung für keine gute Idee hält. Er wird anfangen zu argumentieren. Sie hören sich das in Ruhe an. Und dann wiederholen Sie Ihre Bitte. Ohne Abstriche zu machen. Ohne Begründung. Und ohne auch nur mit einer Silbe auf die Argumente Ihres Gegenübers einzugehen. Wenn Sie einen sogenannten weichen Führungsstil bevorzugen, dürfen Sie Ihren Mitspieler anlächeln und ihm versichern: »Ich verstehe Sie.« Und dann teilen Sie ihm Ihre Bitte noch einmal mit.

Erklärungen oder gar Rechtfertigungen sind im Laufe des Spiels sorgsam zu vermeiden. Sie verwässern das Spiel nur. Ja, solche Spielzüge können es zerstören, denn der Reiz des Spiels besteht eben darin, dass der andere sich um Argumente bemüht, an Ihre Vernunft appelliert und allmählich erkennen muss, dass er gegen die pure Kraft Ihres Willens nichts ausrichten kann. Bringen Sie die Auseinandersetzung daher auf ihren harten Kern: Wille steht gegen Wille. Sie oder er, der Stärkere wird sich durchsetzen. Natürlich müssen Sie das sein, denn als Partei, die von vornherein unterlegen ist, holen Sie sich beim »Ich will ein Eis!«-Spiel nur eine blutige Nase. Obwohl darin für manche auch ein starker Anreiz liegen könnte (→ Schuld schieben, Kapitel 3.4).

Weichen Sie keinen Millimeter von Ihrer Forderung ab. Gehen Sie lieber ehrenhaft unter, als bei diesem Spiel einen Kompromiss zu schließen. Schlägt Ihr Gegenüber etwas in dieser Richtung vor, sollten Sie es der Lächerlichkeit preisgeben. Bleiben Sie hartnäckig. Fallen Sie dem anderen auf die Nerven. Vielleicht versucht er, Sie festzunageln: »Nennen Sie mir doch mal einen vernünftigen Grund, warum ich das tun sollte.« Antworten Sie ihm darauf: »Weil ich das so will.« Oder: »Sie haben es also immer noch nicht begriffen.« Oder: »Geben Sie es zu: Sie wollen sich drücken.« Oder wiederholen Sie noch einmal Ihre Bitte. Klopfen Sie ihn weich, indem Sie sich einfach nicht von Ihrer Bitte abbringen lassen. Seien Sie penetrant. Sie haben das Spiel gewonnen, wenn Ihr Gegenüber seine Machtlosigkeit erkennt und endlich aufgibt. Noch entscheidender aber ist: Ihr Mitspieler hat verloren.

Mitspieler
Sie brauchen einen Gegenpart, der Ihnen nicht viel entgegensetzen kann. Entweder ist er von Ihnen abhängig (das kann auch Ihr Chef sein!) oder er ist Ihnen aus irgendeinem Grund unterlegen (zum Beispiel weil Sie sein Vorbild sind oder weil er Sie liebt) oder er hat einfach keine Zeit, sich mit solchen Lappalien auseinander zu setzen. Genau diese Unterlegenheit möchten Sie ausnutzen und ihn in aller Deutlichkeit spüren lassen. Publikum ist eher zu vermeiden, da sich jeder unvoreingenommene Zuhörer auf die Seite Ihres Gegenspielers stellen wird.

Gefahren
Das »Ich will ein Eis!«-Spiel gehört es zu den Spielen, mit denen Sie sich unbeliebt, vielleicht sogar verhasst machen. Das ist im Spiel um die Macht nicht unbedingt ein Vorteil. Ihr Gegenüber wird sich gedemütigt fühlen und könnte den dringenden Wunsch verspüren, sich bei Gelegenheit zu revanchieren. Außerdem lässt Sie das wiederholte »Ich will ein Eis!«-Spiel rücksichtslos und ein wenig kindisch erscheinen. Bei echten Kindern hingegen gehört gelegentliches »Ich will ein Eis!«-Spiel zur normalen Entwicklung. In den Worten des niederländischen Biologen Midas Dekkers: »Ein Kind, das seine Eltern in Ruhe die Zeitung lesen lässt, versteht sein Metier nicht.«

Gegenstrategien
Sobald Sie erkennen, dass Ihr Gegenüber »Ich will ein Eis!« mit Ihnen spielt, können Sie sich alle weiteren Argumente sparen. Je nach Konstellation ergeben sich drei Möglichkeiten zu reagieren:
- Sie halten dagegen: Sie weigern sich einfach, die Bitte zu erfüllen, und lassen die Auseinandersetzung eskalieren (die harte »Eltern-Strategie«: »Und wenn du dich auf den Kopf stellst, du bekommst kein Eis!«).
- Sie geben nach und kontern mit einer Gegenforderung: »Also gut, ich verschiebe meinen Urlaub. Dafür will ich aber die Woche vor Pfingsten frei haben.«
- Sie geben nach und lassen durchblicken, dass Sie das Spiel durchschaut haben. Sie machen deutlich, dass Sie sich seinem Willen beugen – auch wenn Sie die besseren Argumente haben: »Wenn Sie darauf bestehen, mache ich das.«

Es liegt auf der Hand, dass Sie die Auseinandersetzung nur eskalieren lassen sollten, wenn Sie nicht so machtlos sind, wie Ihr Gegenspieler glaubt. Dann können Sie ihm selbstbewusst entgegentreten und sich Respekt verschaffen. Ansonsten riskieren Sie, dass Ihr Gegenüber nun erst recht Stärke zeigen möchte und Sie schikaniert (→ Das Schikanierspiel, Kapitel 10.3).

Wenn Sie eine Gegenforderung stellen, zeigen Sie sich selbstbewusst, ohne die Position Ihres Gegenspielers in Frage zu stellen. Bei Ihrer Forderung kann es sich auch um eine Kleinigkeit handeln. Es kommt nur darauf an, dass Sie das Machtspiel auf ein anderes Gleis umleiten: Vom demütigenden »Ich tue, was Sie wollen, weil ich aufgebe« hin zum gleichberechtigten »Ich tue, was Sie wollen, weil Sie tun, was ich will.«

Häufig befinden Sie sich aber gar nicht in der Lage, Gegenforderungen zu stellen. Entweder fallen Ihnen keine ein oder Ihr Gegenspieler ist zu mächtig, als dass Sie Ansprüche an ihn richten könnten. Dann können Sie immerhin noch Ihre persönliche Würde wahren, indem Sie die angebliche Bitte als das verstehen, was sie eigentlich ist: ein Befehl. Sie durchkreuzen sein Spiel, indem Sie ihm die Verantwortung für seine unsinnige Bitte zuschieben: »Sie haben hier das Sagen und damit liegt es ganz bei Ihnen, was hier geschieht.« Auch wenn er nun erreicht, was er will, haben Sie ihn zumindest um seinen Triumph gebracht.

3.2 Die Kunst der Drohung

Drohungen stehen nicht gerade in hohem Ansehen. Eine gute Führungskraft sollte tunlichst auf sie verzichten, glauben viele. Doch das ist ein Irrtum. Denn Führungskräfte kommen ohne wohl dosierte Drohungen überhaupt nicht aus. Mitarbeiter, Eltern, Kinder, Kunden und Verkäufer, Sie und ich übrigens auch nicht. Wir alle müssen ständig Drohungen in die Welt setzen und die unserer Mitmenschen deuten. Wir brauchen sie, um uns Respekt zu verschaffen, wenn jemand unsere Interessen missachtet, sich nicht an Absprachen hält oder uns wie einen Fußabtreter behandelt. Richtig drohen heißt siegen, ohne zu kämpfen. Und vom chinesischen Strategen Sun Tsu wissen wir, dass das überhaupt die Voraussetzung ist, um »wahrhaft zu siegen«. Wer hingegen nicht richtig droht, geht unter. Ebenso wie derjenige, der auf die Drohungen der anderen nicht angemessen reagiert. Kurzum, der Umgang mit Macht erfordert ein tiefes Verständnis der Drohung, die in den unterschiedlichsten Spielarten vorkommt. Es gibt ja nicht nur die plumpe Drohung, sondern auch höchst raffinierte, geradezu feinsinnige Formen. Als versierter Machtspieler sollte man sich auf alle Varianten verstehen.

Die innere Mechanik der Drohung

Oberflächlich betrachtet hat eine Drohung eine sehr einfache Struktur. Wenn Sie mir drohen, geben Sie mir zu verstehen: »Entweder tun Sie dieses – oder es geschieht jenes.« Wobei dieses und jenes zu den Dingen gehört, die mir beide nicht recht sind. Sonst würde ich das, was Sie von mir verlangen, ja freiwillig tun. Damit Ihre Drohung funktioniert, muss mir jenes (mit dem Sie mir drohen) erheblich unangenehmer sein als dieses (was Sie von mir fordern). Sie verknüpfen zwei Übel, damit ich das kleinere auswähle. Denn dieses kleinere Übel ist genau das, was Sie erreichen wollen. Während Sie das größere Übel (mit dem Sie mir drohen) vielleicht ebenso gerne vermeiden möchten wie ich. Aber ich habe offiziell die Wahl …

Aus diesem simplen Grundmuster ergeben sich erstaunlich komplexe Schlussfolgerungen und taktische Möglichkeiten – für beide Seiten. Das fängt damit an, dass Sie als der Drohende sicherstellen müssen, dass ich Ihre Drohung überhaupt verstehe: Was wollen Sie von mir? Und was erwartet mich, wenn ich Ihnen den Gefallen nicht tue? Wenn ich diesen Zusammenhang nicht erfasse, dann läuft Ihre Drohung ins Leere. Natürlich kann ich auch nur so tun, als hätte ich den Zusammenhang nicht begriffen.

Ein zweiter, sehr wichtiger Punkt: Drohungen sind unangenehm, und zwar nicht nur für den Bedrohten, sondern fast noch mehr für den Drohenden. Denn er geht ein doppeltes Risiko ein: Er belastet die Beziehung zu demjenigen, dem er droht. Wenn Sie mir drohen, dann werde ich darauf gewiss nicht mit Herzlichkeit reagieren, sondern eher versuchen, Ihnen eins auszuwischen. Das zweite Risiko hängt unmittelbar damit zusammen: Ich könnte mich ja für die unangenehmere Alternative entscheiden, für das, mit dem Sie mir drohen. Und zwar aus dem einzigen Grund, weil ich Sie mit Ihrer Drohung nicht durchkommen lassen will.

Für den Drohenden wäre das äußerst unangenehm. Er bekommt nicht das, was er will, und muss sich jetzt ans Bestrafen machen, er muss seine Drohung in die Tat umsetzen. Und das kostet Zeit, Energie und Mühe, ohne einen unmittelbaren Nutzen zu haben. Aus diesem Grund befindet sich an dieser Stelle der kritische Punkt, an dem eine Drohung umschlagen kann – und der Bedrohte plötzlich derjenige ist, der das Heft in die Hand bekommt. Der Drohende ist hingegen zum Gefangenen seiner Drohung geworden, die er nun wahr machen muss – wenn er sich nicht als Papiertiger erweisen will, dessen künftige Drohungen nicht ernst zu nehmen sind.

Die Schwäche zu starker Drohungen
Manche nehmen an, je unangenehmer die Konsequenzen sind, die sie dem anderen androhen, umso erfolgreicher werde ihre Drohung sein. Doch das ist ein Irrtum. Tatsächlich ist meist das Gegenteil der Fall. Es gibt kaum etwas Wirkungsloseres als Drohungen, die ein paar Nummern zu groß geraten sind. Eltern verlieren ihre Autorität, wenn sie ihren Kindern ankündigen: »Entweder du räumst jetzt dein Zimmer auf oder du darfst nie wieder fernsehen!« Solche Drohungen verfangen nicht, weil sie nicht geglaubt werden. Und wenn sich

die Eltern daranmachen, das totale Fernsehverbot dennoch durchzusetzen, bewirken sie gar nichts – außer dass die Kinder sie für grausam und/oder übergeschnappt halten. Respekt erwirbt man so nicht.

Ebenso wird ein Vorgesetzter nichts ausrichten, wenn er ständig mit Gehaltskürzung, Entlassung oder Entzug des Dienstwagens droht. Sogar wenn er solche Strafen verhängen könnte, darf er sie nur ins Spiel bringen, wenn sie passen und wirklich etwas auf dem Spiel steht. Sonst nutzt sich die Drohung nicht nur schnell ab, viel schlimmer: Der Vorgesetzte steht unter Zugzwang, sobald seine Drohung nicht ernst genommen wird. Und genau damit ist ja zu rechnen, wenn die angekündigte Strafe viel zu hart erscheint. Wird er sich wirklich zum Scheusal machen, nur um seine Glaubwürdigkeit zu wahren? Das könnte ihn auch viele Sympathien bei andern kosten, die für solche drakonischen Maßnahmen wenig Verständnis haben.

Vor diesem Hintergrund ergibt sich der überraschende Effekt, dass derjenige, der uns den Maximalschaden zufügen könnte, nahezu machtlos ist, wenn er nicht gleichzeitig auch mildere Drohungen im Köcher hat. Denn darin besteht ein wesentlicher Teil der »Kunst der Drohung«: Sie müssen etwas finden, das Ihrem Gegenspieler noch unangenehm genug erscheint, um dann doch lieber zu tun, was Sie wollen. Gleichzeitig muss er Ihnen das, was Sie da ankündigen, auch zutrauen. Das ist übrigens auch der Grund, warum es weniger angenehme Zeitgenossen leichter haben mit ihren Drohungen. Ihnen nehmen wir sofort ab, dass sie uns ohne viel Federlesens schädigen werden. Aber genau deswegen können wir sie ja auch nicht leiden.

Feine Drohungen unter Freunden
Ein breites, fein abgestuftes Arsenal an Drohungen ist bei der Durchsetzung des eigenen Willens außerordentlich hilfreich. Es erhöht nicht nur die Wirksamkeit, sondern auch die Reichweite Ihrer Drohungen. Sie können auch dort drohen, wo es anderen nie einfallen würde, bei Ihren Freunden und Verbündeten zum Beispiel, Menschen also, auf die Sie angewiesen sind und mit denen Sie es sich nicht verscherzen dürfen. In solchen Fällen ist nicht Einschüchterung und Imponiergehabe gefragt, sondern Fingerspitzengefühl, Sensibilität, Diplomatie.

Oberflächlich darf die Drohung gar nicht als solche zu erkennen sein. Vielmehr kommt sie als Warnung daher oder als gut gemeinter Ratschlag: »An deiner Stelle würde ich denen die Information lieber nicht geben, Klaus. Dann gibt es nur Ärger, und du stehst als der Schuldige da.« Dahinter könnte sich die Drohung verbergen: »Wenn du unser kleines Geheimnis ausplauderst, werde ich alle Kollegen gegen dich aufhetzen.« Wenn Sie auf der Klaviatur der Gefühle (→ Kapitel 1 unter der Zwischenüberschrift »Die Klaviatur der Gefühle«) spielen, können Sie Ihre Drohung auch als Bitte verpacken: »Sie würden mir einen Riesengefallen tun, Herr Schmidt, wenn ich heute ausnahmsweise einmal ein halbes Stündchen eher gehen dürfte ...« Damit ist womöglich nichts anderes gemeint als: »Wenn ich heute nicht eine Stunde vor Dienstschluss hier rauskomme, verderbe ich Ihnen mit meiner schlechten Laune den Abend.«

Eine solche Drohung funktioniert natürlich nur unter der Voraussetzung, dass Ihr Gegenüber weiß, worauf Sie hinauswollen. Wird die Drohung zu subtil, läuft sie ins Leere. Außerdem kann der andere die Drohung spielend leicht zurückweisen. Er muss nur zu erkennen geben, dass er Ihre Worte anders versteht, als sie gemeint waren. So könnte der Klaus aus unserem Beispiel entgegnen: »Mach dir mal keine Sorgen, ich bin Ärger gewohnt.« Und Herr Schmidt könnte seine Mitarbeiterin wissen lassen: »Den Riesengefallen kann ich Ihnen heute leider nicht tun. Ich brauche Sie nachher noch.«

In diesem verdeckten Spiel liegt die eigentliche Stärke der feinen Drohung unter Freunden: Sie können drohen, ohne sich den anderen zum Feind zu machen. Natürlich kann er Ihnen übel nehmen, dass Sie ihm so zusetzen. Doch der entscheidende Punkt ist: Er muss es nicht. Sie können Freunde bleiben. Bei einer offenen Drohung wäre das ganz anders. Er kann sich nach Ihrer Drohung richten und braucht sich nicht von Ihnen eingeschüchtert, erpresst oder gedemütigt zu fühlen. Sie geben ihm zu verstehen, was er tun soll, aber er kann sein Gesicht wahren als jemand, der nach eigenem Willen handelt. Auch das ist bei einer offenen Drohung nicht zu haben. Und schließlich ist es für beide Seiten auch ein Vorteil, dass er Ihre Drohung einfach übergehen kann. Denn nun liegt es an Ihnen, ob Sie die Drohung fallen lassen (weil Ihnen die Sache keinen Konflikt wert ist) oder Klartext reden und damit die Auseinandersetzung verschärfen.

Allerdings kann auch Ihr Gegenüber die Harmonie aufkündigen und gereizt zurückfragen: »Soll das eine Drohung sein?« Doch in diesem Fall können Sie sich leicht auf die Position zurückziehen, dass der andere etwas missverstanden habe. Sie können ihm erklären, wie Sie es »eigentlich« gemeint hätten (nämlich nur gut mit ihm) und damit die Drohung halb zurücknehmen. Oder Sie lassen die Sache als »gut gemeinten Ratschlag« im Raum stehen.

Die »feine Drohung unter Freunden« ist nicht zuletzt deshalb so wirksam, weil Sie genau wissen, wo Sie den anderen packen können, was ihm also besonders unangenehm ist. Einem harmoniesüchtigen Kollegen können Sie Streit in Aussicht stellen, während ein karriereorientierter Mensch vielleicht eher durch den Hinweis zu beunruhigen ist, sein Vorhaben würde »oben sicher gar nicht gut ankommen«.

Um keine Missverständnisse aufkommen zu lassen: Eine solche Drohung hört sich vielleicht wie eine Warnung an. Doch sie ist keine, sondern eine Drohung. Der Unterschied: Wenn Ihr Gegenüber nicht das tut, was Sie von ihm erwarten, dann warten Sie nicht ab, wie sich die Dinge entwickeln, sondern Sie werden aktiv.

Die unbestimmte Drohung
Wir haben es schon angesprochen: Es kann ein taktischer Fehler sein, sich bei seiner Drohung allzu sehr festzulegen. Denn wenn sich Ihr Gegenüber von Ihrer Drohung nicht beeindrucken lässt, dann stehen Sie unter einem gewissen Zwang, sämtliche Aktionen, die Sie angekündigt haben, auch in die Tat umzusetzen. Damit ist meist ein beträchtlicher Aufwand verbunden, ohne dass Sie zumindest kurzfristig irgendeinen Vorteil haben. Erschwerend kommt aber noch hinzu, dass Ihr Gegenüber durch Ihre vollmundige Ankündigung ja vorgewarnt ist. Und je genauer Sie Ihre Strafmaßnahmen ausgemalt haben (um ihn in Angst und Schrecken zu versetzen), desto besser kann er sich darauf vorbereiten.

Um diesen gravierenden Nachteil zu vermeiden, halten manche Machtspieler ihre Drohungen bewusst unbestimmt. Sie drücken nur ihr »Bedauern« aus, falls die Gegenseite sich nicht »kooperativ« zeigt. Sie kündigen »Nachteile« an, die dem anderen entstünden, »Gegenmaßnahmen«, zu denen sie sich »gezwungen sehen« würden. Oder sie versehen ihre Forderung mit einem dunkel Drohenden: »Sonst passiert etwas.«

Nun lässt sich nicht leugnen, dass solche Drohungen häufig ihre Wirkung tun. Es bleibt der Fantasie des Bedrohten überlassen, was er sich unter den Nachteilen vorstellen mag. Diese Ungewissheit kann sehr quälend sein. Außerdem gibt es nichts Grauenerregenderes, als die eigene Fantasie damit zu beschäftigen, sich etwas Grauenhaftes auszumalen. Dabei hat der Drohende, wenn der Ernstfall eintritt und er seine Drohung wahr machen muss, alle Freiheiten zu reagieren. Er hat ja nichts Genaues angekündigt.

Und doch hat die unbestimmte Drohung ihre Grenzen. Sie ist vor allem dann wirksam, wenn Sie in einer überlegenen Position sind und/oder Ihr Gegenüber Ihnen alles Mögliche zutraut. Erfahrene Machtspieler lassen sich hingegen von einer solchen Drohung nicht bluffen. Sie wissen nur zu gut, dass jemand nicht ohne Grund unbestimmt und damit unverbindlich droht. Ist die unbestimmte Drohung nicht Ausdruck einer überwältigenden Machtfülle, liegt ein ganz anderer Verdacht nahe: Der Drohende will mit möglichst geringem Aufwand ein maximales Ergebnis erzielen. Und schon hat die unbestimmte Drohung viel von ihrem Schrecken verloren. Ja, sie fordert einen Machtspieler geradezu heraus, einmal auszuprobieren, was tatsächlich dahintersteckt.

Sie werden immer wieder mal den Beweis antreten müssen, dass die unbestimmte keine leere Drohung ist. Und dann müssen Sie eben doch erheblichen Aufwand treiben, um der Gegenseite Unannehmlichkeiten zu bereiten. Erschwerend kommt hinzu, dass Sie sich meist ja noch gar keine Gedanken gemacht haben, was Sie genau tun sollen. Die Gefahr ist groß, dass Sie überreagieren und der Konflikt eskaliert. Oder dass Ihre Reaktion zu schwach ausfällt, der andere selbstbewusst dagegenhält und Ihre Drohung in sich zusammenfällt. Gerade wenn Sie sich nicht festlegen, werden Ihre Mitmenschen sehr genau beobachten, womit sie im Falle einer Auseinandersetzung zu rechnen haben. Dieses Problem können Sie ein wenig entschärfen, indem Sie sich unberechenbar machen. Einmal lassen Sie einer unbestimmten Drohung ein Donnerwetter folgen (das immer teuer ist), ein anderes Mal tun Sie gar nichts. Das spart Kosten, entfaltet aber eine Abschreckungswirkung – denn wer der unbestimmten Drohung nicht folgt, den könnte ja das Donnerwetter treffen. Und doch ist auch diese Unberechenbarkeit keine Lösung. Denn weniger ängstliche Mitspieler könnten sich durch solch eine Unberechenbarkeit eher noch herausgefordert fühlen, einmal auszuprobieren, ob sie nicht doch davonkommen.

Unter vier Augen
Viele Drohungen werden ausgesprochen, wenn die Beteiligten unter sich sind. Vor allem sehr harte Drohungen haben ihren Platz auf der Hinterbühne (→ Kapitel 2 unter der Zwischenüberschrift »Spiele auf der Vorder- und der Hinterbühne«). Dafür gibt es gute Gründe. Beiden Seiten haben kein Interesse, ihre besondere Beziehung für die anderen öffentlich zu machen: Der Drohende möchte nicht als grausamer Machtmensch erscheinen, der notfalls über Leichen geht. Und der Bedrohte will sich vor den anderen nicht als machtloses Würstchen demütigen lassen. Wie sollen die Kollegen und Mitarbeiter noch Respekt vor ihm haben, wenn er so wenig Rückgrat zeigt und einknickt? Wenn er schon schwach wird, dann wenigstens auf der Hinterbühne. Die Interessengemeinschaft besteht jedoch nur, falls der Bedrohte wirklich nachgibt. Will er sich hingegen widersetzen, so könnte er sich bemühen, die Auseinandersetzung auf die Vorderbühne zu verlegen.

Darauf reagiert der Drohende üblicherweise, indem er die »Unterstellung« empört zurückweist. Seine Drohung kann er nun nicht mehr in die Tat umsetzen, denn sonst würde er ja den Beweis liefern, dass sein Gegenspieler Recht hatte. Dafür wird er alles tun, um dessen Ruf zu schädigen. Und er wird versuchen, auf der Hinterbühne Rache zu nehmen, was wiederum sein Opfer auf die Vorderbühne treibt. Daraus kann sich ein lebhaftes, aggressives, bisweilen auch zerstörerisches Spiel entwickeln. Denn der Drohende betrachtet den anderen jetzt nicht mehr nur als Widersacher, sondern regelrecht als

Feind. Durch seine Flucht auf die Vorderbühne weist er nicht nur die Drohung zurück. Viel gravierender ist der Umstand, dass er den anderen als brutalen Machtmenschen bloßgestellt hat. Und dass er das weit verbreitete Verfahren aushebelt, starke Drohungen auf der Hinterbühne abzuhandeln.

Denn selbstverständlich kann der Bedrohte die Forderung auch ganz diskret – unter vier Augen – zurückweisen. So sorgt er dafür, dass beide Seiten ihr Gesicht wahren. Ja, er kann anbieten, die ganze Angelegenheit zu vergessen, wenn der andere seine Drohung fallen lässt. Ansonsten schwelt der Konflikt weiter und es ist ungewiss, wer sich am Ende durchsetzt.

So verbreitet diese Drohungen unter vier Augen auch sind, sie bergen doch noch eine besondere Gefahr: Sie lassen sich gar nicht so leicht unter Verschluss halten – auch wenn beide Parteien mitspielen. Wer bedroht wurde, vertraut das vielleicht in einer stillen Stunde einem Kollegen an, mit der Bitte, das auf keinen Fall weiterzuerzählen. Und so spricht sich die Sache häufig schnell herum, wird vermengt mit anderen Geschichten und mit Gerüchten, bis schließlich alle darüber Bescheid wissen, dass der eine ein brutaler Machtmensch ist und der andere ein armes Würstchen.

Das Spiel mit dem Publikum
Nicht nur als Opfer, sondern auch als Drohender können Sie ganz bewusst die Vorderbühne bespielen. Denn das Publikum kann Ihnen aus zwei Gründen nützlich sein:
- Sie können den Druck auf den anderen erheblich verstärken, wenn Sie vor unbeteiligten Dritten drohen und niemand etwas dagegen einwendet. Ihre Drohung bekommt dadurch fast schon eine Art öffentliche Billigung.
- Ihr Gegenspieler muss viel eher damit rechnen, dass Sie Ihre Drohung auch wahr machen. Wenn Sie sich vor Publikum dazu verpflichten, bestimmte Maßnahmen zu ergreifen, werden Sie dies wohl auch tun, allein um sich nicht zu blamieren.

Es liegt auf der Hand, dass Sie die Vorderbühne mit einer Drohung nur betreten sollten, wenn Sie damit rechnen, Unterstützung zu finden: Entweder, weil Ihr Anliegen den anderen berechtigt erscheint, oder weil Sie eine so herausragende Stellung haben, dass es niemand versäumen wird, Ihnen zu helfen.

> **! Gefahren**
> Mit einer Drohung können Sie das Verhältnis zu Ihrem Gegenspieler nachhaltig zerrütten. Egal, ob er nun klein beigibt oder Ihre Drohung in den Wind schlägt. Dieses Risiko können Sie begrenzen, indem Sie darauf achten, dass Ihr Gegenüber sein Gesicht wahren kann. Sie dürfen ihn nicht vor anderen bloßstellen. Und das,

was Sie von ihm fordern, darf er nicht als Demütigung empfinden. Es sollte als Ihr berechtigtes Interesse durchgehen können.

Darüber hinaus können erfolglose Drohungen regelrechte Kleinkriege entfachen. Wenn der Drohende nämlich seine Ankündigungen wahr macht, setzt er nicht selten einen Konflikt in Gang, den eigentlich keine Seite will. Der einzige Ausweg aus diesem Dilemma besteht darin, dass eine dritte Instanz als Friedensstifter eingreift. Sie muss den Drohenden von seinen Strafmaßnahmen abbringen. Gleichzeitig hat sie dafür zu sorgen, dass der Bedrohte anerkennt, dass sein Gegenspieler ihn sehr wohl hätte schädigen können, aber gerade noch einmal überredet werden konnte, das zu unterlassen. So wird der Konflikt vermieden, ohne dass jemand sein Gesicht verliert.

Eine weitere Gefahr, die Sie leicht unterschätzen könnten, wenn Sie sich in einer starken Machtposition befinden: Müssen Sie Ihre Drohung wahr machen, dann sind häufig Ihre Kräfte gebunden. Und das macht Sie für andere angreifbar. Ein zweiter, dritter, vierter Gegenspieler könnte auf den Plan treten und sich noch viel schlimmer benehmen als derjenige, den Sie gerade strafen. Weil Sie das nicht unterbinden können, zeigen Sie sich machtlos.

Gegenstrategien

Sie können nahezu an jeder Stelle einhaken, um demjenigen, der Ihnen droht, die Suppe zu versalzen. Hier eine kleine Auswahl:

- Sie fügen sich, machen die Drohung aber öffentlich und stilisieren sich als Opfer eines hemmungslosen Machtmenschen.
- Sie fügen sich, tun aber nicht das, was von Ihnen verlangt wird, sondern etwas Ähnliches. Sie müssen das ursprüngliche Ziel gerade so weit verfehlen, dass der andere merkt, dass er nicht das bekommen hat, was er wollte. Doch müssen Sie dem Ziel immer noch nahe genug kommen, dass er seine Drohung unmöglich wahr machen kann. Lernen Sie von Ihren Kindern, die nach einer Drohung ihr Zimmer so aufräumen, dass es noch nicht richtig ordentlich, aber auch nicht mehr richtig unordentlich ist. Wollen Sie ihnen trotzdem das Taschengeld streichen, Sie Pedant?
- Sie fügen sich, machen sich den Willen Ihres Gegenspielers zu eigen und versuchen, ihn sogar noch zu übertreffen (sogenannte »Win-win«- oder Streber-Strategie). Solche Kinder würden nicht nur ihr eigenes Zimmer blitzblank putzen, sondern auch noch die Küche fegen und freudestrahlend verkünden: »Genau das habe ich gewollt.«
- Sie fügen sich und richten damit den größtmöglichen Schaden an, weil das, was von Ihnen verlangt wurde, ja nicht funktionieren konnte (sogenannte »Lose-lose«- oder Angestellten-Strategie). Bei der erzwungenen Aufräumaktion Ihrer Kinder stürzen Regale zusammen oder es geraten familiäre Zeitpläne durcheinander, weil die Kinder bis in den späten Abend mit dem Aufräumen beschäftigt sind.
- Sie nennen die Drohung eine Drohung und erklären selbstbewusst, dass Sie sich deshalb nicht darauf einlassen können.

- Sie machen einen Gegenvorschlag und versuchen, den Drohenden in Verhandlungen zu verwickeln. Zum Aufräumen verdonnerte Kinder würden etwa äußern: »Wenn ich die Legos in die Kiste packe, kann dann die Ritterburg stehen bleiben?«
- Sie äußern sich unbestimmt und versuchen, Zeit zu gewinnen. Die nutzen Sie, um Verbündete aufzutreiben und sich auf die Auseinandersetzung vorzubereiten.
- Sie ziehen die Drohung ins Lächerliche und lassen keinen Zweifel daran, dass Sie die Angelegenheit nicht ernst nehmen. Das irritiert Ihren Gegenspieler. Gleichzeitig provoziert es ihn aber auch. Machen Sie so etwas nur, wenn Sie bei der Auseinandersetzung nicht mit fliegenden Fahnen untergehen.
- Sie drohen zurück. Auch das ist ein Überraschungscoup, der sich nur anbietet, wenn Sie sich mit dem anderen auf Augenhöhe befinden – oder wenn Sie ihn für einen ängstlichen Menschen halten.
- Sie machen die Drohung öffentlich und fordern Ihren Gegenspieler auf, seiner Ankündigung Taten folgen zu lassen. Dabei spekulieren Sie darauf, dass er das in der Öffentlichkeit nicht wagen wird.
- Sie schlagen ohne Vorwarnung als Erster zu. Das Ganze erklären Sie zu einem Akt präventiver Selbstverteidigung. Zum Beispiel enthüllen Sie Informationen, die den anderen in keinem guten Licht erscheinen lassen. Zuvor hatte er Ihnen das Gleiche angedroht. Doch Sie sind ihm zuvorgekommen und nun steht er am Pranger. Wenn er Sie belastet, wirkt das wie ein Ablenkungsmanöver.

3.3 Das Spiel des Lobens

Während Drohungen allgemein verabscheut werden, erfreut sich das Loben großer Wertschätzung. »Haben Sie Ihr Kind heute schon gelobt?«, fragte in den achtziger Jahren des letzten Jahrhunderts ein pädagogisch korrekter Autoaufkleber. Lob tut gut, Lob motiviert, wir alle wollen gelobt werden. Da ist natürlich etwas dran. Auf der anderen Seite darf nicht in Vergessenheit geraten, dass Loben eben auch ein großes Machtspiel ist. Und dass ein Lob nicht weniger abgefeimt sein kann als eine Drohung.

Die innere Mechanik des Lobes
Wer lobt, hebt etwas positiv hervor und drückt seine Anerkennung aus. Um das überhaupt tun zu können, braucht er einen Wertmaßstab. Dieser kann sehr persönlich sein und darf nicht verwechselt werden mit den offiziellen Kriterien zur Leistungsbeurteilung. »Eine gute Note ist kein Lob«, bemerkt der Soziologe Rainer Paris. Auch die schlichte Erwähnung, dass Sie umsatzstärkster Verkäufer (Zahl), beliebteste Kundenberaterin (Wahl) oder gesündeste Lehrkraft (Zahl der Fehltage) sind, ist noch kein Lob. Erst wenn es sich mit einer Extraportion Anerkennung verbindet, die Sie über alle anderen heraushebt, wird ein Lob daraus.

Dabei kann der Wertmaßstab, der sich da ausdrückt, vom offiziellen Kurs sehr stark abweichen. Ja, Sie können in der offiziellen Leistungshierarchie ganz unten stehen und dennoch von Ihrem Chef gelobt werden: weil Sie immer so gut gelaunt sind, weil Sie so geschmackvolle Hemden tragen oder sich mit Geländewagen auskennen. Der Punkt ist: Was lobenswert ist, darüber entscheidet allein derjenige, der das Lob ausspricht.

Und damit wird das Lob zu einem subtilen, doch mitunter sehr wirksamen Steuerungsmittel. Wer das Lob austeilt, der besteigt den Richterstuhl und teilt den Mitmenschen mit, was im wahrsten Sinne des Wortes hervorragend ist. Darin liegt eine gewisse Anmaßung und deshalb ist es der Regelfall, dass der Ranghöhere den Rangniederen lobt. Mit seinem Lob gibt er gewissermaßen die Richtung vor: Wenn jemand dieses und jenes leistet, bekommt er meine Anerkennung. Zugleich heftet er sein Lob an eine bestimmte Person, die von allen anderen abgehoben wird. Je nach Konstellation kann das sehr positive, aber auch sehr negative Folgen (→ Durch Lob verbrennen, Kapitel 4.4) haben. Drei Aspekte sind noch wichtig:

- Lob kostet nichts. Und es verpflichtet auch zu nichts. Mit Lob können Sie jemanden dafür entschädigen, dass er auf handfeste Vorteile verzichten muss.
- Zugleich aber verbindet sich mit dem Lob aber die Verheißung, dass sich irgendwann doch handfeste Vorteile ergeben: eine höhere Bezahlung, weitere Aufträge, Beförderung, was auch immer.
- Niemand hat Anspruch auf ein Lob. Seine Leistungen können noch so hervorragend sein. Das verschafft dem Lobenden ein erhebliches Maß an Freiheit, nach seinem Willen Akzente zu setzen.

Lenken durch Lob
Wer sein Lob geschickt platziert, kann einen gewaltigen Einfluss ausüben. Nicht nur, aber vor allem als Vorgesetzter. Er kann bei seinen Mitarbeitern Erwartungen schüren: Wenn ich ein bestimmtes Verhalten zeige oder eine bestimmte Leistung erbringe, dann werde ich mit einem Lob belohnt. Und daraus ergeben sich vielleicht noch weitere Vorteile ... Jeder, der sich ein Lob verdienen will, muss den Wertmaßstab desjenigen übernehmen, der das Lob verteilt – des Vorgesetzten also, der auf diese Weise ganz bestimmte Fähigkeiten und Talente fördern, andere aber auch zurückstutzen kann. Findet Fleiß die meiste Anerkennung, lohnt es sich, fleißig zu sein. Wird hingegen die kreative Chaotin oder der ewige Optimist immer wieder herausgehoben, verschieben sich die Maßstäbe entsprechend.

Lob kann auch vorenthalten werden, um jemanden in eine bestimmte Richtung zu lenken. Wer nicht gelobt wird, muss das hinnehmen, und wenn er sich noch so sehr abstrampelt. Nun darf der Betreffende natürlich nicht resignieren. Vielmehr geht es darum, ihm zu verstehen zu geben, wie er sich das ersehnte Lob verdienen kann. Zum Beispiel durch noch bessere Leistung (»Bei Ihnen ist einfach mehr drin, Herr Koppers.«) oder indem er sich an denen orientiert, die das Lob einheimsen (»Frau Gärtner ist eine echte Teamplayerin.« – Untertext: Wenn Sie sich nicht mehr so stark in den Vordergrund drängen, bekommen auch Sie Ihr Lob).

Überhaupt darf nicht vergessen werden, dass sich das Lob nicht nur an den richtet, der da hervorgehoben wird, sondern an die vielen, die leer ausgehen. Dies gilt zumindest für das öffentliche Lob, das im Machtspiel ja nun auch weit mehr zählt als das intime Lob unter vier Augen. Sehr aufmerksam wird registriert, wer da gelobt wird und wofür. Gibt es irgendwelche Veränderungen? Taucht plötzlich ein neuer Name auf? Wird jemand gelobt, der es eigentlich gar nicht verdient hat? Oder blickt der Chef hinter die Kulissen, spendet Lob für jemanden, der unauffällig sehr gute Arbeit leistet? Zählen menschliche Qualitäten? Oder wird nur Leistung gelobt, auch wenn sie auf die denkbar niederträchtigste Weise erreicht wurde? All das nehmen die Zuhörer auf und richten ihr Verhalten danach aus. Das heißt nicht unbedingt, dass sie dem Lob hinterherlaufen. Sie könnten auch zu dem Schluss kommen, dass sie für ein Lob gar nicht in Frage kommen. Dann fühlen sie sich an den Rand gedrängt oder sogar ausgeschlossen, wofür derjenige, der das Lob austeilt, nun schon gar kein Verständnis hat.

Mit Ihrem Lob etablieren Sie auch eine gewisse Rangfolge. Wer ständig Lob bekommt, der darf sich seinen Kollegen überlegen fühlen. Vielleicht übernimmt er freiwillig kleine Sonderaufgaben, darf Anweisungen erteilen und Kontrolle ausüben, was ihm weiteres Lob einbringt. Zugleich hegt er mit steigendem Lobpegel aber auch Erwartungen, er möchte, dass sich das Lob für ihn irgendwann einmal auszahlt. Wenn es nicht möglich ist, ihn zu belohnen oder zu befördern, dann greifen manche Chefs zu einem anderen Mittel: Sie verpassen ihm einen Dämpfer (→ Boss-Spiele, Kapitel 4.2 und 4.3).

Die süße Droge Lob
Wir mögen es, gelobt zu werden. Ja, wir sind demjenigen, der uns lobt, dankbar. Lob motiviert, heißt es. Wir legen uns für denjenigen ins Zeug, der uns dafür sein Lob spendet. Dagegen ist erst einmal nicht viel zu sagen, zumindest nicht, solange uns das dazu bringt, unsere Leistung zu verbessern – was uns in der Regel ja auch zugute kommt. Allerdings dürfen wir eines nicht übersehen: Wenn wir uns auf das Spiel des Lobens einlassen, dann geben wir demjenigen, auf dessen Lob wir hoffen, Macht über uns.

Nun geben wir anderen Menschen ständig Macht über uns, nur in diesem Austausch von Macht kommen wir einigermaßen durchs Leben. Beim Lob kann die Sache jedoch gefährlich einseitig werden. Es kann regelrecht zu einer Droge werden – ein Stimmungsaufheller in der tristen Arbeitswelt, und nicht nur dort. Wer häufig gelobt wird, will noch mehr gelobt werden. Er wird unruhig, wenn plötzlich das Lob, mit dem er fest rechnet, ausbleibt oder zu mager ausfällt. »Was habe ich falsch gemacht?«, fragt er sich und wird sein Verhalten so ausrichten, dass er das nächste Mal wieder ein dickes Lob bekommt.

Damit macht er sich abhängig. Und diese Abhängigkeit kann der Lobende geradezu schamlos ausnutzen und ihn weit wirksamer steuern als durch jede Drohung. Eine solche Abhängigkeit muss sich keineswegs nur auf das Berufsleben beschränken. Überall, wo Lob gestreut, ersehnt und vorenthalten wird, kann sich so ein Machtverhältnis herausbilden.

Loben nach oben
Eigentlich darf das ja gar nicht sein: Ein Mitarbeiter lobt seinen Vorgesetzten. Bei seinen Kollegen wird er damit auch nicht viele Sympathien ernten, sie werden sein Verhalten völlig zu Recht als Anbiederei und Kriecherei betrachten. Und sie werden ihm das Leben schwer machen, wenn sie von seinen Aktivitäten etwas mitbekommen. Aber bei seinem Vorgesetzten stoßen solche fragwürdigen Manöver keineswegs auf taube Ohren. Zwar lehnen die meisten unterwürfige Schleimereien strikt ab, aber nur solange nicht die eigene Person Ziel solcher Avancen ist.

Und es ist ja nur allzu verständlich. Wir alle sind menschliche Wesen und lechzen nach Anerkennung. Paradoxerweise ist es so, dass wir umso weniger Lob ernten, je höher wir steigen. Die Luft über uns wird immer dünner. Es gibt immer weniger, die uns von einer höheren Warte herab loben könnten. Und die wenigen, die es könnten, tun es viel zu selten – vielleicht weil sie uns nicht auf dumme Gedanken bringen wollen. Und so sind wir auf das verlogene, klebrige Lob von denjenigen angewiesen, die mit unserer Hilfe aufsteigen wollen. Es mag deprimierend erscheinen, aber sogar wissenschaftliche Studien kommen zu dem Ergebnis: Die Schleimer und Kriecher werden zwar allgemein verachtet, aber sie haben die besten Chancen voranzukommen.

Das Lobkartell
Auch Kollegen dürfen sich gegenseitig Lob spenden. Und damit ist im Grunde schon alles gesagt: Es geht darum, sich gegenseitig mit Lobhudeleien im Kampf um die Karriere zu unterstützen. In solche Lobkartelle darf nicht jeder eindringen. Wer unbefugt mitlobt, wird einfach ignoriert und damit draußen gehalten. Auf der anderen Seite müssen die Aktivitäten des Lobkartells auch

immer ein wenig diffus bleiben. Sonst nützt das Lob gar nichts, es kann dem Betreffenden sogar schaden. Denn es liegt der Verdacht allzu nahe, dass es sich um eine reine Gefälligkeit handelt. Ein Mindestmaß an Glaubwürdigkeit muss also immer gewahrt bleiben.

Die Stärke eines Lobkartells zeigt sich darin, dass die Worte seiner Mitglieder Gewicht haben und dass es sein Lob an strategisch entscheidender Stelle anbringt. Insoweit funktionieren Lobkartelle dort am besten, wo es darum geht, vorhandene Macht zu zementieren. Allerdings darf man den Einfluss eines Lobkartells nicht überschätzen. Es ist ohnehin ein sehr fragiles Gebilde, auf das sich niemand verlassen kann. Wer nichts Lobenswertes leistet, den werden auch seine Verbündeten nicht leichtfertig loben. Denn ihr Lob könnte auf sie selbst zurückfallen und ihre Glaubwürdigkeit beschädigen. Und so scheiden diejenigen, die nicht recht vorankommen, auf nahezu natürliche Weise aus einem Lobkartell aus. Weil ihr Lob nicht viel wert ist, können sie den anderen nicht viel bieten. Und weil die sie nicht mehr loben, fallen sie noch weiter zurück.

Schließlich sollte man auch noch bedenken, dass manche Lobkartelle nichts weiter sind als ein böses Gerücht, mit dem ein Lob, das einem Konkurrenten gespendet wird, kaputt gemacht werden soll: Ich präsentiere mich als hilfloses Opfer eines solchen Lobkartells und spekuliere auf die Unterstützung all derer, die ihm nicht angehören.

Lobet eure Feinde
In der Politik ist es ein weit verbreitetes Verfahren: Man lobt einen Vertreter aus dem gegnerischen Lager, am besten, wenn er eine Position vertritt, die leicht von der Parteilinie abweicht. Und wenn es gar keine Parteilinie gibt, dann ist es noch besser. Man greift sich jemanden heraus, dessen Position den eigenen Vorstellungen am nächsten kommt und äußert sich anerkennend über ihn. Mit diesem Lob von der falschen Seite verfolgt man zwei Absichten: Man will einen Keil in das gegnerische Lager treiben und man möchte, dass der Gelobte in seinen eigenen Reihen Ärger bekommt.

Das ist besonders dann zu erwarten, wenn die beiden Lager ernsthaft zerstritten, ja verfeindet sind (was in der Politik gar nicht immer gegeben ist). Aber verfeindete Gruppen gibt es ja auch in anderen Bereichen. Sogar innerhalb einer Organisation werden manchmal grimmige Feindschaften gepflegt, zwischen verschiedenen Abteilungen, unterschiedlichen Traditionen oder Seilschaften. Da kann ein Lob von der falschen Seite oft noch mehr Verwirrung stiften und Schaden anrichten als in formalisierten Gegnerschaften wie in der Politik, wo mit solchen Manövern fest gerechnet wird.

Das Spiel des Lobens 3

Das Tückische dabei ist: Gegen Lob von der falschen Seite lässt sich wenig ausrichten. Man kann es sich nicht verbitten und es hilft auch nichts, Erklärungen abzugeben, dass man es »so« gar nicht gemeint habe, wie es der Lobende verstanden hat. Die einzige Chance besteht darin, das Spielchen zu benennen und das Lob einfach zu ignorieren: »Ich weiß, warum Sie von meinem Vorschlag so angetan sind. Aber es wird Ihnen nicht gelingen, mit Ihrem Lob einen Keil in unser Team zu treiben.« Manchmal versucht dennoch ein Konkurrent aus den eigenen Reihen, das feindliche Lob gegen Sie zu verwenden. In solchen Fällen hilft der Hinweis, dass er das Spiel mitspielt, das sich die Gegenseite ausgedacht hat, um Ihren Gruppenzusammenhalt zu schwächen.

Gefahren

Lob ist ein äußerst nützliches Machtmittel. Allerdings kann es entwertet werden und damit seine Wirkung verlieren. Vor allem zwei Gründe spielen hier eine Rolle: Sie loben zu oft. Wenn Sie in jeder Teambesprechung betonen, wie hervorragend alle wieder gearbeitet haben, dann wird Ihr Lob schnell stumpf. Auch das »Durchloben« aller Mitarbeiter nach ihren »besonderen Fähigkeiten« entwertet das Lob und kann sogar peinlich werden. Wenn Sie nämlich etwas hervorheben, was eigentlich selbstverständlich ist, sagen Sie damit: Es gibt sonst nichts zu loben.
Der zweite Grund ist jedoch noch wichtiger: Ein Lob ist nichts mehr wert, wenn sich herausstellt, dass der Lobende eigentlich keine Ahnung hat. Die Leistung kann er gar nicht angemessen beurteilen. Entweder fehlt ihm die Zeit oder das Wissen oder er urteilt nur nach Sympathie. Für Vorgesetzte hat das einschneidende Folgen: Ihre Mitarbeiter bauen glänzende Fassaden auf, hinter denen sich das nackte Nichts verbirgt, um das Lob einzustreichen. Und wer sich ihrer Sympathie allzu sicher ist, der wird eines am allerwenigsten tun: sich anstrengen, um das Lob auch zu verdienen.

Gegenstrategien

Im Spiel des Lobens sind ausgefeilte Gegenstrategien nicht unbedingt am Platz. Werden Sie gelobt, ohne dass Sie das wollen, dann können Sie das nur hinnehmen, allenfalls mit süßsaurem Lächeln. Das Gleiche gilt natürlich auch für den Fall, dass Sie nicht gelobt werden. Es ist sicher ratsam zu verfolgen, wer wofür von wem gelobt wird. Daraus lassen sich Rückschlüsse ziehen, welches Verhalten erwünscht ist und wie sich die Sympathien verteilen. Zugleich aber sollten Sie Lob mit einer gesunden Skepsis betrachten. Denn es ist nicht zuletzt deshalb so begehrt, weil es hemmungslos überschätzt wird. Es ist ein Machtmittel, um Ihr Verhalten zu beeinflussen. In vielen Fällen ist ein Lob nicht der Vorbote einer Belohnung, sondern ihr Ersatz. Und für manche Beförderung ist es gar nicht hilfreich, allzu oft gelobt worden zu sein, weil Sie dann nämlich als Kandidat dessen gehandelt werden, der Sie da so unermüdlich gelobt hat (→ Durch Lob verbrennen, Kapitel 4.4).

3.4 Schuld schieben

Einen der wichtigsten Grundsätze im Spiel um die Macht haben wir schon im ersten Kapitel angesprochen: »Wer Macht sucht, muss Verantwortung loswerden.« Getreu diesem Motto geht es beim »Schuld schieben« darum, die Verantwortung für all das, was sich nicht so erfreulich entwickelt, einem andern aufzuladen. Dabei muss es sich keineswegs um einen eigens dafür abgestellten »Verantwortungsnehmer« (→ Kapitel 1 unter der Zwischenüberschrift »Macht und Verantwortung«) handeln, der hier in die Pflicht genommen wird. Als Schuldige kommen ebenso in Frage: Konkurrenten, unfähige Kollegen, gemeinsame Feinde, unfähige Mitarbeiter, unfähige Vorgänger, Eltern, Vorgesetzte, staatliche Organe, insbesondere Aufsichtsbehörden, Testosteron, die Globalisierung, der Ölpreis, die Bürokratie, der Klimawandel, die Arbeitslosigkeit oder auch völlig Unbeteiligte.

Ziel des Spiels
Beim »Schuld schieben« geht es nicht so sehr ums Gewinnen, sondern vielmehr darum, nicht zu verlieren: die Macht nämlich. »Schuld schieben« ist das klassische Spiel für den Machterhalt. Spitzenspieler schaffen es allerdings, mit dem »Schuld schieben« ihre Macht sogar noch auszubauen. Weil alle überzeugt sind, dass es nur einen gibt, der den bestehenden Missständen abhelfen kann: den Schuldschieber.

Für wen geeignet?
Jeder, der für irgendetwas zuständig ist und bemerkt, dass es nicht gut läuft, kann mitmachen, also im Grunde wir alle. Ob Sie ein Unternehmen führen, als Anlageberater tätig sind oder ob Sie sich bei der Auswahl Ihres Urlaubsziels ein wenig verschätzt haben, das spielt keine Rolle. Schon Kinder können gar nicht früh genug damit anfangen, sich mit den Grundzügen des Schuldschiebens vertraut zu machen (»Der da hat angefangen!«).

Spielverlauf
Bei diesem Spiel gibt es drei Parteien: Den Schuldschieber, die Machtgeber und den wahren Schuldigen. Die Aufgabe des Schuldschiebers gegenüber den Machtgebern besteht darin, ihnen den wahren Schuldigen dafür zu nennen, dass es im eigenen Zuständigkeitsbereich Probleme gibt: wenn Aktienkurse absacken, sich Produkte nicht verkaufen, Geräte nicht funktionieren, Bücher voller Fehler stecken oder es im Urlaub dauernd regnet.

Wichtig: Für den Verlauf des Spiels ist es völlig unerheblich, ob sich der Schuldschieber insgeheim selbst für den wahren Schuldigen hält oder nicht. Auch steht nicht zur Debatte, was »in Wahrheit« die Probleme verursacht hat. Meist sind die Zusammenhänge so kompliziert, dass sie niemand mehr durchschaut, am wenigsten der Schuldschieber, der tief im morastigen Alltagsgeschäft feststeckt und obendrein noch von der Kontrollillusion (→ Kapitel 1 unter der Zwischenüberschrift »Die Kontrollillusion«) geblendet wird. Kurzum, die Zusammenhänge müssen vereinfacht werden, um noch irgendwie handlungsfähig zu bleiben. Und eben das versucht der Schuldschieber, indem er den Machtgebern den wahren Schuldigen präsentiert. Seine einzige Einschränkung: Er darf sich nicht selbst die Schuld zuschieben, muss aber versprechen, sich um die Sache zu kümmern und den Missstand in Kürze abzustellen.

Ein Wort noch zu den Machtgebern: Es handelt sich um diejenigen, die dem Schuldschieber die Macht (und Verantwortung) übertragen haben. Das können seine Mitarbeiter, Gefolgsleute, Geschäftspartner, Chefs oder Familienmitglieder sein. Es sind die, die ihn zur Rechenschaft ziehen können. Und denen muss der Schuldschieber nun den wahren Schuldigen nennen.

Der »wahre Schuldige« muss selbst gar nicht wissen, dass er diese Plakette trägt. Ja, es ist für den Ausgang des Spiels sogar günstiger, wenn er nie davon erfährt. Sonst könnte er nämlich allen den Spaß verderben und die Schuld dorthin zurückschieben, wo sie hergekommen ist, nämlich zum Schuldschieber.

Die Machtgeber können ihr Spiel sehr variabel gestalten. Sie müssen keineswegs gegen den Schuldschieber spielen und seinen Erklärungsversuchen mit Misstrauen begegnen. Nicht selten spielen die Machtgeber mit dem Schuldschieber zusammen. Sie wollen ihm ja glauben, erst recht, wenn er sich nicht so leicht austauschen lässt. Wo sollte man auf die Schnelle einen Ersatz herbekommen? Und ob der so viel anders wäre? Deshalb sind manche Machtgeber bereit, die Erklärungen des Schuldschiebers über den »wahren Schuldigen« ohne Vorbehalt zu akzeptieren, auch wenn sie leise Zweifel haben, ob das alles so stimmt.

Andere Machtgeber lassen dem Schuldschieber kaum eine Chance. Egal, welche guten Gründe er anführt, welche Autoritäten er einschaltet, welche Gutachten er anfertigen lässt – der Urteilsspruch lautet: »Mit dieser faulen Ausrede wollen Sie nur von Ihrem eigenen Versagen ablenken.« – Dann hat der Schuldschieber verloren. Ob die Machtgeber allerdings gewonnen haben, ist nicht sicher. Und der wahre Schuldige bildet bei diesem Spiel ohnehin meist nicht mehr als nur den Bühnenhintergrund.

> **! Gefahren**
>
> Wer zu viel Schuld von sich schiebt, macht sich unbeliebt. Er bekommt zu hören, dass er seinen Laden nicht im Griff hat. Außerdem wirkt es ausweichend, feige und schwach, wenn immer nur die anderen Schuld haben. Daher ist es unvermeidlich, dass ein Schuldschieber sich auch immer wieder »seiner Verantwortung stellt«, ja die Verantwortung »übernimmt« – allerdings nur für irgendwelche leicht verzeihlichen Pannen, für eigentliche Erfolge und für solche Fehler, bei denen jeder weiß, dass er nichts damit zu tun hat, sondern sich heldenhaft vor seine Leute stellt.

> **! Gegenstrategien**
>
> Sie sollten sorgfältig überlegen, ob Sie mit oder gegen den Schuldschieber spielen wollen. Wenn Sie gegen ihn spielen, dann können Sie sich entweder auf seine Begründung stürzen und sie zerpflücken. Oder aber Sie spielen das harte Spiel und erklären rundheraus, der Schuldschieber wolle sich seiner Verantwortung entziehen. Stellen Sie ihm die rhetorische Frage: »Warum wollen Sie sich eigentlich Ihrer Verantwortung entziehen?« und fordern Sie ihn auf, zu seinem Zuständigkeitsbereich zu stehen – egal, wie wenig der andere persönlich mit den Problemen zu tun hat.
> Es gibt aber auch viele gute Gründe, das Spiel des Schuldschiebers zu unterstützen. Dass es Ihnen vielleicht gar nicht recht sein kann, wenn Ihre Führungsfigur abtritt oder beschädigt wird, davon war schon die Rede. Darüber hinaus könnte es durchaus sein, dass Sie bei nächster Gelegenheit davon profitieren, wenn Verantwortung nicht allzu eng ausgelegt wird. Womöglich hat dann der Schuldschieber von heute über Ihre Verantwortung zu urteilen. Und dann wäre es natürlich ganz schlecht, wenn Sie ihn besonders hart angefasst hätten.
> Schließlich spielt es auch noch eine Rolle, wohin die Schuld verschoben werden soll. Vielleicht kann Ihnen das ja nur Recht sein, weil es sich um einen Konkurrenten handelt oder Sie sich vorstellen können, selbst einmal Schuld an diese Adresse zu verschieben.

3.5 Die Überrumpelung

Eigentlich sollte doch erst mal ein Vorgespräch stattfinden. Und jetzt müssen Sie plötzlich verhandeln. Wenn Sie sich nicht einigen, dann kommt vielleicht ein anderer zum Zuge. Sie haben keine Wahl. Oder Sie haben sich zu einem Gedankenaustausch verabredet und sehen sich unvermittelt mit einer Bitte konfrontiert. Oder Sie bekommen ein interessantes Angebot unterbreitet, ausgerechnet jetzt, da Sie gar keine Zeit haben, sich intensiver damit zu beschäftigen. Sollen Sie deswegen ablehnen?

Ihnen wird eine Entscheidung abverlangt, wenn es Ihnen nicht passt, wenn Sie unvorbereitet sind, wenn Sie unter Zeitdruck stehen. Oder Sie werden aus heiterem Himmel mit Vorwürfen konfrontiert und wissen nicht, wie Sie reagieren sollen. So etwas kann Zufall sein. Oder eigenes Verschulden. Sie haben die Angelegenheit falsch eingeschätzt, sich nicht mit dem Thema beschäftigt, obwohl Sie ahnten, dass es früher oder später auf Sie zukommen würde. Vielleicht steckt hinter dem Manöver aber auch ein Machtspiel. Denn dass Ihnen die Sache ungelegen kommt, darauf könnte es Ihr Gegenüber ja gerade angelegt haben.

Widerstand braucht Argumente
Kommen wir noch einmal auf die Definition von Max Weber zurück, nach der Macht darin besteht, seinen Willen »auch gegen Widerstreben« durchzusetzen. Dieses »Widerstreben« lässt sich entscheidend schwächen, wenn die Gegenseite nicht vorbereitet ist. Sie hat sich noch gar keine Gedanken gemacht. Sie weiß noch gar nicht, was sie will. Und sogar wenn sie es weiß oder zumindest ahnt, so hat sie noch nicht gründlich darüber nachgedacht. Sie hat sich noch keine Argumente zurechtgelegt. Und genau das wird immer wieder gerne ausgenutzt. Durch eine möglichst geschickt eingefädelte Überrumpelung. Und die zeichnet sich durch drei Eigenschaften aus: Es besteht Entscheidungsbedarf – und zwar möglichst sofort. Sonst lässt sich die Angelegenheit leicht verschieben. Zweitens: Obwohl die Sache für die Gegenseite überraschend kommt, so gibt es doch einen Anlass. Im Idealfall kommt die Gegenseite zu dem Schluss, sie selbst habe den Anlass übersehen und hätte es besser wissen müssen. Und drittens: Es gibt für die Gegenseite eine halbwegs akzeptable Lösung – nämlich genau die, die ihr angeboten wird.

Zur ersten verfügbaren Lösung greifen
Wir sind nicht vorbereitet, müssen aber eine Entscheidung treffen. Oder zumindest zustimmen. In solchen Fällen greifen wir zu der ersten Lösung, die verfügbar erscheint. Auch wenn wir Bedenken haben. Denn es ist einfach nicht möglich, eine Alternative aus dem Boden zu stampfen. Also gibt es häufig keine Wahl. Wir tun das, was der andere vorschlägt. Und was er vorschlägt, das ist nicht immer das, was wir eigentlich wollen. Manchmal dämmert uns das erst im Nachhinein. Aber sogar wenn uns das in diesem Moment klar wird, so befinden wir uns in einer schwachen Position. Denn was sollen wir dem Vorschlag des andern entgegensetzen?

In dieser Lage kalkulieren wir blitzschnell: Gibt es Gegenargumente? Hat es Sinn, die vorzubringen? Oder besteht die Gefahr, dass der andere die durchlöchert und damit unsere Position weiter schwächt? Kommen uns keine gute Argumente in den Sinn – und das sollte bei einer guten Überrumpelung so sein –, dann werden wir uns dem Vorschlag des anderen anschließen. Ja, es gibt Menschen, die ihn freudig aufnehmen und ihn sich zu eigen machen.

Ganz so, als stamme er von ihnen. Für den Machtspieler, der auf Überrumpelung gesetzt hat, ist so etwas der Idealfall.

Den Stärkeren aufs Kreuz legen
Das Überrumpelungsspiel erfreut sich großer Beliebtheit. Nicht zuletzt, weil es ermöglicht, dass man seinen Willen auch durchsetzen kann, wenn der eigene Status niedriger ist. Das liegt unter anderem daran, dass sich der Statushöhere gar nicht um all die Dinge kümmern kann, die für den anderen wichtig sind und die seine Entscheidung oder zumindest seine Zustimmung erfordern. Hinzukommt, dass sich Statushöhere tendenziell leichter überrumpeln lassen, weil sie sich selbst eher überschätzen. Und die Angelegenheit für sie ohnehin eine geringere Bedeutung hat. Befinden Sie sich selbst in einer schwächeren Position als Ihr Gegenüber und setzen auf die Überrumpelung, so sollten Sie alles vermeiden, was den Anschein erwecken könnte, Ihre Lösung sei nicht genau das, was der andere »im Grunde« selbst will.

Allerdings überrumpeln auch Vorgesetzte gerne mal ihre Mitarbeiter. Zum Beispiel um sich unpopuläre Maßnahmen absegnen zu lassen (»Sind Sie damit einverstanden? Oder haben Sie Änderungswünsche …?«). Geschäftspartner überrumpeln sich mit dringenden Änderungswünschen oder schwer durchschaubaren Angeboten. Kollegen überrumpeln sich gegenseitig, um Aufgaben neu aufzuteilen, Urlaubstage zu tauschen, Gefälligkeiten einzufordern oder auch damit der andere schlecht dasteht. Denn der ist häufig ja auch ein Konkurrent und lässt sich durch eine geschickte Überrumpelung in einer Besprechung als ahnungslos vorführen.

Der große Vorteil der Überrumpelung liegt eben darin, dass sie die Gegenseite so stark schwächt. Widerstand ist auf die Schnelle kaum möglich. Oder leicht zu überwinden. Leichter jedenfalls, als wenn die Gegenseite vorbereitet wäre. Und so setzt die Überrumpelung darauf, möglichst sofort zu einem Ergebnis zu kommen. Sie müssen auf der Stelle eine Entscheidung treffen. Zumindest wird der Anschein erweckt.

In die Sackgasse führen und wieder hinaus
Eine elegante Variante der Überrumpelung: Sie legen dar, wie schwierig, ja aussichtslos die Situation ist. Sie führen den anderen gewissermaßen in eine Sackgasse, aus der er selbst nicht hinausfindet. Ihren eigenen Vorschlag präsentieren Sie dann als »eine denkbare Möglichkeit«, das Problem anzugehen. Natürlich ist das alles nicht so einfach. Natürlich gibt es Risiken. Und sowieso keine Garantie, dass die Sache gut geht. Außerdem bräuchten Sie noch dieses und jenes. Dann gibt es vielleicht doch eine Chance. Sehr vielleicht … Mit die-

ser Methode können Sie der Gegenseite die eine oder andere Kröte zu schlucken geben, die sonst auf heftige Ablehnung stoßen würde.

Überrumpeln – aber wie?
Je besser Sie die Gegenseite kennen, umso leichter sollte es Ihnen fallen, sie zu überrumpeln. Da gibt es Nachlässigkeiten, Unkonzentriertheiten und Missverständnisse. Sie wissen, dass sich Ihr Gegenüber mit anderen Dingen befasst oder unter Zeitdruck steht. Dass er oder sie den Eindruck erwecken möchte, alles im Griff zu haben. Dabei wissen Sie genau, wo die großen Lücken klaffen, die Wissens- und Kompetenzlücken.

Eine weitverbreitete, aber eben auch etwas schäbige Methode besteht darin, dem andern einen falschen Eindruck von sich zu vermitteln. Ihn glauben zu lassen, man sei harmlos und freundlich. Vielleicht sogar ein wenig naiv und leichtgläubig. Solche Leute geben sich unwissend oder weich. Denn wir lassen uns über kaum etwas anderes so bereitwillig täuschen wie darüber, dem anderen überlegen zu sein. Genau das schafft günstige Voraussetzungen, uns zu überrumpeln. Wenn die vermeintlich ahnungslose Verhandlungspartnerin gründlich vorbereitet ist und knallharte Forderungen stellt, sind wir ihr nicht mehr gewachsen. Wenn der sonst so nette Kollege uns eiskalt abserviert, wissen wir uns nicht zu wehren.

> **Gefahren**
> Menschen hassen es regelrecht, wenn sie überrumpelt werden. Sie fühlen sich hilflos, gelähmt, ja mitunter gedemütigt und nehmen sich vor: Das passiert mir nicht noch einmal. Das schränkt Ihre Möglichkeiten ein, diese Methode künftig einzusetzen. Beim nächsten Mal müssen Sie damit rechnen, dass Ihr Gegenüber vorbereitet ist. Womöglich besser als Sie selbst. Und dass es ihm vielleicht sogar gelingt, Sie zu überrumpeln. Durchaus auch bei anderer Gelegenheit. Damit wäre der Spielstand nämlich wieder ausgeglichen. Und Sie können sicher sein, dass dies auf der Gegenseite als besondere Genugtuung empfunden wird.
> Dabei hängt viel von der Frage ab: Hat Ihr Gegenüber im Nachhinein den Eindruck, dass er einer Entscheidung zugestimmt hat, die seinen Interessen, seinem Willen zuwiderläuft? Fühlt er sich übertölpelt? Oder ist er mit der Entscheidung im Großen und Ganzen einverstanden? Beschäftigt sie ihn nicht weiter? Dann hat er wenig Anlass für Rachegedanken.
> Ein weiterer Aspekt kommt hinzu: Erscheinen Sie als Ursache der Überrumpelung? Nötigen Sie ihm diese Entscheidung ab? Oder treten Sie eher als Helfer und Ratgeber auf? Sagt sich der andere: Dummer Zufall (oder günstige Gelegenheit), dass ich mich schnell entscheiden muss? Oder meint er sogar, er selbst hätte versäumt, sich besser vorzubereiten. Er hätte ahnen müssen, dass er in Kürze diese Entscheidung zu treffen hat. Auch dann wird sich sein Unmut kaum gegen Sie richten, da Sie ihn ja noch unterstützen.

Außerdem besteht die Möglichkeit, dass Ihr Kalkül gar nicht aufgeht. Ihr Gegenüber entscheidet doch anders – aus purem Trotz. Oder er schiebt seine Entscheidung weiter auf. Sogar wenn ihm das schadet. Dann ist Ihre Überrumpelung gescheitert. Und Sie tun gut daran, sich das nicht im Geringsten anmerken zu lassen.

> **! Gegenstrategie**
>
> Eine gute Überrumpelung ist nur schwer zu knacken. Die Trotzreaktion (anders entscheiden, um den Machtspieler nicht durchkommen zu lassen) ist in der Regel keine gute Strategie. Häufig schaden Sie sich damit nur selbst. Außerdem wirken Sie kleinlich und unsouverän. Am vorteilhaftesten kommen Sie noch davon, wenn es Ihnen gelingt, zumindest ein wenig Zeit zu gewinnen. Selbstverständlich können Sie darum bitten, über einen Vorschlag, den Sie nicht erwartet haben, »noch einmal nachzudenken« – auch wenn die Frist noch so kurz ist. Nicht sofort zu reagieren, sondern innezuhalten und mit einem Abstand auf die Entscheidung zu blicken, das kann Ihnen erhebliche Vorteile verschaffen. Oder zumindest verhindern, dass Sie sich vorschnell festlegen. Womöglich können Sie noch eigene Interessen einbringen, Forderungen stellen, den Vorschlag, der auf dem Tisch liegt, nach Ihren Interessen verbessern.
>
> Sofern der Fehler nicht auf Ihrer Seite liegt und Sie sich allzu leichtfertig verhalten haben, ist es oftmals gar nicht schlecht, wenn Sie zu erkennen geben: Ich fühle mich hier gerade überrumpelt. Dann wird Ihnen mehr Zeit zugestanden. In einzelnen Fällen wird es Ihnen sogar gelingen, die Entscheidung zu vertagen. Die Folgen sollten Sie sorgfältig abwägen, aber wenn Sie das erreichen, haben Sie zumindest das Machtspiel durchkreuzt.
>
> Doch nicht immer ist das die beste Lösung. Womöglich ist es günstiger, an einzelnen Punkten Zugeständnisse einzufordern. Wenn Sie sich schon auf den Vorschlag Ihres Gegenübers einlassen. Immerhin geht es darum, in der vorliegenden Situation das Beste für sich herauszuholen. Darüber hinaus sind Sie nunmehr vorgewarnt. Was Ihre wichtigsten Interessen betrifft, so dürfen Sie sich eben nicht überrumpeln lassen. Und wenn es um Dinge geht, die Sie nur am Rande berühren: Manchmal können Sie noch etwas für sich herausholen, wenn Sie durchblicken lassen, dass Sie in anderen Punkten Zugeständnisse erwarten. Wenn Sie schon dem Vorschlag folgen, der für Sie ohnehin der einzig akzeptable ist, der aber von der Gegenseite kommt.

3.6 Das Opferspiel

Das Opferspiel scheint die Verhältnisse auf den Kopf zu stellen: Nicht der vermeintlich Starke, der Dominante, der Ranghöhere übt die Macht aus, sondern der vermeintlich Schwache, der Unterlegene, der Underdog. Das Opferspiel gibt ihm die Mittel in die Hand, seine Interessen zu wahren und Einfluss zu nehmen. Im Sinne dieser ausgleichenden Gerechtigkeit kann man für das Opferspiel durchaus Sympathie hegen.

Allerdings kann sich das Opferspiel in extremen Fällen auch zu einem geradezu zerstörerischen Machtspiel auswachsen. Hinter der Maske der Schwäche übt das vermeintliche Opfer mehr und mehr Macht aus, bis es den anderen vollkommen beherrscht und ihn schikaniert.

Die Stärke der Schwäche

Vom Starken erwarten wir, dass er dem Schwachen hilft, und nicht, dass er ihm noch den Stiefel auf den Nacken setzt, wie es immer wieder auf den Hinterbühnen (→ Kapitel 1 unter der Zwischenüberschrift »Spiele auf der Vorder- und der Hinterbühne«) geschieht. Wenn wir so etwas beobachten, sind wir schockiert. Wir wollen jemanden an der Macht sehen, der sich um die Schwachen kümmert. Das sichert ihm unsere Sympathien. Und so gibt es auch kaum einen Starken, der nicht irgendeinem Schwachen unter die Arme greift, möglichst auf der Vorderbühne. Schon als Kinder wissen wir: Wer wirklich gut und stark ist, der steht den Schwachen bei.

Diese nützliche Grundregel weiß jemand, der das Opferspiel spielt, für sich zu nutzen. Er gibt sich schwach und fordert Hilfe heraus. Er lässt erkennen, dass er keine Ahnung hat, und spannt den Experten für sich ein. Er wirkt verlassen und wird deshalb ständig eingeladen. Dabei ist es nicht so, als hätte der vermeintlich Schwache nichts zu bieten: Er gibt dem vermeintlich Starken das gute Gefühl, einem Schwachen zu helfen und damit »wirklich gut und stark« zu sein.

So weit ist das Opferspiel auch gar nicht zu beanstanden. Es ist vielmehr eine nützliche Einrichtung, die unseren Zusammenhalt stärkt und die Macht unter uns ein klein wenig umverteilt. Und sie kann uns hoffen lassen, dass auch uns jemand unterstützt, wenn wir mal am Boden liegen. Dabei dürfen wir jedoch eines nicht vergessen: Es genügt nicht, einfach nur schwach zu sein. Lediglich Schwache werden ignoriert, mit Füßen getreten, bestenfalls bedauert. Wenn Sie das Opferspiel spielen, dann müssen Sie sich Ihren Helfer suchen und Ansprüche stellen. »Nur das quietschende Rad wird geölt«, sagen die Amerikaner. Wenn Sie also »Öl« haben wollen, kommen Sie nicht darum herum zu »quietschen«.

Die Mitspieler

Das Opferspiel ist ein Appell an das Mitgefühl desjenigen, der Ihnen helfen soll. Das heißt einmal: Ihr Mitspieler muss etwas zu bieten haben, Fähigkeiten, Einfluss, Wissen. Das heißt aber auch: Als Mitspieler kommt nur jemand in Frage, der durch Ihren Appell überhaupt noch erreichbar ist. Wer seine weniger erfolgreichen Mitmenschen für Verlierer hält und vollauf damit beschäftigt ist, im Machtkampf die Alpha-Position zu erobern, der ist auf diesem Ohr gewöhnlich stocktaub. Da können Sie »quietschen«, so viel Sie wollen.

Halten Sie sich also an Ihre nicht ganz so stahlharten Mitmenschen. Diejenigen, von denen behauptet wird, dass Sie auf ihrem Karriereweg noch Mensch geblieben sind, das sind Ihre geeigneten Kandidaten. Allerdings sollte noch etwas hinzukommen: Sie müssen von Ihrem Mitspieler in irgendeiner Weise abhängig sein. Und wenn Sie es nicht sind, dann müssen Sie sich von ihm abhängig machen. Das kann Ihr Chef sein, eine hilfsbereite Kollegin, Ihr Partner, ein Freund, Ihre Sekretärin oder ein angebliches Vorbild, das Sie jetzt nicht »enttäuschen« darf. Sie sind auf diese Person angewiesen, Sie brauchen sie, wenn sie Sie hängen lässt, dann gehen Sie unter – genau das soll sie annehmen und unbedingt verhindern wollen. Sonst wird das nichts, mit dem Opferspiel.

Der Spielverlauf
Das Opferspiel ist ein subtiles Verstrickungsspiel. In der ersten Phase, der Köderphase, geht es darum, die Sympathie Ihres Mitspielers zu gewinnen. Sie sind freundlich, humorvoll und zuvorkommend. Wenn alles gut geht, denkt sich Ihr Mitspieler: »Was für eine ausgesprochen liebenswürdige Person. Von der Sorte müsste es mehr geben.« Haben Sie diesen Zustand erreicht, treten Sie allmählich über in Phase zwei, die Mitleidsphase: Sie offenbaren, dass Sie ein armer, schwacher Mensch sind – und die Hilfe Ihres Mitspielers benötigen. Nun ist es Zeit, dass Sie ihn wissen lassen, was er für Sie tun soll. Immerhin geht es ja darum, Macht auszuüben. Beginnen Sie mit kleinen Bitten, die sich unmerklich in etwas größere Anliegen verwandeln können. Haben Sie alles richtig gemacht, wird er Ihnen rein aus Mitgefühl helfen – und Sie sind ihm »unendlich dankbar« dafür. Dabei können Sie es bewenden lassen.

Die harte Version
Sie können aber auch in die harte Version des Opferspiels einsteigen und den Druck weiter erhöhen. Aus Ihren Bitten werden Ansprüche, und die weist Ihr Mitspieler auch mal ab. Damit ist Phase drei erreicht, die Schuldgefühlphase: Nun müssen Sie Ihrem Mitspieler zu verstehen geben, dass Sie ihn für Ihr Leid verantwortlich machen. Weil er Sie nicht genügend unterstützt, weil er Sie hängen lässt, weil er Ihre Schwäche ausnutzt. Sie müssen ihn ins Unrecht setzen, wo es nur geht. Was er auch tut, Sie unterstellen ihm böse Absichten. Machen Sie ihm etwa Geschenke, mit denen er nichts anfangen kann. Drängen Sie ihm Leistungen auf, um die er nicht gebeten hat. Wenn er sie zurückweist, erklären Sie ihn für hartherzig und undankbar.

Selbstverständlich müssen Sie ihm in dieser Phase nahebringen, wie sehr Sie leiden, dass Sie nicht mehr Sie selbst, dass Sie überlastet sind – und dass niemand anders die Schuld daran trägt als Ihr Mitspieler. Denn darum geht es Ihnen jetzt: Schuldgefühle zu pflanzen, zu hegen und schließlich auch sprießen zu sehen. Damit setzen Sie ihn unter Druck und können erwarten, dass er sich von nun an nach Ihrem Willen richtet.

Und wenn er es nicht tut – auch gut, denn das gibt Ihnen neue Munition für Vorwürfe. Und Vorwürfe brauchen Sie dringend, um damit die Schuldgefühle zu wässern, auf denen Ihr Machtspiel beruht. Ohne Schuldgefühle würde Ihre Macht schnell dahinwelken.

Nun wird Ihr Mitspieler auch nicht untätig sein. Üblicherweise wird er erst versuchen, in einem klärenden Gespräch eine Lösung zu finden. Als versierter Opferspieler müssen Sie diese Lösung torpedieren – nicht ohne Ihren Mitspieler für das Scheitern dieser Gespräche verantwortlich zu machen. Irgendwann gibt er auf. Er wird nur noch versuchen, Sie loszuwerden. Und damit kommen wir zu Phase vier, dem Finale: Je nach Konstellation ergeben sich verschiedene Möglichkeiten. Sie können verkünden, dass von Ihrem Mitspieler nichts anderes zu erwarten war als Sie erst auszupressen und dann fortzuwerfen wie eine leere Saftorange. Sie können reumütig erklären, dass Sie Ihre Fehler einsehen, sich ändern werden und auf einen Neuanfang hoffen. Da sich Ihr Mitspieler (zumindest zunächst) dagegen sträuben wird, ergeben sich weitere Möglichkeiten, ihm neue Schuldgefühle einzureden. Und schließlich könnten Sie den Bruch auch gelassen hinnehmen und wieder umschalten auf Phase eins. Womöglich hat jemand Ihre Auseinandersetzung von außen verfolgt und ist beeindruckt, wie tapfer Sie mit dieser Sache umgehen.

Das dominante Opferspiel
Zu den »harten Versionen« gehört das »dominante Opferspiel«. Es ist gewiss nicht weniger zerstörerisch und gehört in den Giftschrank. Sie selbst sollten von diesem Spiel keinen Gebrauch machen. Und sollten Sie beobachten, dass andere dieses Spiel betreiben: Greifen Sie ein, wenn es Ihnen möglich ist. Beziehen Sie Position. Stehen Sie dem eigentlichen Opfer bei.

Denn bei dem dominanten Opferspiel werden die Rollen vertauscht: Der eigentlich Mächtige, um nicht zu sagen: der »Täter« gibt vor, sein Opfer schikaniere ihn, verfolge ihn, mache ihm das Leben schwer. Er arbeitet nicht mit Schuldgefühlen. Vielmehr geht es ihm darum, sein Gegenüber zu quälen, einzuschüchtern und zu misshandeln – und sich dafür gewissermaßen die Erlaubnis zu holen. Deshalb stellt sich der Machtspieler als Opfer dar. Er setzt sich nur zur Wehr. Behauptet er, um seine mitunter höchst brachialen Angriffe zu rechtfertigen.

Das dominante Opferspiel gehört zum festen Arsenal, wenn es darum geht, jemanden zum Feind zu erklären, zum gemeinsamen Feind. Der Machtspieler sucht die Unterstützung von andern und konstruiert eine vermeintliche Bedrohung, gegen die er mit den andern vorgehen muss. Zusammen bringen wir den heimtückischen Feind zur Strecke, lautet die Einladung, die immer wieder gerne angenommen wird. Egal, wie harmlos, schwach oder dialogbereit dieser Feind sein mag.

Die mittelscharfe Version
Nicht ganz so zerstörerisch, aber mit dem gezielten Einsatz von Schuldgefühlen arbeitet eine mittlere Variante. Dabei gehen Sie etwas gebremster vor. Die Schuldgefühle, die Sie Ihrem Mitspieler bereiten, betrachten Sie als Mittel, um Ihren Willen durchzusetzen. Es ist Ihre Waffe im Spiel um die Macht. Nicht selten ist es Ihre einzige – wenigstens in der Beziehung zu dem Menschen, der sich Ihnen gegenüber schuldig fühlt. Dass er sich schuldig fühlt, liegt nicht allein an Ihnen. Vielmehr nutzen Sie eine günstige Gelegenheit aus. Womöglich hat Ihnen Ihr Gegenspieler Schaden zugefügt, sich so benommen, wie er sich Ihnen gegenüber eigentlich nicht benehmen möchte. Wenn das so ist, dann müssen Sie ihn das auch spüren lassen. Er muss merken, was er angerichtet hat. Dramatisieren Sie dezent, auf keinen Fall im Übermaß, sonst hält er Sie für einen Schauspieler und Sie können es vergessen mit Ihren Schuldgefühlen. Er nimmt Sie und Ihre Klagen nicht mehr ernst.

Und stellen Sie Ihre Forderungen! Sagen Sie, was Sie von ihm oder ihr erwarten. In gewisser Hinsicht bieten Sie ein Tauschgeschäft an: Er tut, was Sie wollen, und Sie nehmen ihm seine kleine Gemeinheit nicht mehr übel. Auch wenn das vielen Opferspielern schwerfällt, sie sollten akzeptieren, dass der andere eine Zeitlang mit reinem Gewissen durch die Gegend läuft. Es findet sich bestimmt wieder eine Gelegenheit, neue Schuldgefühle wachzukitzeln. Der Hauptunterschied zur harten Variante: Sie streben nicht so sehr nach Macht über die Person, die Sie durch Ihr Machtspiel destabilisieren. Sie wollen einfach nur, dass der andere tut, was Sie von ihm verlangen. Und das ist ja wohl das Mindeste, was Sie von ihm erwarten können – nach all dem, was er Ihnen angetan hat!

Die Rolle des Publikums
Unbeteiligte Beobachter sind für die Inszenierung eines Opferspiels außerordentlich wichtig. Dabei kann das Publikum zwei sehr verschiedene Aufgaben übernehmen. Sie können es einspannen, um zusätzlichen Druck auf Ihren Gegenspieler auszuüben. Dazu müssen Sie den Eindruck erwecken, als würden Sie sich aufopfern und Ihr Mitspieler würde Sie dafür mit Füßen treten. Ein geeignetes Mittel, das zu erreichen, sind die bereits erwähnten Geschenke und Leistungen, mit denen Sie den anderen überhäufen. Dabei müssen Sie dafür sorgen, dass Ihr Publikum mitbekommt, wie Sie sich mit den Geschenken und

Leistungen abmühen – und wie frostig der andere sie aufnimmt, wenn er sie nicht ganz zurückweist.

Das Publikum kann aber auch eine völlig andere Rolle spielen. In der Öffentlichkeit präsentieren Sie sich als der Starke, der Glänzende, der Mächtige – und nur Ihr bedauernswerter Mitspieler ist eingeweiht, dass dies alles lediglich Fassade ist, weil Sie in Wirklichkeit ein entsetzlich schwacher, schüchterner, ja im Grunde kaum lebenstüchtiger Mensch sind. Ihr Mitspieler muss Ihnen helfen, diese Fassade aufrechtzuerhalten. Sonst fliegen Sie auf und sind am Ende. Sie machen ihn zum Komplizen einer Verschwörung, an der er sich gar nicht beteiligen wollte. Will er sich entziehen, unterstellen Sie ihm, Sie ans Messer liefern zu wollen. Werfen Sie ihm vor, er habe sich zu diesem Zweck Ihr Vertrauen erschlichen.

Gefahren

Selbstverständlich sind nur die milde und mit Einschränkungen die mittelscharfe Form des Opferspiels akzeptabel. Die größte Gefahr, die hier droht, ist die, dass Ihr Mitspieler Ihre Manöver irgendwann durchschaut oder dass er Sie nicht mehr ernst nimmt. Er fühlt sich ausgenutzt, Ihre »Mitleidstour« (wie er das dann nennen wird) verfängt bei ihm nicht mehr. Das ist bitter, denn Sie verlieren nicht nur dramatisch an Einfluss, sondern Sie dürften darüber hinaus »verbrannte Erde« hinterlassen. Ihr Mitspieler wird generell abstumpfen, was die Fragen von Schuld und Wiedergutmachung betrifft. Und das könnte auch denen schaden, die seine Hilfe dringender brauchen als Sie. Das einzige Mittel, das zu verhindern: Halten Sie Maß, übertreiben Sie es nicht mit den Schuldgefühlen und dem schlechten Gewissen. Bleiben Sie glaubwürdig und in gewissem Sinne fair. Kommen Sie dem anderen auch mal entgegen und entlasten ihn von seinen Schuldgefühlen. Auf diese Weise können einige dieser Machtspiele ein Leben lang betrieben werden.
Vor der verschärften Version ist hingegen nur eindringlich zu warnen. Sie richtet ungeheuren Schaden an, zerstört menschliche Beziehungen und führt in keinem Fall zu einem guten Ergebnis. Beide Spieler gehen dabei kaputt. Ohne Zweifel gehört diese Version zu den »Foulspielen« am Ende des Buches, gegen die Sie sich wappnen sollten.

Gegenstrategien

Die milde Form können Sie bedenkenlos mitspielen. Zumindest solange Sie sich nicht ausgenutzt fühlen. Lassen Sie den anderen hängen, dann müssen Sie damit rechnen, dass er unfreundlich über Sie redet und sich über Ihre »Rücksichtslosigkeit« beklagt. Das ist aber auch schon alles. Sie können das Opferspiel aber auch durchkreuzen, indem Sie die eine oder andere Gegenforderung stellen. Lassen Sie Ihr Gegenüber wissen, was es für Sie tun kann, und bestehen Sie darauf, dass es Ihre Forderung erfüllt. Wenn es sich nicht darauf einlässt, ist es aus dem Spiel. Und schließlich könnten Sie als Vorgesetzter auf die Idee kommen, bei anderen Mitarbeitern einmal nachzuhaken, ob die nicht auch Unterstützung brauchen. Um im Bild von vorhin zu bleiben: Sie »ölen« nicht nur das »quietschende Rad«, sondern gelegentlich auch mal ein anderes.

Die mittelscharfe Variante erfordert etwas mehr Härte und taktisches Geschick. Sie müssen es verkraften können, den anderen auch einmal zu »enttäuschen«, ihm »weh zu tun«. Lassen Sie sich deshalb kein schlechtes Gewissen einreden. Im schlimmsten Fall müssen Sie es hinnehmen, dass er sich von Ihnen abwendet. Sie werden sehen, wie schnell Sie darüber hinwegkommen. Ansonsten können Sie ihm immer wieder mal zu verstehen geben, dass Sie seine Anschuldigungen nicht ganz ernst nehmen. Das wird ihn zwar in seinem schlechten Urteil über Sie nur bestärken, aber es gibt nun mal kein anderes Mittel, ihm die »Mitleidstour«, wie Sie das dann nennen, abzugewöhnen. Stellen Sie sich taub und kommen Sie nur Bitten nach, wenn sie vorgetragen werden, ohne Ihnen Schuldgefühle zu bereiten. Gleichzeitig sollten Sie das Publikum im Auge behalten. Bei den anderen sollte nicht der Eindruck entstehen, dass Sie es sind, der den Gegenpart rücksichtslos ausnutzt oder gar quält. Legen Sie Ihre Sicht der Dinge dar und lassen Sie das Publikum wissen, dass hinter der vermeintlichen Schwäche Ihres Gegenübers eine fragwürdige Methode steckt, Einfluss zu nehmen.

Bei einem harten Opferspiel sollten Sie auch harte Konsequenzen ziehen. Können Sie keine erträgliche Form des Umgangs miteinander vereinbaren, dann sollten Sie sich dieser Person entziehen, und zwar umso dringender, je stärker Sie bereits emotional verstrickt sind. Sie müssen sich klarmachen, dass der andere nicht allein Macht über Sie ausübt, sondern dass er dabei ist, Sie zu zerstören.

4 Boss-Spiele

> *Ich dulde keine Jasager um mich herum.*
> *Ich will Leute, die klar und deutlich ihre Meinung sagen –*
> *auch wenn es sie ihren Job kostet.*
> Samuel Goldwyn

Für viele sind Boss-Spiele der Inbegriff des abstoßenden Machtspiels. Denn alles dreht sich nur darum, den »Boss« in seiner Machtfülle zu bestätigen – und das geht natürlich immer auf Kosten von all denen, die dem Boss untergeordnet sind. Der Boss spielt sich auf, zeigt Härte und lässt seine Mitarbeiter für sich springen. Er kommandiert sie herum, benimmt sich rücksichtslos, duldet keinen Widerspruch. Er pflegt seine Eitelkeit, reibt uns seine Statussymbole aufdringlich unter die Nase und lässt sich selbstherrlich loben, bis die Balken brechen. Vernünftige Menschen rümpfen darüber die Nase und halten solche Allüren für albern und sowieso für längst überholt. Heute werde doch eher partnerschaftlich geführt, die Eigenverantwortung gestärkt, Widerspruch und Kreativität gefördert (→ Soft-Power-Spiele, Kapitel 9). Wer sich da mit Boss-Spielen hervortut, der macht sich unbeliebt, ja sogar lächerlich, ist immer wieder zu hören, gerade von Führungskräften. Auch in der Managementliteratur taucht der »Boss« eher als Karikatur auf, die so ziemlich gegen alle Prinzipien erfolgreicher Führung verstößt. »Bossing« (das Spielen von Boss-Spielen) genießt ungefähr die gleiche Wertschätzung wie Mobbing.

Aber seltsam: Wenn man sich näher umhört, hat man nicht gerade den Eindruck, als würden Boss-Spiele von der Bildfläche verschwinden. Sie erfreuen sich nach wie vor großer Beliebtheit. Und zwar nicht nur bei den »Old Boys«, die die Zeichen der Zeit noch nicht erkannt haben. Womöglich sind die Boss-Spiele sogar eher auf dem Vormarsch als auf dem Rückzug. Die Zeiten sind hart, die Umgangsformen werden ruppiger, da muss man sich als Vorgesetzter von Zeit zu Zeit mit einem beherzten Boss-Spiel Respekt verschaffen. Darüber hinaus lassen sich diese Spiele durchaus mit anderen, weicheren Machtspielen kombinieren. Man kann also führungstechnisch auf dem neuesten Stand sein, sich als Teamplayer feiern lassen oder als »oberster Dienstleister«, dessen angebliche Erfolgsformel lautet: »Dienen plus leisten«. – Und man kann dennoch seine Boss-Spiele treiben. Vielleicht liegt ja in der Abwechslung verschiedenartiger Machtspiele ein ganz eigener Reiz.

Begünstigt werden die Boss-Spiele durch den Wunsch nach einer starken Führungsfigur. Also, diejenigen, die sich führen lassen, möchten durchaus jemandem folgen, der Stärke, Härte und Rücksichtslosigkeit ausstrahlt. Das mag zwar ein

Problem sein, weil die selbstherrlichen Alphatiere nicht unbedingt die besseren Entscheidungen treffen. Aber wie die Forschung zeigt, werden Führungskräfte, die sich um Ausgleich und Fairness bemühen, gelegentlich als weniger mächtig und durchsetzungsstark empfunden. Unter der Ägide von Adam Galinsky führten die Psychologinnen Batia Wiesenfeld, Naomi Rothmann und Sara Wheeler Smith eine einschlägige Studie durch, der sie den Titel gaben: »Warum faire Bosse das Nachsehen haben«. Darin machten sie darauf aufmerksam, dass gerade in Krisenzeiten die harten, rücksichtslosen Führungsfiguren gefragt sind. Obwohl sie gerade in so einer Situation verheerenden Schaden anrichten können und jemand, der ausgleichend und moderierend wirkt, vermutlich bessere Ergebnisse erzielen würde. Das mag man beklagen. Aber es ist eine Realität: Härte, Egoismus, Rücksichtslosigkeit sind sicher nicht die sympathischsten Eigenschaften. Und selbstbewusste Mitarbeiter dürften eher die Flucht ergreifen als sich begeistert so einem Egomanen unterzuordnen. Aber wenn die Lage unsicher erscheint und die Leute orientierungslos sind, dann schlägt zuverlässig die Stunde der beinharten Alphatiere, die ihre »Boss-Spiele« im Schlaf beherrschen. Nachdenklichkeit, Selbstkritik und Fairness erscheinen in diesem Zusammenhang als Schwäche. Sogar wenn die Ergebnisse, die Sie dadurch erzielen, (zumindest auf längere Sicht) besser sind. In so einer Situation sind Sie gefordert, Stärke und Entschlossenheit zu zeigen. Entsteht der Eindruck, dass Sie nicht wissen, was Sie wollen, schwächt das Ihre Position ganz erheblich.

Spielend an der Macht bleiben
Wozu braucht man überhaupt Boss-Spiele? Können wir nicht auf sie verzichten und wie erwachsene Menschen miteinander umgehen? Vermutlich ist das nicht so einfach. Denn erstens bereiten Boss-Spiele der Hauptperson viel zu viel Vergnügen. Und zweitens haben sie auch ihren Sinn: Sie vereinfachen unsere komplizierten menschlichen Beziehungen. Sie zeigen unmissverständlich, wer hier das Sagen hat und wer sich unterordnet. Wer mit Erfolg seine Boss-Spiele betreibt, der festigt damit seine Machtstellung. Er muss nicht argumentieren, er muss nicht überzeugen, er sagt einfach, was gemacht wird. Und auch wenn er es nicht sagt, so gibt er zu erkennen, dass die anderen ihn nicht übergehen können, sondern dass sie es sind, die sich nach ihm richten müssen.

Macht muss ausgeübt werden, sonst schwindet sie dahin. Wir haben es bereits angesprochen: Führungskräfte, die sich kaum noch einmischen, sondern das Feld anderen überlassen, verlieren an Einfluss und werden überspielt. Sie müssen sich erst mühsam wieder in den Lauf der Dinge einschalten. Boss-Spiele geben dem Vorgesetzten hingegen die Möglichkeit, auf relativ ungefährliche Weise im Spiel zu bleiben. Er muss gar nicht viel bewirken, er muss nicht ständig eingreifen und den ganzen Laden durcheinander bringen, um derjenige zu bleiben, an dem niemand vorbeikommt.

Signal für die Rivalen
Zugleich richten sich Boss-Spiele an mögliche Rivalen. Der Boss zwingt sie, sich ihm zu unterwerfen, auch wenn es sich dabei nur um Lappalien oder symbolische Gesten handelt. Solange sie das Spiel nach seinen Regeln mitspielen, bleibt seine Machtposition gefestigt. Doch sind es die Nuancen, auf die es ankommt und für die ein Boss-Spieler feine Antennen braucht. Bröckelt die eigene Macht, drückt sich das auch in den Boss-Spielen aus. Für Außenstehende vielleicht gar nicht zu erkennen, tut ein Mitspieler nicht mehr als nötig, um dem Boss gerade noch seine Anerkennung zu zeigen. Der Vorgesetzte kann das als Kampfansage verstehen – oder sich entschließen, diese subtile Provokation zu übergehen, um sich bei nächster Gelegenheit zu revanchieren. So gesehen eignen sich Boss-Spiele nicht nur dazu, die eigene Macht zu festigen, sondern auch dazu, sie zu überprüfen.

Belohnung für den Aufstieg
Kaum irgendwo sonst kommt die Freude, ja der Genuss von Macht so deutlich zum Vorschein wie in den Boss-Spielen. Sie stellen eine Art von Belohnung dar, die derjenige bekommt, der die Führungsposition innehat. Damit sind diese Spiele auch ein Signal für alle, die noch nicht den Boss spielen dürfen: »Seht her, wenn ihr erst mal meine Position erreicht hat, dann dürft ihr euch genauso aufführen wie ich. Also, auf die Knie. Sonst wird das nichts mit dem Aufstieg.«

Zu einem großen Teil hängt es von der betreffenden Organisation ab, inwieweit Boss-Spiele möglich oder sogar unumgänglich sind. Jede Organisation hat ihre eigene Kultur, die das Verhalten ihrer Mitglieder prägt. Betreiben die oberen Ränge ungeniert ihre Boss-Spiele, dann werden Sie es schwer haben aufzusteigen, ohne selbst solche Spielchen zu inszenieren. Verzichten Sie darauf, könnte Ihnen das als Führungsschwäche ausgelegt werden. Ihnen fehle der Biss, der Killerinstinkt oder schlicht das Interesse an der Macht, wird dann gerne unterstellt. Die Konkurrenz wittert ihre Chance und macht Ihnen das Leben schwer, weil sie Sie für schwach hält.

Weit schwieriger ist es für eine Organisation, solche Boss-Spiele zu unterbinden. Dazu ist eine bestimmte Kultur erforderlich: Von den Führungskräften wird erwartet, dass sie respektvoll mit den Mitarbeitern umgehen. Wer das nicht tut, bekommt Probleme. Und die Mitarbeiter werden ermutigt, sich gegen Boss-Spiele zur Wehr zu setzen. Oft stehen solche hehren Grundsätze allerdings nur auf dem Papier oder auf den Kaffeetassen (damit die Büromachiavellis sie immer vor Augen haben). Die alltägliche Erfahrung der Mitarbeiter sieht ganz anders aus. Aber die allein ist entscheidend: Wie geht es in der Organisation zu? Wer kommt nach oben und durch welches Verhalten? Bekommen Vorgesetzte einen Rüffel, wenn sie ihre Mitarbeiter rücksichtslos behandeln

– oder hat es dann doch keine Folgen, weil die »harten Hunde« ihre Abteilung so gut »im Griff« haben und die Zahlen stimmen? Werden die harten Hunde am Ende noch befördert, dann wird dadurch eben auch ein bestimmtes Führungsverhalten belohnt. Auf diese Weise kann die vorhandene Organisationskultur sogar kippen. Denn die harten Hunde und Boss-Spieler bringen vorzugsweise ihresgleichen auf Führungspositionen. Und die anderen Vorgesetzten werden keine unüberwindlichen Probleme damit haben, sich umzustellen. Sie sprechen nur noch selten über den Teamgedanken und die Mitarbeiterorientierung, sondern schwärmen von Biss, Schärfe und Rücksichtslosigkeit. Auch ihr natürlicher Feind ist der Gutmensch, der mit seinen guten Absichten so viel Unheil über die Welt gebracht hat.

Der Kekstest
Es scheint eine natürliche Neigung im Menschen zu geben, sein Verhalten und seine Einstellung zu ändern, sobald er Macht verliehen bekommt. Die Sozialpsychologin Deborah Gruenfeld von der Universität Stanford hat diese Veränderungen gründlich untersucht. Unverkennbar deuten sie in Richtung Boss-Spiele. Wir werden rücksichtsloser, kümmern uns nicht mehr darum, was andere von uns denken (was ja auch sein Gutes hat), und wir betrachten andere Personen nicht so sehr als Menschen mit eigenen Interessen und Rechten, sondern sie erscheinen uns zunehmend als die Mittel, die wir brauchen, um unsere Ziele zu erreichen. Anders gesagt, unsere Mitmenschen werden zu unseren Spielfiguren. Wie rasch so etwas geschehen kann, hat Gruenfeld in einem Experiment gezeigt, bei dem Gruppen aus jeweils drei Studenten über umstrittene Themen diskutieren sollten. Einer der Studenten wurde durch Losentscheid dazu bestimmt, die Empfehlungen der beiden anderen zu bewerten. Er oder sie hatte also ein winziges Stück Macht verliehen bekommen. Doch das reichte aus. Als eine halbe Stunde später eine Schale mit fünf Keksen auf den Tisch gestellt wurde, griffen die »mächtigen« Studenten deutlich häufiger zu, kauten mit offenem Mund und fanden nichts dabei, sich selbst und den Tisch zu bekrümeln. Anders gesagt, ein unbedeutender Machtvorsprung genügte, um sie ihre guten Manieren vergessen zu lassen und das einzige an sich zu reißen, was es in diesem Experiment zu ergattern gab: Kekse.

4.1 Den Sklaven vorführen

Dies ist ein effektvolles Boss-Spiel, bei dem es darum geht, dem Publikum zu zeigen, wie gut man seine Mitarbeiter im Griff hat. »Den Sklaven vorführen« ist ein Spiel für die Vorderbühne (→ Kapitel 1 unter der Zwischenüberschrift »Spiele auf der Vorder- und der Hinterbühne«). Es richtet sich an ein Publikum und eignet sich besonders gut, um andere Führungskräfte, Geschäftspartner oder fachfremde Besucher zu beeindrucken. Gelegentlich wird es aber auch gespielt, um neuen Mitarbeitern zu demonstrieren, »wie hier der Wind pfeift« – und dass sie nur vorankommen können, wenn sie sich dem Boss bereitwillig unterordnen.

Mitspieler
Es sind zwei Rollen zu besetzen: Der »Boss« wird selbstredend von Ihnen gespielt, wenn Sie dieses Spiel initiieren. Und dann gibt es eben noch den »Sklaven«. Meist ist es tatsächlich nur einer. Das erleichtert das Spiel und macht es auch für das Publikum übersichtlicher. Wenn sich das Spiel jedoch länger hinzieht, kann es die Wirkung erhöhen, noch einen oder zwei nachgeordnete Sklaven vorzuführen. Im Allgemeinen sind die Darsteller des Sklaven im Bilde, welche Rolle ihnen zugedacht ist. Das ist natürlich nicht vorher abgesprochen, sondern sie wissen aus Erfahrung, wie Sie sich bei solchen Gelegenheiten benehmen. Manche Boss-Spieler lieben es allerdings, ihre Mitarbeiter mit diesem Spiel zu überfahren, was ein wenig riskant ist. Denn das Spiel fällt in sich zusammen, wenn der vermeintliche Sklave einfach nur auf dem Schlauch steht. Auf der anderen Seite eignen sich solche Überraschungsaktionen, um auch dem betreffenden Mitarbeiter ein wenig auf den Zahn zu fühlen (→ Der Knicktest, Kapitel 4.2).

Spielverlauf
Gelegenheiten für das »Den Sklaven vorführen«-Spiel gibt es viele. Entscheidend ist, dass der Boss und sein Mitarbeiter gemeinsam auftreten: Bei einer Besprechung, bei einer Konferenz, auf Geschäftsreise. Außerdem ist Publikum erforderlich, denn das soll ja beeindruckt werden. Im Prinzip sind unterschiedliche Szenarios denkbar: Der Boss steht im Mittelpunkt der Aufmerksamkeit, gerät kurz ins Stocken, weil ihm, sagen wir, eine bestimmte Information gerade nicht einfallen will, er die Seite sieben seines Vortrags im Taxi vergessen hat oder das Glas Wasser vor ihm nicht die gewünschte Menge an Kohlensäure enthält. Nur eine kleine Geste genügt, der Boss schaut auf, wendet den Kopf und schon eilt – für alle gut sichtbar und doch um Unsichtbarkeit bemüht – der Sklave herbei, um das Problem zu beheben. Oder auf die Frage: »Wie hoch war noch das Umsatzplus im dritten Quartal, Frau Goldbach?« antwortet die Angesprochene wie aus der Pistole geschossen: »Sieben-Komma-drei Prozent, Herr Huber!«

Es geht aber auch umgekehrt: Der Sklave steht im Mittelpunkt der Aufmerksamkeit. Er hält ein Referat oder moderiert eine Veranstaltung. Häufig sitzt der Boss noch nicht im Publikum, er verspätet sich, schließlich hat er wichtigere Dinge zu tun, als sich das Referat seines Sklaven anzuhören. Er betritt den Raum, was nicht unbemerkt bleibt, besetzt einen der hinteren Plätze und verfolgt mit demonstrativem Desinteresse die Ausführungen des Sklaven, die, um den Effekt zu erhöhen, brillant sein sollten. Der Boss gibt sich hingegen gelangweilt, klappt beispielsweise sein Notebook auf, um einige E-Mails zu beantworten. Erst gegen Ende der Veranstaltung greift er ein, um über die Leistung seines Sklaven einige herablassende und zugleich anerkennende Bemerkungen zu machen, denn natürlich darf niemand den Eindruck bekommen, dass der Sklave eine Niete sei. Also, ein bisschen Lob muss sein. Aufgabe des Sklaven ist es, diese Worte ehrfürchtig bis unterwürfig entgegenzunehmen. Bei den Zuhörern soll der Eindruck entstehen: Dieser Mensch, der so eine souveräne Leistung abgeliefert hat, beugt sich seinem Herrn und Meister.

Der Boss darf, ja, er sollte seinen »Sklaven« etwas rauer anfassen, streng und schroff zu ihm sein. Das Publikum soll ruhig den Eindruck bekommen, dass er nicht gut mit ihm umgeht. Darin zeigt sich ja seine Macht. Er ist der Boss. Sein Mitarbeiter ist ihm geradezu ergeben. Er braucht nur mit dem Finger zu schnippen, schon ist sein dienstbarer Geist zur Stelle, um ihm jeden Wunsch zu erfüllen.

Beliebt sind auch Wortwechsel wie: »Bis wann können Sie uns den Bericht liefern, Herr Möbius?« Hilflose Geste von Herrn Möbius. Der Boss: »Ich weiß, Sie stecken bis über beide Ohren in Ihren Projekten. Schaffen Sie es bis zum 15. Oktober? Das ist ein Freitag ...« Möbius erklärt mit hochrotem Kopf: »Also, es wäre schon schön, wenn ich noch das Wochenende dazu bekäme ...« Die Zuhörer sind beeindruckt: Möbius bittet um Wochenendarbeit! »Also, bis zum Montag, den 18., meinen Sie?«, fragt der Boss mit einem leicht metallischen Klang in der Stimme. Möbius nickt, der Boss erklärt: »Da wollte ich Ihnen mal ein freies Wochenende bescheren ... Also, dann sagen wir mal: Bis zum 11. Oktober haben Sie Zeit, Herr Möbius.« Um mit dezenter Schärfe nachzufragen: »Reicht Ihnen das?« Was Herr Möbius umgehend bejaht.

Der Lohn des Sklaven
Vielleicht stellen Sie sich die Frage: Warum sollte sich der Sklave auf dieses entwürdigende Spiel einlassen? Weil er keine Wahl hat, lautet eine nahe liegende Antwort. Doch das ist meist nicht die ganze Wahrheit, denn auch der Sklave zieht aus diesem Spiel seinen Nutzen. Zunächst einmal bringt die Position des Sklaven durchaus Vorteile mit sich. So steht er unter dem Schutz seines Meisters. Er gehört zu ihm, wie jeder erkennen kann. Und für alle anderen wäre es höchst riskant, den persönlichen Sklaven vom Boss anzugreifen oder herabzuwürdigen. Der Meister ist auf seinen Sklaven dringend angewiesen. Er hilft ihm, seine Macht zu demonstrieren. Kreative Querköpfe, die ihm öffentlich widersprechen, kann er nicht brauchen.

Außerdem dürfen wir nicht übersehen, dass die »Vorführung des Sklaven« im Wesentlichen eine Showveranstaltung für die Vorderbühne (→ Kapitel 1 unter der Zwischenüberschrift »Spiele auf der Vorder- und der Hinterbühne«) ist. Was sich auf der Hinterbühne abspielt, das ist noch einmal eine ganz andere Frage. Um bei unserem letzten Beispiel zu bleiben: Ob Herr Möbius seinen Bericht tatsächlich am 11. Oktober abliefern muss, ist alles andere als sicher. Die Zuhörer kontrollieren das ja nicht nach und dem Boss ist es womöglich egal. Vielleicht muss auch gar nicht Herr Möbius als repräsentativer Sklave für die Vorderbühne den Bericht schreiben, sondern irgendein Hinterbühnensklave, der von dem ganzen Spiel gar nichts mitbekommen hat, sondern ganz schlicht einen Auftrag erledigt.

Der Wettstreit der Sklaven
Das Spiel gewinnt erst richtig an Dynamik, wenn nicht nur ein Boss seinen Sklaven vorführt, sondern mehrere Bosse ihre jeweiligen Sklaven ins Rennen schicken, um sich gegenseitig zu beeindrucken. Dabei lässt sich eine interessante Doppelstrategie beobachten. Denn einerseits kann ein Boss alle Mitspieler ausstechen, wenn er seinen Sklaven möglichst schlecht behandelt, ihn herumscheucht und für alle möglichen Handlangerdienste einspannt. Auf der anderen Seite hat derjenige Boss die Nase vorn, der über einen möglichst hoch qualifizierten Sklaven verfügen kann. »Frau Goldbach, besorgen Sie doch mal anständiges Mineralwasser. Dieses Zeug kann ja niemand trinken«, lässt sich mühelos überbieten mit: »Frau Doktor Goldbach, besorgen Sie doch mal ein anständiges Mineralwasser. Dieses Gesöff ist ja eine Zumutung.«

Das Spiel wird zusätzlich dadurch erschwert, dass die Anweisungen an die Sklaven beiläufig und aus der Situation erfolgen müssen. Wer zu dick aufträgt, macht sich lächerlich – gerade wenn mehrere Sklaven im Spiel sind. Letztlich geht es gar nicht darum, als Sieger aus dem Spiel zu gehen. Häufig lässt sich auch gar nicht sagen, wer das sein soll. Ziel des Spiels ist es schließlich, die anderen zu beeindrucken. Und wenn alle Beteiligten ihre Sache richtig gut machen, dann sind auch alle beeindruckt. So gesehen handelt es sich bei diesem Boss-Spiel um ein echtes »Win-win«-Spiel.

Gefahren
Die Hauptgefahr besteht natürlich darin, dass der angestrebte Effekt einfach verpufft, was dann einer mehr oder weniger großen Blamage gleichkommt. Ursache kann ein ahnungsloser oder womöglich sogar aufsässiger Sklave sein. Nicht auszudenken, wenn beispielsweise Frau Doktor Goldbach entgegnet: »Ich habe momentan keine Zeit, mich um Ihr Mineralwasser zu kümmern, Herr Huber.« Aber auch das Publikum kann Ihnen einen Strich durch die Rechnung machen. Ironische Kommentare können das Spiel völlig zunichte machen. Doch solche Bemerkungen

wird sich nur jemand herausnehmen, der in der Hierarchie über Ihnen steht – oder jemand, der Sie gerne zum Feind haben möchte. Haben Sie es mit Ranghöheren zu tun, sollten Sie dieses Spiel, wenn überhaupt, nur mit größtem Fingerspitzengefühl betreiben. Ansonsten kann es Ihnen passieren, dass Ihr Vorgesetzter Sie zurechtweist, so nicht mit Ihren Mitarbeitern umzugehen. Und das wäre eine Niederlage, von oben und unten zugleich, an der Sie noch lange zu kauen hätten.

Gegenstrategien

Sind Sie für die Rolle des Sklaven ausersehen, wäre es äußerst riskant, das Spiel Ihres Bosses zu durchkreuzen. Das käme einer öffentlichen Demütigung gleich. Wenn Sie die vermeiden möchten, dann spielen Sie die Komödie mit. Es wird Ihrem Ansehen nicht schaden. Und manche Zumutungen lassen sich später auf der Hinterbühne noch entschärfen.
Wesentlich ungünstiger ist es, wenn Sie sich von dem Spiel überraschen lassen. Sie bleiben Antworten schuldig, sind mit anderen Aufgaben beschäftigt, wissen nicht genau, was der Boss eigentlich von Ihnen will. So etwas verdirbt ihm seinen Auftritt. Und ein Boss, der dieses Spiel anzettelt, wird Ihnen so ein Versagen ganz sicher übel nehmen und Sie später schlachten (→ Ein Huhn schlachten, Kapitel 4.5). Sind Sie Teil des Publikums, ist es ebenfalls nicht unbedingt ratsam, das Spiel zu durchkreuzen. Dem Sklaven hilft das wenig und der Boss nimmt Ihnen solche Manöver sehr übel, weil Sie seine Eitelkeit verletzen. Wenn Sie ihm das Spiel verderben wollen, dann ignorieren Sie seine Inszenierung ganz einfach. Oder Sie schaffen einen reizvollen Kontrast, indem Sie als Boss mit Ihrem Assistenten ausgesucht höflich und respektvoll umgehen.

4.2 Der Knicktest

Sind Sie Berufseinsteiger, wechseln Sie die Abteilung oder treten Sie voller Tatendrang neu in eine Organisation ein, dann sollten Sie mit ihm rechnen: dem Knicktest. Dabei handelt es sich um ein etwas abgefeimtes Boss-Spiel, mit dem Ihr Vorgesetzter zwei Ziele verfolgt: Er möchte herausfinden, wie loyal und belastbar Sie sind. Vor allem aber will er Ihnen nach einem viel versprechenden Start oder einer Erfolgssträhne einen gehörigen Dämpfer verpassen – damit Sie nicht abheben und sich einreden, Sie könnten ihm das Wasser reichen. Ganz im Sinne des französischen Dichters Victor Hugo, der über einen Kollegen urteilte: »Jetzt ist er größenwahnsinnig geworden. Er vergleicht sich mit mir.« Um solche Gedanken gar nicht erst aufkommen zu lassen, gibt es den Knicktest.

Mitspieler
In der Hauptsache kommen für den Knicktest ehrgeizige, selbstbewusste und hoch motivierte Mitarbeiter in Frage, die dem Boss allmählich auf die Nerven gehen. Die Idealbesetzung ist der aufdringliche Streber oder der arrogante Schnösel, Absolvent einer Eliteschule oder Trainee mit Doktortitel. Aber auch

Der Knicktest 4

Mitarbeiter, denen in letzter Zeit außerordentlich viel gelingt, empfehlen sich für einen kleinen Knicktest. Wer jedoch bereits innerlich gekündigt hat und vom Leben hinreichend gebeutelt wurde, muss nicht auch noch vom Boss zu Testzwecken geknickt werden.

Spielverlauf
Beim Knicktest bringt Sie Ihr Vorgesetzter in eine Situation, die Ihnen äußerst unangenehm ist, gezielt und ausgerechnet Sie: Er überträgt Ihnen eine »spannende« Aufgabe, in der sicheren Erwartung, dass Sie daran scheitern werden. Er lässt Sie auf einen Kunden los, mit dem Sie völlig überfordert sind. Er steckt Sie in ein Team mit einem Kollegen, mit dem Sie es kaum in einem Raum zusammen aushalten. Er mutet Ihnen zu, eine Position zu vertreten, die Ihrer eigenen Überzeugung zuwiderläuft. Er lässt Sie Tätigkeiten ausführen, die Sie unterfordern und die völlig überflüssig sind.

Es gibt unzählige Möglichkeiten, seine ambitionierten Mitarbeiter in Schwierigkeiten zu bringen, ihnen einen Knick zu verpassen. Bei manchen genügt eine einzige verletzende Bemerkung – und der Knick ist da. Genau darum geht es dem Boss. Um den Knick. Den bringt er Ihnen vorsätzlich bei. Aber natürlich so, dass es nicht so aussieht, als wäre das mit Absicht geschehen. Es gibt immer eine Erklärung dafür, warum sich Ihr Boss so verhalten musste. Auf jeden Fall schaut er sich sehr genau an, wie Sie mit der Situation zurechtkommen. Verlieren Sie die Nerven? Fallen Sie ihm in den Rücken? Beschweren Sie sich über ihn? Machen Sie sich unmöglich? Resignieren Sie? Oder schlagen Sie sich wacker? Ziehen Sie sich halbwegs respektabel aus der Affäre?

Um solche Fragen geht es. Um eine verdeckte Bewährungsprobe. In schwierigen Situationen, in der Niederlage zeigt sich der wahre Charakter, philosophiert der Boss. Nach einem Knicktest kann er Sie besser einordnen, vor allem Ihre Nehmerqualitäten kommen nun ans Licht. Stecken Sie Niederlagen einfach weg? Oder brauchen Sie Ihre Zeit, bis Sie sich wieder gefangen haben? Womöglich erfährt Ihr Chef auch, wie ernst er Sie als Konkurrenten nehmen muss. Daher muss es gar nicht so ungünstig sein, wenn Sie erkennen lassen, dass Ihnen Ihre Niederlage nahe geht. Vielleicht beruhigt das Ihren Chef und Ihr Verhältnis entspannt sich.

Und dann hat der Knicktest natürlich den Sinn, Sie scheitern zu sehen, Ihnen eine Niederlage oder Blamage beizubringen, um Ihre Ambitionen zu dämpfen. Dass es Ihr Chef war, der Ihnen diese Lektion erteilt hat, empfindet er als Bestätigung seiner eigenen Macht. Es hebt sein Selbstwertgefühl beträchtlich. Das ist vielleicht auch ein Grund dafür, dass der Knicktest so viele heimliche Anhänger hat, wie uns unsere Gesprächspartner erzählt haben.

! Gefahren

Wirklich unangenehm kann es werden, wenn der talentierte Mitarbeiter den Knicktest nicht besteht, wenn er mit fliegenden Fahnen untergeht, ausrastet, zusammenbricht, sich richtig unmöglich macht. Und wenn sich das Publikum die Frage stellt: Wie konnte der Vorgesetzte ihn nur ins offene Messer laufen lassen? Wieso hat er ihm solch einen Auftrag erteilt? Warum hat er ihn so überfordert? Dann erscheinen Sie als der Vorgesetzte nicht als der clevere Lenker, sondern Ihre Führungsqualitäten stehen ernsthaft in Frage.

Weiterhin droht Ihnen als Chef eine Blamage, wenn es gar nicht erst zum Knick kommt, sondern das ganze Problem auf Sie zurückfällt. Der schwierige Kunde macht nicht etwa Ihrem überambitionierten Mitarbeiter das Leben schwer. Vielmehr lobt er ihn für seine Freundlichkeit und beklagt sich über den unfähigen Vorgesetzten, der ihn geschickt hat. Der allzu enge Zeitplan wird umgehend korrigiert und die Beteiligten schütteln den Kopf über denjenigen, der ihn aufgestellt hat. Die ganzen feinen Schikanen, die Sie ersonnen haben, kann der Mitarbeiter weiträumig umfahren. Und Sie sind es, dem sie angelastet werden, wenn nicht als Boshaftigkeit, dann als Unfähigkeit.

Bekommt ein interner Konkurrent, sagen wir: ein Vorgesetzter aus einer anderen Abteilung, von solchen Knicktests Wind, kann er diese Informationen gegen Sie einsetzen und Gerüchte streuen. Ungünstig, wenn unter den Kollegen das Thema die Runde macht, wie miserabel Sie mit Ihren Mitarbeitern umgehen. Ob Ihr Konkurrent selbst noch öfter von Knicktests Gebrauch macht, ist in diesem Zusammenhang unerheblich – solange es ihm gelingt, Ihren Knicktest in eine böse kleine Geschichte zu verwandeln, die gerne herumerzählt wird. Keine Frage, Knicktests können Ihrer Reputation als verantwortungsbewusster Führungskraft einen empfindlichen Knick verpassen.

! Gegenstrategien

Das wichtigste Gegenmittel heißt: vorbereitet sein. Rechnen Sie einfach damit, dass Ihr Vorgesetzter Ihnen einen Dämpfer verpassen möchte, Ihre Schwächen ausnutzt und Sie deshalb in eine Lage bringt, bei der Sie nur verlieren können. Dann geht es um Schadensbegrenzung. Versuchen Sie, aus der Situation das Beste zu machen. Auch wenn Sie sich allein gelassen oder sogar verladen fühlen, ziehen Sie die Sache durch. Beschweren Sie sich nicht bei anderen über Ihren Chef. Mangelnde Loyalität zu zeigen, ist ungefähr das Schlimmste, was Sie in solch einer Situation anrichten können. Solange Sie auf Ihren Chef angewiesen sind, müssen Sie sich mit ihm arrangieren. Daher ist es ebenfalls hoch riskant, andere, womöglich konkurrierende Führungskräfte einzuschalten, zumindest solange sich die Sache im Bereich des Knicktests abspielt und Sie nicht etwa gemobbt werden. Es ging Ihrem Chef darum, Sie einmal in Schwierigkeiten zu bringen. Wenn es gelungen ist – nun ja, vielleicht hat es sogar auch sein Gutes, weil Ihr Chef Sie nun erst einmal in Ruhe lässt. Vielleicht gefällt er sich sogar in der Rolle des Tröstenden, des Motivators, desjenigen, der Sie »neu aufbaut«, weil er Sie nun für ungefährlich hält. Haken Sie die Geschichte möglichst schnell ab. Dann haben Sie den Knicktest bravourös gemeistert.

4.3 Niederbügeln, um aufzubauen

Über den ehemaligen amerikanischen Außenminister Henry Kissinger kursiert folgende Anekdote: Einer seiner Mitarbeiter legte ihm einen Bericht vor. Nach einiger Zeit bekam er ihn zurück, Kissinger hatte am Ende nur die Bemerkung notiert: »Das können Sie aber besser.« Der Mitarbeiter war schockiert, setzte sich aber sogleich hin und arbeitete den Bericht noch einmal gründlich um. Dann präsentierte er das Ergebnis dem Außenminister. Es dauerte wieder ein wenig, dann bekam der Mitarbeiter den Bericht zurück. Und wieder hatte Kissinger darunter geschrieben: »Das können Sie aber besser.« Der Mitarbeiter war den Tränen nah. Er biss die Zähne zusammen und nahm sich den Bericht noch einmal vor. Er gab sein Bestes und reichte das Ergebnis ein drittes Mal ein. Doch wieder bekam er den Bericht zurück mit der Bemerkung: »Das können Sie aber besser.« Daraufhin riss unserem Mann der Geduldsfaden; er spazierte zu Kissinger ins Büro, legte den Bericht auf seinen Schreibtisch und sagte verzweifelt: »Ich weiß nicht, was Sie wollen, Mr. Kissinger! Ich habe den Bericht jetzt zum dritten Mal umgearbeitet! Ich kann es einfach nicht besser!« »Nun«, erwiderte Kissinger, »wenn das so ist, dann kann ich ja anfangen, ihn zu lesen.«

Es ist eine von den besten Gelegenheiten für eine Führungskraft, ihre Macht zu zeigen: Wenn ein Mitarbeiter das Ergebnis seiner Arbeit vorlegt. Ist er angespannt, ist er ängstlich, tritt er selbstbewusst auf oder sogar herausfordernd? Auf jeden Fall ist er abhängig davon, was sein Vorgesetzter ihm gleich sagen wird. In diesem Zustand der Ungewissheit ist er ziemlich machtlos – und bereits das wissen manche Boss-Spieler zu nutzen oder sagen wir gleich: auszukosten. Bevor sie sich äußern, lassen sie einige Augenblicke verstreichen, Augenblicke des Ausgeliefertseins für den einen, Augenblicke der Machtfülle für den anderen.

Nun muss nicht hinter jeder Beurteilung gleich ein Machtspiel stecken. Aber es kann eben so sein, und zwar unabhängig davon, ob der andere mit Lob (→ Durch Lob verbrennen, Kapitel 4.4) oder Häme überschüttet wird oder ob das Urteil ganz und gar moderat ausfällt.

Warum überhaupt niederbügeln?
Worin liegt der Vorteil für Ihren Chef, wenn er das Ergebnis Ihrer Arbeit in Stücke reißt, Sie also niederbügelt? Zunächst einmal gewinnt er Macht über Sie. Was Sie ihm vorlegen, damit kommen Sie nicht durch. Sie müssen nachbessern – so, wie er es will. Er setzt seinen Willen gegen Sie durch, nichts anderes ist Macht. Zugleich führt Ihr Boss Ihnen Ihre eigene Unzulänglichkeit vor Augen. Aus seiner Sicht sind Sie nicht in der Lage, selbstständig ein Ergebnis

hinzubekommen, das seinen Ansprüchen genügt. Damit kommt ein zweiter wichtiger Punkt hinzu: Erst durch seine notorische Unzufriedenheit gelingt es ihm, Ihnen wirklich etwas abzufordern, Sie über sich selbst hinauswachsen zu lassen, ja, das Letzte aus Ihnen herauszuholen, was Vorgesetzte ja gerne als ihre Aufgabe ansehen.

Wer zu früh lobt, hat schon verloren. Wer sich von Anfang an anerkennend über Ihre Arbeit äußert, handelt sich im Spiel um die Macht einen Nachteil ein. Er gibt Ihnen zu verstehen, dass Sie seinen Ansprüchen bereits genügen. Vielleicht hat er sogar überhaupt gar keine Ansprüche oder keine Lust, sich mit der Sache näher zu befassen. Und er überlässt die Sache vollständig Ihnen, weil Sie das schon richtig machen werden, wie er glaubt. Wenn sich dahinter nicht das Soft-Power-Spiel »Eigenverantwortung« (→ Kapitel 9.1) verbirgt, gerät Ihr Vorgesetzter im Spiel um die Macht ins Hintertreffen. Sie können ihm andrehen, was Sie wollen. Und weil Sie ohnehin überlastet sind, schustern Sie irgendetwas zusammen, das gerade noch die Form wahrt, sodass es Ihr Vorgesetzter abnicken kann. Wenn er außerdem noch als »Verantwortungsnehmer« (→ siehe Kapitel 1 unter der Zwischenüberschrift »Macht und Verantwortung«) in die Pflicht genommen wird, hat er völlig verspielt. Solche Vorgesetzte mögen liebenswürdige Menschen sein, ernst genommen werden sie nicht.

Beim Niederbügeln-Spiel wird nun das Kontrastprogramm gefahren. Ihnen wird unmissverständlich klar gemacht, dass Sie nicht das Geringste zu bestellen haben – gegenüber Ihrem übermächtigen Chef, der Sie erst heruntermacht und dann, wenn Sie allen Mut verloren haben, wieder aufbaut.

Spielverlauf
Mit dem Niederbügeln allein ist es nämlich nicht getan. Das entmutigt nur und treibt den Mitarbeiter nicht gerade an, sich besonders anzustrengen. Auch weiß ein versierter Boss-Spieler, dass er sein Verhalten variieren muss und nicht nur niederbügeln kann. Sonst ist er leicht auszurechnen und seine Mitarbeiter geben sich keine Mühe mehr, weil sie ja ohnehin niedergebügelt werden. Hin und wieder ist also ein enthusiastisches Lob (→ Das Spiel des Lobens, Kapitel 3.3) am Platz.

Doch ist der Boss-Spieler aus den genannten Gründen nicht gerade verschwenderisch mit positiven Urteilen. Was es zu bemängeln gibt, das wird er kritisieren. Fehler und Nachlässigkeiten wird er herausstreichen, allein um den anderen spüren zu lassen, dass ihm nichts entgeht, es also keinen Sinn hat, ihn übers Ohr zu hauen. Doch häufig reicht das für ein veritables Niederbügeln nicht aus. Es wirkt kleinkariert, wenn der Boss einfach nur die paar

4 Niederbügeln, um aufzubauen

Mängel benennt, die ihm auffallen. Was zählt, das ist die große Geste. Die Mängel muss er als Indizien für eine schlampige Gesamtleistung ins Spiel bringen. Er muss mit Unterstellungen arbeiten: »Hat das unser Praktikant für Sie gemacht?« Auch Kommentare wie: »Was haben Sie sich dabei denn gedacht, Frau Goldbach?« oder: »Das ist doch nicht Ihr Ernst, Herr Möbius!« werden ihre Wirkung nicht verfehlen.

Der Mitarbeiter wird sich rechtfertigen, er wird nach Begründungen suchen, die dem versierten Niederbügler neue Anhaltspunkte geben, die Leistung herunterzumachen. Haben Sie als Boss die Arbeit schon sturmreif geschossen, können Sie Ihrem Mitarbeiter den Gnadenstoß versetzen mit der halb besorgten, halb drohenden Nachfrage: »Was meinen Sie denn selber, Frau Goldbach? Sind Sie denn mit Ihrer Leistung selbst zufrieden?«

Und dann, wenn sich Ihr Mitarbeiter schon aufgegeben hat, wenn er kurz davor ist, sagen wir mal, sein Konzept in den Reißwolf zu schieben, dann beginnen Sie mit dem erfreulichen Teil Ihres Spielchens: dem Aufbauen. Wieder sind Sie es, der die Richtung vorgibt. Ihr Mitarbeiter will die ganze Sache schon hinwerfen oder kündigt resigniert an, alles noch einmal ganz von vorn zu beginnen. Da sprechen Sie ihm Mut zu: »Jetzt jammern Sie nicht herum, Herr Möbius, das kriegen wir schon hin.« Und während Herr Möbius sich langsam wieder fängt, erklären Sie: »Schauen wir uns doch mal an, wie wir die Sache retten können. So dramatisch sieht es ja nun auch wieder nicht aus.« Etwas kühne Boss-Spieler können auch sagen: »Ich glaube, so viel müssen wir gar nicht ändern.«

Die innere Mechanik dieses Machtspiels ist deutlich: Erst wird der Mitarbeiter demontiert, dann wieder aufgebaut. Beide Male bestimmt der Boss, was geschieht, der Mitarbeiter ist ihm ausgeliefert. Zwei zu null für den Boss. Weil das Spiel aber ein gutes Ende nimmt, hegt der Mitarbeiter keinen Groll, viel eher ist er erleichtert, noch einmal davongekommen zu sein. Der Boss hat seine Macht demonstriert und der Mitarbeiter nimmt ihm das nicht übel. Vielleicht ist er ihm sogar dankbar. Und das geschieht ja selten genug bei Boss-Spielen.

> **Gefahren** !
>
> Wenn Ihr Mitarbeiter das Machtspiel durchschaut, trübt das ein wenig das Vergnügen. Doch wird er hoffentlich schlau genug sein, das für sich zu behalten und mitzuspielen. Allenfalls wird er versuchen, Sie mit dem Mitarbeiter-Spiel »Nüsse verstecken« (→ Kapitel 5.4) auszutricksen, aber auch dann hält sich der Schaden in Grenzen. Viel unangenehmer sind die Folgen, wenn dem Boss das Niederbügeln so gut gelingt, dass sein Mitarbeiter gar nicht mehr aufzubauen ist. So etwas kann

einem beherzten Boss schneller unterlaufen, als er meint. Vor allem sensible und sehr qualifizierte Mitarbeiter sind leicht zu kränken. Da haben sie exzellente Arbeit geleistet und dann kommt so ein grobschlächtiger Klotz daher, der in ihren Augen überhaupt keine Ahnung hat, und zieht alles in den Dreck. Nein, das lässt sich nicht jeder gefallen. Verletzter Stolz ist eine Kraft, die man nicht unterschätzen sollte bei seinen Boss-Spielen. In so einem Fall kann die Situation regelrecht kippen. Und dann hat der Boss ein dickes Problem: einen zutiefst verletzten Mitarbeiter, ein miserables Betriebsklima – und die Arbeit bleibt auch noch liegen.

! Gegenstrategien

Es ist schon viel gewonnen, wenn Sie das Spiel durchschauen. Dann dürften Sie am besten fahren, wenn Sie es einfach mitspielen. Denn genau darauf kommt es an: Dass Sie sich von einem vermeintlich vernichtenden Urteil nicht umwerfen lassen, sondern die ganze Sache sportiv nehmen. Er ist der Boss, Sie sind der Mitarbeiter. Er braucht diese Bestätigung seiner Macht, soll er sie eben bekommen – umso eher lässt er Sie in Ruhe. Innerlich dürfen Sie sich aber nicht verunsichern lassen. Nach außen können Sie ja durchaus den Zerknirschten spielen: Nein, da haben Sie sich solche Mühe gegeben – und dann das ... Ihr Boss wird solche Momente genießen. Gönnen Sie ihm den kleinen Triumph und Sie werden Ihren Frieden haben. Zusätzlich können Sie sich durch das Spielchen »Nüsse verstecken« das Leben erleichtern. Natürlich können Sie auch auf Konfrontationskurs gehen und das Spiel durchkreuzen. Dazu sollten Sie aber sicher sein, dass Sie am längeren Hebel sitzen und Ihr Boss auf Ihre Arbeit angewiesen ist. Dann kann es heilsam sein, solchen Spielchen entgegenzutreten und selbstbewusst nachzufragen: Was haben Sie eigentlich an der Arbeit auszusetzen? Die Einwände können Sie dann sachlich auszuräumen versuchen. Ein vernichtendes Urteil können Sie behutsam gerade rücken (»Zwei Detailfragen mussten offen bleiben; aber die wesentliche Punkte habe ich geklärt.«). So etwas kann Ihre Position erheblich stärken und Ihren Boss überhaupt erst merken lassen, was für ein Kaliber er da vor sich hat. Bleiben Sie betont sachlich, räumen Sie Ihre Fehler und Nachlässigkeiten sofort ein, aber lassen Sie sich nicht heruntermachen. Auch wenn Sie durch Ihr selbstbewusstes Auftreten Ihren Chef auf die Palme bringen können, erwerben Sie sich langfristig Respekt. Und Sie verhindern, dass Ihr Chef beim nächsten Mal wieder solch ein Spiel mit Ihnen spielt. Denn dazu haben Sie ihm zu gründlich den Spaß verdorben.

4.4 Durch Lob verbrennen

Hierbei handelt es sich um ein ziemlich durchtriebenes Macht- und Karrierespiel, dem Sie als Opfer nur schwer etwas entgegensetzen können. Es ist auch nicht ganz einfach, das Spiel zu durchschauen. Denn vordergründig läuft alles bestens: Sie werden gelobt, sogar vor den anderen. Ihr Vorgesetzter hebt Ihre Leistung hervor, die eigentlich gar nicht so spektakulär war, er lobt Ihre Einsatzbereitschaft, Ihre Zuverlässigkeit. Dabei haben Sie alles so gemacht wie sonst auch. Und seltsam, Sie haben durch das Lob keinerlei Vorteile, sondern handeln sich nur Ärger ein. Und wenn eine Beförderung ansteht, dann können Sie sicher sein, dass ein anderer Kandidat das Rennen macht.

Lob macht neidisch
Für Mitarbeiter ist doch nichts angenehmer, als vor Publikum von ihrem Vorgesetzten gelobt zu werden. Solch ein Lob kann einen regelrecht in Hochstimmung versetzen, gerade wenn es unerwartet kommt. Endlich wird die eigene Leistung gewürdigt, und jeder kann es hören. Allerdings gibt es auch eine Kehrseite: Diejenigen, die nicht gelobt werden, empfinden es häufig als gar nicht so erfreulich, wenn unvermittelt einer ihrer Kollegen herausgehoben wird. »Wieso die oder der und nicht ich?«, lautet die nagende Frage. Und wenn häufiger ein und derselbe Kollege hervorgehoben wird, dann gräbt der Neid einen tiefen Graben zwischen denen, die sich übergangen fühlen, und dem gelobten Mitarbeiter. Er gilt als »Liebling des Chefs« und zieht die geballte Abneigung seiner Kollegen auf sich – vor allem, wenn die Mitarbeiter unter starker Anspannung stehen und Sorge haben, wie es bei ihnen beruflich weitergeht. Dann kann »so einer«, der offensichtlich kein »Leidensgenosse« ist, regelrecht zur Hassfigur werden, auch wenn er nicht viel dafür getan hat.

Der Chef lässt Sie im Regen stehen
Nun gibt es in der Tat Mitarbeiter, die die besondere Wertschätzung ihres Chefs genießen und die er besonders fördert – auch wenn die Kollegen mit den Zähnen knirschen, weil sie ihn gar nicht für herausragend halten. Solch ein Mitarbeiter bekommt verantwortungsvolle Aufgaben übertragen und der Chef hält seine schützende Hand über ihn, sodass niemand ihn offen anzugreifen wagt. Denken wir etwa an den »Sklaven« (→ Kapitel 4.1). Doch bei dem »Durch Lob verbrennen«-Spiel geschieht nichts dergleichen. Ihr Vorgesetzter kümmert sich nicht im Geringsten um Ihr weiteres Fortkommen, er gibt Ihnen nicht mehr Macht, sodass sich die anderen mit Ihnen gut stellen wollen. Er lässt Sie vollkommen im Regen stehen.

Stattdessen müssen Sie sich mit Ihren neidischen Kollegen auseinander setzen, die Ihnen das Leben schwer machen, womöglich Intrigen gegen Sie spinnen und sich diebisch freuen, wenn Ihnen ein Fehler unterläuft oder Sie sich blamieren. Sie kehren erst wieder zu geordneten Verhältnissen zurück, wenn Sie die Stelle wechseln oder so weit abgesunken sind, dass Ihr Chef Sie jetzt nicht mehr lobt.

Der Gelobte als Spielfigur
Natürlich stellt sich die Frage: Welchen Sinn hat dieses seltsame Spiel? Hat Ihr Chef persönlich etwas gegen Sie oder will Sie auf ungewöhnliche Art und

Weise loswerden? Nicht unbedingt. Wenn Ihr Vorgesetzter dieses Spiel mit Ihnen treibt, dann liegt ein anderer Verdacht nahe: Sie sind ihm völlig gleichgültig. Er verfolgt ganz andere Ziele und Sie sind seine Spielfigur, um diese zu erreichen. So kann er diejenigen, die nicht gelobt werden, unter Druck setzen. Womöglich hat er einen ganz bestimmten Mitarbeiter im Visier, dem er dadurch eins auswischen möchte, dass er den Falschen lobt, nämlich Sie. Eigentlich hätte dieser Mitarbeiter das Lob verdient, aber dadurch, dass ein anderer das Lob bekommt, lässt ihn der Boss seine Macht spüren. Zugleich ist es ihm gar nicht unlieb, wenn sich die Unzufriedenheit seiner Mitarbeiter gegen einen Kollegen richtet. Das verhindert nämlich, dass sich die Mitarbeiter gegen ihn verbünden. Solange sie sich an dem vermeintlichen Liebling des Chefs schadlos halten können, kommt solch ein Bündnis kaum zustande.

Der Fluch des frühen Lobes
Eine beliebte Variante des »Durch Lob verbrennen«-Spiels betreiben einige Chefs, wenn Beförderungen anstehen oder irgendein begehrter Posten zu vergeben ist. Äußert sich Chef jetzt anerkennend über Sie, spendiert Ihnen ein dickes Lob, dann kann das gefährlich werden. Denn nun stehen Sie als Kandidat im Ring. Jeder, der sich noch Hoffnungen macht, die Position zu bekommen, weiß jetzt: Er muss Sie schlagen. Daher lässt sich in solchen Fällen häufig beobachten, wie der Kandidat von allen Seiten demontiert wird. Mit einem Mal berichten Kollegen von seinen Defiziten und Schwächen, sie fühlen ihm auf den Zahn und stellen seine Kompetenz in Frage. Vielleicht kommt sogar irgendeine Verfehlung ans Licht, die sich zu einem kleinen Skandal aufbauschen lässt. Der Kandidat gerät in Erklärungsnot und ist längst verbrannt, ehe er seine Kritiker überzeugen kann, dass er sich nichts hat zu Schulden kommen lassen.

Dahinter muss nicht immer Absicht stecken. Manche Chefs verheizen ihre Kandidaten auch durch Ungeschicklichkeit oder weil sie die Situation falsch einschätzen. Doch bei einem Machtspiel steckt selbstverständlich Kalkül dahinter. Während sich nämlich die ganze Meute auf den vermeintlichen Kandidaten stürzt, um ihn zu zerreißen, baut der Boss im Hintergrund seinen echten Kandidaten auf. Selbstverständlich kann es auch derjenige sein, den er scheinbar übergangen hat, als er die Lobeshymne auf Sie anstimmte, und der sich nun umso mehr für die betreffende Position empfiehlt, weil von seinen Defiziten in der letzten Zeit weniger die Rede war.

Manche Vorgesetzte verstehen es auch meisterhaft, ihren eigentlichen Kandidaten zu tarnen. Haben mehrere Mitarbeiter bei der Postenvergabe mitzureden, dann wäre es taktisch ungeschickt, wenn sich Ihr Chef darauf versteifen würde, seinen Kandidaten durchzubringen. Dadurch würde er bei den

4 Durch Lob verbrennen

anderen Entscheidern Widerstand hervorrufen. Und wenn er sich dennoch durchsetzt, müsste er den anderen dafür entgegenkommen: bei der nächsten Stellenbesetzung einen unliebsamen Kandidaten akzeptieren oder irgendeine andere Kröte schlucken. Daran hat er natürlich kein Interesse.

Machtstrategisch kann es für ihn günstiger sein, wenn ihm ein Kandidat zugerechnet wird, der sich nicht durchsetzt. Und er wird ihm nur deswegen zugerechnet, weil er ihn so sehr gelobt hat. Seinen eigentlichen Favoriten sollte er etwas dezenter ins Spiel bringen. Bekommt der schließlich die Stelle, ist es für ihn häufig auch von Vorteil, wenn er nicht als Günstling einer bestimmten Person gilt, die ihn auf diese Stelle gehievt hat.

Gefahren !

»Durch Lob verbrennen« ist ein ziemlich mieses Spiel. Es schürt Neid und Missgunst. Es wirkt sich verheerend auf das Betriebsklima aus. Und es degradiert Mitarbeiter zu bloßen Spielfiguren. Darüber hinaus geht das raffinierte taktische Kalkül häufig nicht auf, zumindest in einer Atmosphäre, in der jeder jedem misstraut und hinter jeder Äußerung eine versteckte Absicht vermutet. Denn wenn niemand mehr weiß, wie ein Lob eigentlich gemeint ist, verliert es seinen Wert. Damit zerstört das Spiel schließlich seine eigene Grundlage. Immerhin das.

Gegenstrategien !

Wird es mit der nötigen Raffinesse gespielt, erkennen Sie dieses Spiel erst, wenn es bereits zu spät ist. Man ist ja erst einmal geneigt, einem Lob Glauben zu schenken. Aber auch wenn Sie den Verdacht hegen, dass Sie durch das Lob verbrannt werden sollen, können Sie das Spiel nur schwer durchkreuzen. Einem Lob kann man schließlich nicht widersprechen. Und den Neid der Kollegen schaffen Sie kaum aus der Welt, indem Sie erklären, dass Sie das eigentliche Opfer sind.
Dennoch müssen Sie versuchen, das Spiel auszuhebeln, denn Sie stehen von vornherein als Verlierer fest. Zwei sehr unterschiedliche Wege stehen Ihnen offen: Entweder stellen Sie nach solch einem taktischen Lob glasklare Ansprüche. Muss Ihr Vorgesetzter die abweisen, dürfte zumindest Ihr Ruf als Liebling vom Chef einen tiefen Kratzer bekommen haben. Häufig wird Sie Ihr Chef auch hinhalten. Das sollten Sie ihm nicht durchgehen lassen, sondern ihm immer wieder auf die Füße steigen. Wenn er Ihre Wünsche so deutlich ignoriert, dürfte sich der Neid Ihrer Kollegen in Grenzen halten.
Die zweite Möglichkeit führt über Ihre Kollegen. Sie suchen sich Verbündete und lassen sich gerade nicht aus dem Kreis Ihrer Kollegen herausloben. So könnten Sie etwa ein taktisches Lob einfach an Ihre Kollegen weiterreichen: »Herzlichen Dank, Herr Huber, aber ohne die Unterstützung von Frau Goldbach und dem gesamten Team hätte ich das unmöglich geschafft.« Beim »gesamten Team« sollte man sich ohnehin immer bedanken. Doch um ein Lob wirklich weiterzureichen, ist es besser, Namen zu nennen.

> Werden Sie hingegen als Kandidat betont früh ins Gespräch gebracht, liegt der Verdacht nahe, dass Sie für die Position verbrannt werden sollen. Doch gibt es eine drastische Möglichkeit, das Spiel zu durchkreuzen: Erklären Sie umgehend, dass Sie für die betreffende Position nicht zur Verfügung stehen. Werden dann andere Kandidaten verbrannt, könnte sich unter besonders glücklichen Umständen das Blatt noch einmal wenden: Sie bleiben als der einzige Kandidat übrig, der für diese Position noch ernsthaft in Frage kommt. Daher werden Sie gebeten, Ihre Haltung noch einmal zu überdenken. Schließlich hat man ja von Anfang an Sie gewollt. Sie zögern und geben nur unter der Bedingung nach, dass man Ihnen in einigen Punkten noch entgegenkommt.

4.5 Ein Huhn schlachten

Dieses Spiel gehört sicher zu den Klassikern unter den Boss-Spielen. Ja, vielleicht ist es »das« Boss-Spiel schlechthin. Denn was so ein richtiger Boss ist, von dem erwarten wir einfach, dass er dann und wann auf den Tisch haut und seine Mitarbeiter herunterputzt. Dabei dient das »Huhn schlachten«-Spiel allein der Machtdemonstration, oder sagen wir genauer: der Demonstration von Härte und Rücksichtslosigkeit, zwei Eigenschaften, die ein echter Boss absolut braucht und die er immer wieder mal hervorblitzen lassen muss, damit ihm seine Leute nicht auf der Nase herumtanzen. Vom nahe verwandten »Niederbügeln, um aufzubauen« unterscheidet sich das Huhn-Spiel in drei Punkten: Erstens wird hier niemand wieder aufgebaut, zweitens wird selten unter vier Augen, sondern bevorzugt im Beisein der Kollegen geschlachtet. Und drittens richtet sich das Spiel nicht so sehr an das bedauernswerte Huhn, sondern eher an die anderen, die Zeuge werden oder davon erfahren.

Spielverlauf
Der Boss knöpft sich einen Mitarbeiter vor und macht ihn vor den Kollegen herunter. Er steigert sich regelrecht in die Sache hinein. Er stellt ihn bloß, er demütigt ihn, er macht ihn lächerlich. Dabei erscheint der Anlass eher geringfügig. Die Anwesenden sind überrascht, peinlich berührt oder sogar schockiert. Doch keiner traut sich einzugreifen. Immerhin ist es ja der Boss, der hier metzelt. Alle Anwesenden fühlen, dass sie zutiefst machtlos sind. Und sie malen sich aus, dass ihnen das Gleiche passieren könnte, wenn sie den Unmut vom Boss erregen. Damit hat der Boss sein Spielziel erreicht.

Eine Schlachtung muss nicht immer vor Publikum stattfinden, vor allem dann nicht, wenn zu befürchten ist, dass sich doch jemand traut einzugreifen und der Boss denjenigen nicht gleich mitschlachten kann. Der Boss kann den Mitarbeiter auch zu sich ins Büro kommen lassen, um ihn dort vom Chefsessel aus zu schlachten. Der Mitarbeiter verlässt kreidebleich das Chefbüro, seine mitfühlenden Kollegen umringen ihn, um zu erfragen, was sich Fürchterliches hinter der schweren Eichentür ereignet hat. Auch damit lässt sich der gewünschte Effekt erzielen, vor allem weil es nicht so gespielt wirkt wie die öffentliche Schlachtung. Allerdings hat der Boss auch weniger Einfluss darauf, wie die Sache aufgenommen wird und wer das alles mitkriegt. Denn, um es noch einmal zu sagen, es handelt sich nicht um den Ausraster eines cholerischen Chefs. Das wäre kein Machtspiel, sondern die persönliche Schwäche von jemandem, der sich nicht im Griff hat.

Überhaupt muss man sagen, dass eine Schlachtung keineswegs immer mit Wutschnauben und Gebrüll einhergehen muss. Manche Bosse schlachten ihre Mitarbeiter lieber bei niedriger Betriebstemperatur und mit breiter Häme, was die Prozedur noch abstoßender machen kann.

Wie abscheulich die Schlachtung inszeniert werden muss, hängt von den näheren Umständen ab und von den Menschen, die der Boss beeindrucken will. Während manche bereits schockiert sind, wenn der Boss den Beitrag eines Mitarbeiters kommentarlos übergeht, muss er in anderen Fällen dick auftragen, um den Zuschauern die Botschaft einzuhämmern: »Hier wird eurem armen Kollegen gerade übel mitgespielt! Und euch kann es genauso gehen, wenn ihr nicht aufpasst!« In manchen Organisationen scheint ein Grad von Abstumpfung erreicht zu sein, der es dem Boss zunehmend schwerer macht, seine Hühner noch eindrucksvoll zu schlachten. Dabei soll nicht verschwiegen werden, dass die subtile, gezielte Geste im Zweifel ernster genommen wird als das große Getöse, das immer ein bisschen übertrieben und theatralisch wirkt.

Wieso Hühner?
Sein Opfer wählt der Boss mit Bedacht. Es darf nicht zu stark sein. Es wäre ja nicht auszudenken, wenn sich das Huhn selbstbewusst zur Wehr setzen und unter den Kollegen Zustimmung finden würde. Was für eine Blamage für den Boss! Also hält er sich vorzugsweise an jene friedliebenden, harmoniebedürftigen Betriebshühner, von denen kein Widerstand zu erwarten ist. Auf der anderen Seite darf er sich auch nicht an den ganz Schwachen vergreifen. So etwas wirkt schäbig. Eindruck macht er nur, wenn er sich jemanden zur Brust nimmt, auf dem nicht ohnehin schon alle herumtrampeln, sondern vielleicht nur er, der Chef. Anders gesagt, je höher das Huhn in der Hackordnung steht, desto eindrucksvoller ist seine Schlachtung. Aber – um keine Missverständnisse aufkommen zu lassen: Dem Boss geht es nicht so sehr darum, seine Hühner auf Linie zu bringen. Er zielt höher, er möchte denjenigen, die er – noch – nicht angreifen kann, signalisieren: »Seht einmal, so einer bin ich. Wenn ihr es darauf anlegt, dann habe ich keinerlei Beißhemmungen.«

Es gibt auch die Variante, dass ein Huhn stellvertretend geschlachtet wird für jemanden, an den sich der Boss noch nicht herantraut. Solch ein StellvertreterHuhn ist vielleicht ein enger Mitarbeiter des eigentlich Gemeinten, sein Praktikant, seine Sekretärin – oder er hat einfach nur ganz ähnliche Ansichten geäußert. Und dafür wird er jetzt heruntergeputzt – ein klares Signal an den anderen, diese Position noch einmal zu überdenken.

Nachspiel: Die Entschuldigung
Wie fast alle Boss-Spiele belastet auch das »Huhn schlachten« die Beziehung zu den Mitarbeitern, in erster Linie natürlich zu demjenigen, dem die Rolle des Huhns zugedacht ist. Vielleicht ist er jetzt eingeschüchtert, hasst seinen Chef und erledigt nicht mehr mit der erforderlichen positiven Einstellung seine Arbeit. Darüber hinaus hegt der Boss ja keinen echten Groll gegen das Huhn. Vielmehr hat er ein Interesse daran, das Verhältnis zu seinem Mitarbeiter zu reparieren. Friedrich Nietzsche sagt: »Es ist weit angenehmer, zu beleidigen und später um Verzeihung zu bitten, als beleidigt zu werden und Verzeihung zu gewähren. Der, welcher das Erste tut, gibt ein Zeichen von Macht und nachher von Güte des Charakters.«

Die Reparatur des Verhältnisses gelingt am besten in einem Vier-Augen-Gespräch, in dem es der Boss so richtig menscheln lassen kann und bei dem er sich bei dem armen Huhn entschuldigt: »Hören Sie, Herr Möbius, ich bin da wohl ein bisschen weit gegangen.« Tief beeindruckt von so viel menschlicher Größe begibt sich Herr Möbius wieder an die Arbeit – bis zur nächsten Schlachtung.

> **! Gegenstrategien**
> Wenn Sie das Spiel durchschaut haben, ist das schon der erste Schritt zur Rettung. Dies gilt insbesondere, wenn Sie für die Rolle des Huhns vorgesehen sind. Es fällt Ihnen wesentlich leichter, eine innere Distanz aufzubauen. Und die brauchen Sie, um solche entwürdigenden Situationen durchzustehen. Denn nur darum geht es in diesem Moment. Betrachten Sie die Vorwürfe nicht als gegen Sie persönlich gerichtet, lassen Sie sie gar nicht an sich herankommen, stellen Sie die Ohren auf Durchzug. Es hilft Ihnen und gibt Ihnen innere Stabilität, wenn Sie sich klarmachen: Es handelt sich hier um eine reine Showveranstaltung. Wenn die vorüber ist, hat das keine weiteren Folgen – außer dass es Ihrem Chef großartig geht.
> Doch sollten Sie nicht vielmehr versuchen, das Spiel zu durchkreuzen und sich selbstbewusst zur Wehr setzen? Sollten Sie dem großen Schlachtermeister nicht deutlich machen, dass man so nicht mit seinen Mitarbeitern umspringt? Es wäre natürlich sehr erfreulich, wenn Sie das fertig brächten, aber realistisch ist ein solches Szenario nicht. Dazu ist das Machtgefälle zu groß. Lassen Sie sich nicht auf einen Kampf ein, den Sie nur verlieren können. Fangen Sie gar nicht an, sich zu rechtfertigen. Dadurch verstricken Sie sich nur noch tiefer in diese schreckliche Situation. Seien Sie schlau und gehen Sie in Deckung, dann passiert Ihnen – gar nichts.

> Als unbeteiligter Dritter haben Sie vermutlich weit bessere Chancen, das entwürdigende Spektakel zu beenden. Ich wurde selbst Zeuge eines solchen beherzten Eingreifens. Einer Mitarbeiterin war eine harmlose, aber etwas peinliche Panne unterlaufen. Der Boss nutzte die nächste Mitarbeiterbesprechung, um den Fall genüsslich auszubreiten. Keine Frage, die öffentliche Schlachtung hatte begonnen, da meldete sich ein Kollege zu Wort: »Wenn es da ein Problem gegeben hat, dann sollten Sie das mit der Kollegin ausmachen. Ich jedenfalls will mir diese Geschichte nicht anhören.« Der Boss entgegnete, dass diese Geschichte alle Mitarbeiter anginge. Als er sie fortsetzen wollte, stand der Kollege auf und verließ den Raum – und alle außer dem Boss und der Kollegin folgten! Eine solche Aktion wird auch ein hartgesottener Boss so schnell nicht vergessen.

4.6 Das Flegelspiel

Ein weiterer Klassiker unter den Boss-Spielen ist das Flegelspiel. Es ist recht beliebt und international verbreitet, wie meine Gewährsleute versichern. Auch die psychologische Forschung ist auf das Flegelspiel aufmerksam geworden. So hat die bereits erwähnte Stanford-Professorin Deborah Gruenfeld die Frage untersucht. »Warum benehmen sich mächtige Geschäftsleute so schlecht?« Eine Antwort darauf liefert das Flegelspiel: Es verschafft Genuss, sich über geltende Regeln hinwegzusetzen. Und es gibt kaum ein zuverlässigeres Mittel, seine Macht über andere zu demonstrieren, als ungestraft die allgemein üblichen Umgangsformen zu ignorieren.

Schlechte Manieren als Statussymbol
Sie betreten das Büro Ihres Vorgesetzten. Er hat die Füße, die in handgenähten Boxcalf-Schuhen stecken, auf seinen Schreibtisch gelegt und telefoniert. Er nimmt Sie nicht einmal wahr, dabei hatte er Sie doch gerade zu sich bestellt. Er macht keine Anstalten, das Gespräch zu beenden, sondern plaudert munter weiter über völlig belanglose Dinge. Sie bleiben in sicherer Entfernung vom Schreibtisch stehen und warten. Es ist völlig undenkbar, dass Sie sich bereits hinsetzen. Ebenso ist es undenkbar, dass Sie sich wieder entfernen. Sie müssen einfach abwarten, bis Ihr Boss das Telefonat beendet hat und geruht, seine Aufmerksamkeit Ihnen zuzuwenden. Und wenn er sagt: »Frau Goldbach, für Sie habe ich jetzt absolut keine Zeit«, dann müssen Sie wieder gehen.

Jeder andere bekäme Ärger, würde er sich so verhalten – Ihr Boss nicht. Weil er eben die Macht hat zu tun, was er will, und alle anderen ihn immer noch mit Respekt oder sogar Unterwürfigkeit behandeln. Man kann es kaum sinnfälliger ausdrücken, wer hier das Sagen hat und buchstäblich unangreifbar ist. Für den Boss ist es daher auch eine Form der Selbstbestätigung, wenn er sich immer mal wieder schlecht benimmt und alle das hinnehmen. Wer das

Flegelspiel betreibt, fühlt sich den anderen turmhoch überlegen. Und genau das kann ihm zum Verhängnis werden.

Mit zweierlei Maß messen
Eine wichtige Grundregel des Flegelspiels lautet, dass mit zweierlei Maß gemessen wird. Die Füße auf dem Schreibtisch wären in einer Organisation absolut nichts wert, in der es betont lässig zugeht und auch der Praktikant ungestraft seine Sneaker auf den Schreibtisch wuchten darf, wenn ihm danach ist. Je strenger solche Verstöße in der Organisation sonst geahndet werden, desto gleißender strahlt die Macht des Flegels.

Dabei bieten sich im Arbeitsalltag viele Gelegenheiten. Sehr verbreitet sind etwa Monologe in Meetings. Jedem anderen Teilnehmer wird rigoros das Wort abgeschnitten, wenn er die vereinbarte Redezeit von einer Minute überschreitet. Denn Meetings sind teuer und müssen effizient genutzt werden. Der Boss verbreitet sich hingegen eine halbe Stunde lang über seine Erlebnisse beim Hochseesegeln. Alle lauschen hochinteressiert. Dynamischere Boss-Spieler bevorzugen das schwungvolle Türenaufreißen: Jeder andere muss zumindest anklopfen, sonst wird er angeblafft. Manche haben auch eine Sekretärin, bei der man sich anmelden muss. Der Boss hält sich nicht mit solchen Formalitäten auf, stürmt ins Büro, ins Besprechungszimmer, in den Seminarraum und erwartet, dass man sich augenblicklich um ihn kümmert. Telefonate sind sofort zu beenden, alle Gespräche zu unterbrechen.

Das sind die vergleichsweise sozialverträglichen Spielarten des Flegelspiels. Bedenklicher wird es schon, wenn der Boss schmutzige Witze erzählt, mit Kraftausdrücken um sich wirft, seiner Sekretärin die Schokolade wegisst oder sich im Büro seiner Mitarbeiter einfach mal eine Zigarette ansteckt. Hat er auch dieses Lausbubenstadium hinter sich gelassen, dann befinden wir uns tief im Terrain der »Foulspiele«, von denen im letzten Kapitel die Rede sein wird.

> **! Gefahren**
> Das Flegelspiel hat die bedenkliche Tendenz auszuufern. Trifft der Spieler auf keinen nennenswerten Widerstand (oder kann er ihn brechen), so werden seine Rücksichtslosigkeiten immer schlimmer. Er ist auf dem besten Weg, sich in ein Scheusal zu verwandeln. Und das ist, auch aus machtstrategischer Sicht, keine günstige Entwicklung. Jeder, der es sich irgendwie erlauben kann, wird sich seinem Einfluss entziehen und/oder ihn bekämpfen. Doch auch wer von ihm abhängig bleibt und sich offenen Widerstand nicht leisten kann, wird gegen ihn arbeiten, wo immer es geht. Aber vielleicht liegt in solchen Aussichten für den einen oder anderen Flegelspieler auch eine besondere Herausforderung.

> **Gegenstrategien**
>
> Manche Flegeleien können Sie ganz einfach dadurch stoppen, dass Sie erklären, dass Sie damit nicht einverstanden sind: »Sie haben mir meinen Kuchen weggegessen. Ich möchte, dass Sie das unterlassen. Danke!«, lautet die magische Formel. Oder der schlichte Hinweis: »Wir wollten doch im Büro nicht rauchen.« Auch als kleiner Mitarbeiter müssen Sie nicht alles schlucken. Im Gegenteil, oft erwerben Sie sich Respekt, indem Sie sich gerade als vermeintlich kleines Licht trauen, den Mund aufzumachen.
> Bei fortgeschrittenen Flegeln werden Sie mit dieser Methode jedoch wenig ausrichten können. Denn das Flegelspiel ist ja Ausdruck eines Machtgefälles. Wenn sich Ihr Gegenüber also über Ihre berechtigte Bitte hinwegsetzt, dann vergrößert er nicht nur die Flegelei. Da Sie nichts weiter ausrichten können, demonstriert er mehr Macht in dem Sinne: Mir kann keiner was. In solchen Fällen heißt es taktisch klug agieren und sich mit anderen zusammenschließen, die ebenfalls unter dem üblen Verhalten zu leiden haben. Im Laufe der Zeit ergeben sich noch Gelegenheiten, dem Flegel einen Denkzettel zu verpassen. Mehr darüber im letzten Kapitel.
> Davon abgesehen werden Sie manche kleineren Flegeleien als Teil des Spiels einfach hinnehmen müssen. Die Füße auf dem Schreibtisch sind gewiss kein angenehmer Anblick und auch kein Ausdruck besonderer Wertschätzung für Ihre Person. Aber wenn Ihr Boss so etwas braucht – geschenkt. Auch die vertrackten Zeremonien beim Betreten des Chefbüros (manche Chefs scheinen nur Besucher zu empfangen, wenn sie gleichzeitig telefonieren) sollten Sie mitspielen. Solange Sie keinen Schaden erleiden oder gedemütigt werden, ist das in Ordnung. Denken Sie sich einfach Ihren Teil.

4.7 Der Leitwolf und sein Betamännchen

Das Flegelspiel ist natürlich nicht die einzige Wahrheit. Viele Führungskräfte und sogar einige »Bosse« sind ausgesprochen höflich und zuvorkommend. Die überwiegende Mehrzahl will von ihren Mitarbeitern Respekt und Anerkennung – was einige nicht daran hindert, dann und wann doch ein kleines Flegelspiel einzuschalten. Und doch wollen sie alles andere als ein Flegel sein, sondern jemand, den die Mitarbeiter mögen, dessen menschliche Qualitäten sie schätzen, ja, zu dem sie aufschauen. Im harten Alltagsgeschäft ist dieser Anspruch nicht immer ganz einfach zu erfüllen. Doch gibt es ein Boss-Spiel, das die Sache entschieden erleichtert: das Spiel vom Leitwolf und seinem Betamännchen.

Unter Wölfen
Im Wolfsrudel herrscht eine strenge Hierarchie. An der Spitze stehen der Leitwolf und die Leitwölfin, darauf folgt das Betamännchen und mit deutlichem Abstand der Rest des Rudels. Leitwolf und Betamännchen praktizieren eine bemerkenswerte Arbeitsteilung, wie der Verhaltensforscher Erich

Klinghammer bei Feldstudien in Kanada beobachtet hat: Das Betamännchen kümmert sich darum, dass die Gruppenregeln eingehalten werden. Es sorgt für Disziplin, knurrt Abweichler an und beißt auch mal zu. Der eigentliche Leitwolf verhält sich völlig anders, nämlich freundlich, anerkennend, konstruktiv. Er ist es, der den Laden zusammenhält und der von allen Rudelmitgliedern respektiert wird. Allerdings kann er seine Rolle nur spielen, weil er ein Betamännchen hinter sich weiß, die Nummer zwei, die für alle unangenehmen Dinge zuständig ist und die bei den übrigen Rudelmitgliedern ziemlich unbeliebt ist. Doch niemand traut sich, das Betamännchen anzugreifen, denn der Leitwolf hält seine schützende Pfote über die Nummer zwei.

Wer spielt das Betamännchen?
Ein solches Gespann von charismatischer Nummer eins und Erbsen zählender Nummer zwei steht auch in menschlichen Organisationen hoch im Kurs. Wenn sich zwei gefunden haben, deren Fähigkeiten und Charaktere sich so gut ergänzen, dann können sie viel bewegen. Die Nummer zwei bringt die Mitarbeiter auf Linie, während die Nummer eins ihr Charisma versprüht, die Glanzlichter setzt und die Streicheleinheiten verteilt. Kein Zweifel, eine solche Kombination kann hervorragend funktionieren, wenn sie der inneren Natur der beteiligten Wölfe entspricht. Allerdings tritt oft der Fall ein, dass es einen Boss gibt, der gerne den charismatischen Leitwolf geben würde, wohingegen die undankbare Rolle eines echten Betamännchens viel schwieriger zu besetzen ist. In der Praxis führt dies häufig dazu, dass ein loyaler Mitarbeiter dazu verdonnert wird, das Betamännchen zu spielen, wobei das Betamännchen durchaus weiblich sein kann und dann vom Mitarbeiterrudel gerne Drachen genannt wird.

Der Boss will glänzen
Hinter dem Leitwolf-Betamännchen-Spiel steckt der verständliche Wunsch des Vorgesetzten, derjenige zu sein, der für die erfreulichen Dinge zuständig ist, der Wohltaten streut und sich großzügig zeigt. Ja, wo immer eine menschlich beeindruckende Geste auszuführen ist, da gehört die Bühne dem Boss. Ob verdiente Mitarbeiter auszuzeichnen sind, erfreuliche Nachrichten verkündet werden können oder Kinder mit großen, staunenden Augen auftauchen, die ein entzückendes Fotomotiv abgeben, da ist der Leitwolf gefragt – und alle anderen treten besser diskret in die Kulissen.

Dagegen ist im Übrigen auch gar nichts zu sagen. Wir erinnern uns an die Aussage von Richard Sennett, der zufolge wir den Mächtigen ja bewundern wollen. Wenn der Boss also den Wohltäter spielt, dann erfüllt er damit auch einen Wunsch seiner Mitarbeiter und stärkt ihre Loyalität. Wer dafür kein Verständnis hat, der ist als Nummer zwei völlig ungeeignet.

4 Der Leitwolf und sein Betamännchen

Vom Wolf zum Bock

Der eigentlich kritische Punkt bei diesem Spiel ist die Rolle des Betamännchens. Nicht nur weil es wenig verlockend ist, sich als Spielverderber unbeliebt zu machen, sondern auch, weil es zu kuriosen Konflikten kommen kann, wenn der charismatische Leitwolf so großzügig gar nicht ist, wie er sich gibt. Dann staucht er auf der Hinterbühne (→ Kapitel 1 unter der Zwischenüberschrift »Spiele auf der Vorder- und der Hinterbühne«) sein Betamännchen zusammen, weil es einen Geschäftspartner nicht gnadenlos genug heruntergehandelt hat, während er auf der Vorderbühne eben diesem Geschäftspartner die Ohren vollsäuselt. Noch drastischer liegt der Fall, wenn er auf der Vorderbühne vollmundige Versprechungen abgibt und erwartet, nein, verlangt, dass sein Betamännchen die wieder aufkündigt, wobei es selbstredend dafür geradestehen soll. Das hat dann allerdings nichts mehr mit dem Leitwolf-Betamännchen-Spiel zu tun, sondern der Leitwolf macht sein Betamännchen zum Bock, zum Sündenbock nämlich. In solchen Fällen kann die Nummer zwei auch kaum darauf hoffen, dass es vom selbstherrlichen Boss geschützt wird. Wenn es kritisch wird, lässt er den unbeliebten Stellvertreter einfach über die Klinge springen, um sich ein weiteres Mal den Beifall der anderen zu sichern.

Gefahren !

Für den Leitwolf ist es oft gar nicht so einfach, sich ein loyales Betamännchen heranzuziehen. Auch können die Konflikte mit dem Erbsenzähler aus dem Ruder laufen und seine Autorität beschädigen. Als Schönwetter-Boss, der vor seinem Betamännchen ständig einknickt, erwirbt man sich nicht gerade Respekt. Noch verheerender kann sich das angesprochene Wechselspiel zwischen Vorder- und Hinterbühne auswirken. Wenn die Sache auffliegt, ist der noble Leitwolf als eitler, verlogener Geizkragen entlarvt. Und die Wahrscheinlichkeit, dass sie auffliegt, nimmt zu, je stärker er sein Betamännchen hinter den Kulissen schurigelt. Solche Vorkommnisse sprechen sich schnell herum. Schließlich gibt es kaum ein reizvolleres Thema, als wenn jemand seinen glänzenden Ruf ruiniert.

Damit das Leitwolf-Betamännchen-Spiel funktioniert, dürfen Sie keinen Zweifel daran lassen, dass Sie das humorlose Treiben der Nummer zwei im Prinzip gutheißen und dass Sie zu ihr stehen.

Gegenstrategien !

Hat Sie Ihr Boss als Betamännchen vorgesehen, dann können Sie sich dieser Rolle kaum entziehen. Und ganz so schlecht ist sie eigentlich auch gar nicht, zumindest wenn Ihr Chef loyal mit Ihnen zusammenarbeitet und Sie nicht als Sündenbock missbraucht. Auch erweist es sich als günstig, wenn Sie vom Naturell zumindest vorübergehend die strenge und penible Nummer zwei spielen können. In so eine Rolle wächst man auch hinein und sie verleiht oft mehr Macht und Einfluss, als viele glauben. Denn Sie brauchen sich weniger darum zu kümmern, wie Ihre Entscheidung bei den anderen ankommt. Sie müssen nur dafür sorgen, dass Ihr Leitwolf mitzieht. Unter Umständen setzt er seine Popularität ein, um Sie zu unterstützen. Denn man muss es unterstreichen: Sie sind aufeinander angewiesen; auch und gerade ein charismatischer Boss lebt davon, dass ein Erbsenzähler im Hintergrund ihm den Rücken freihält.

In andern Fällen kann es aber auch nötig sein, dass Sie sich von der Beta-Rolle distanzieren. Als Sündenbock sowieso, aber auch wenn Sie feststellen, dass Ihnen diese Position gar nicht behagt. Zwar werden Sie die unangenehmen Pflichten, die Ihr Chef Ihnen aufbürdet, erfüllen müssen, doch gibt es da einen gewissen Gestaltungsspielraum. Und den sollten Sie für sich nutzen. Zumal es der »Vorderbühnen-Charismatiker« häufig gar nicht so genau wissen will, wie Sie seine großmütigen Zusagen wieder rückgängig machen, den zuvor umschmeichelten Geschäftspartner herunterhandeln oder seine visionären Einlassungen im wahrsten Sinne des Wortes herunterbrechen. Sie müssen nicht immer den humorlosen Spielverderber geben, wenn Sie das nicht sind. Selbstverständlich dürfen Sie Ihren Charme einsetzen. Nur eines dürfen Sie auf keinen Fall: Ihren Chef in die Pfanne hauen und erklären, dass er hinter dieser ganzen Komödie steckt. Das wird sich ein aufmerksamer Gesprächspartner ohnehin selbst zusammenreimen.

Ist Ihr Chef allerdings schwach, können Sie ihn mit seiner Charme-Offensive auch auflaufen lassen, die ja immerhin auf Ihre Kosten geht. Spielen Sie nicht das humorlose Betamännchen, sondern tun Sie so, als hätte Ihr Chef auch Sie begeistert. Nehmen Sie seine Versprechungen und sein hohles Getöse ernst. Und wenn sich Ihr Chef darüber beklagt, dann stellen Sie sich dumm und fordern ihn auf, doch einfach zu sagen, was er meint.

5 Mitarbeiterspiele

> *Die unfähigsten Mitarbeiter werden dahin befördert,
> wo sie den geringsten Schaden anrichten können – ins Management.*
> Scott Adams: Das Dilbert-Prinzip

Wenn von Machtspielen die Rede ist, dann kommen sie häufig zu kurz, die Spiele, die »von unten nach oben« betrieben werden, mit denen also die Mitarbeiter Einfluss auf ihre Vorgesetzten nehmen oder sich deren Einfluss entziehen. Dabei sind die Machtspiele »von unten« gewiss nicht weniger wichtig und nicht weniger häufig als die »von oben«. Aber sie funktionieren eben anders, und das führt uns dazu, sie zu unterschätzen. Denn es sind die Führenden, die sichtbar Macht ausüben und Macht demonstrieren. Während die Mitarbeiter im Wesentlichen das umsetzen, was die Führenden ihnen auftragen – so meinen wir. Und das meinen auch viele Führungskräfte in ihrer Kontrollillusion (→ Kapitel 1 unter der Zwischenüberschrift »Die Kontrollillusion«).

Für die Mitarbeiter stellt sich die Sache selbstverständlich anders dar. Es gibt zahlreiche Mittel und Wege, von den Vorgaben abzuweichen und den eigenen Willen ins Spiel zu bringen, oft ohne dass der Vorgesetzte etwas davon merkt. Oder aber so, dass er es nur allzu deutlich merkt – und nichts dagegen unternehmen kann. Auch entwickeln manche Mitarbeiter großes Geschick darin, ihren Vorgesetzten in ihrem Sinne entscheiden zu lassen, also das zu tun, was sie selbst wollen. Dazu gehört, dass der Vorgesetzte ihren Vorschlägen folgt, ihnen interessante Aufgaben überträgt, Fortbildungen genehmigt und sich sogar dazu bewegen lässt, einer Gehaltserhöhung zuzustimmen.

Damit soll nicht der Eindruck erweckt werden, als seien die Mitarbeiter die eigentlich Mächtigen in einer Organisation. Sie sind es eben nicht. Die Machtspiele der Mitarbeiter, von denen hier die Rede ist, sollen ja einen Ausgleich dafür schaffen, dass die Führungsspitze die Entscheidungen trifft und die eigenen Einflussmöglichkeiten so gering erscheinen. Man betreibt ein Spiel, weil man auf dem geraden Weg nicht weit kommt, aber eben doch mitmischen möchte. Vor allem aber erlauben viele Mitarbeiterspiele nur einen sehr begrenzten Zugriff auf die Macht. Hauptsächlich geht es darum, die eigenen Interessen zu wahren und nicht das Ruder zu übernehmen. Die Vorstellung, dass die Mitarbeiter ihren Chef »lenken«, ist mindestens so irrig wie die, dass der Chef seine Mitarbeiter steuert.

Dabei sollte nicht übersehen werden, dass Mitarbeiterspiele für die Organisation auch ihr Gutes haben können: Viele dieser Spiele machen die Abteilung, das Unternehmen, die Verwaltung erst geschmeidig und sie verschaffen den Beteiligten eine gehörige Portion Vergnügen. Daher ist es für einen Vorgesetzten gar nicht immer ratsam, die Spiele seiner Mitarbeiter zu durchkreuzen. Manchmal ist er besser beraten, wenn er intelligent mitspielt.

Was Mitarbeiter mächtig macht
Um die Mitarbeiterspiele besser zu begreifen, wollen wir kurz auf die besondere Natur der Mitarbeitermacht zu sprechen kommen. Sie unterscheidet sich grundlegend von der Macht ihrer Vorgesetzten. Ihre Machtbasis besteht gerade darin, »Untergebene« zu sein, wie Niklas Luhmann festgestellt hat. Ihr Part ist eben gerade nicht, anderen Anweisungen zu erteilen, sondern sie können den Umstand, dass ein anderer der Bestimmer sein muss, für sich ausnutzen. Ihre Macht läuft also genau entgegen der Statusmacht. Offiziell verfügen sie über geringe Machtmittel, offiziell haben sie »niemandem etwas zu sagen«. Ihr Vorgesetzter steht hingegen unter Zugzwang. Er muss Entscheidungen treffen, auch wenn er damit überfordert ist. Er muss verschiedene Mitarbeiter zusammenspannen und für ein stimmiges Gesamtergebnis sorgen. Eben dieses »Müssen« lässt sich ausnutzen von jemandem, der nicht muss, sondern kann.

Es ist das bereits erwähnte Spiel um Verantwortung (wer Macht sucht, muss Verantwortung loswerden (→ Kapitel 1 unter der Zwischenüberschrift »Macht und Verantwortung«), aus dem die Mitarbeiter ihre Macht schöpfen. Sie können den Ablauf der Dinge beeinflussen, aber die Verantwortung trägt zunächst einmal ihr Chef, der sie erst durch »Schuld schieben« (→ Kapitel 3.4) mühsam wieder loswerden muss. Die Mitarbeiter müssen sich nur an seine Anweisungen halten und eigene Fehler vermeiden – oder vertuschen. Auf dieser Grundlage speist sich ihre Macht aus vier Quellen:

- Sie sind diejenigen, die die Anweisungen umsetzen müssen. Schon das gibt ihnen eine gewisse Macht und einen Gestaltungsspielraum, erst recht in Situationen, die sich nicht vorausplanen lassen. Dann können sie sogar eigenmächtig von den Vorgaben abweichen, Regeln brechen und dennoch im Sinne ihres Vorgesetzten handeln. Oder sie halten sich penibel an die Vorgaben und bringen gerade dadurch die Sache zum Scheitern, was dann ihrem Vorgesetzten angelastet wird.
- Sie wissen etwas, das ihr Chef nicht weiß. Und sie können etwas, das ihr Chef nicht kann. Sie haben mit Kunden und Zulieferern zu tun, die ihr Chef nicht kennt. Oder sie wenden Fachwissen an, über das ihr Chef nicht verfügt. Je weniger ihr Chef davon versteht, was sie tun, desto mehr Einfluss können sie nehmen – nicht unbedingt zum Schaden ihres Chefs.
- Häufig sind sie auch die wichtigste Informationsquelle für ihren Chef. Sie können ihm sagen, wie ihre Arbeit gelaufen ist, was sich an der Kundenfront tut und wie die Stimmung an der Basis ist. Ein Vorgesetzter, der diese

Quelle nicht anzapft, führt geradezu im Blindflug. Kennzahlen, Kontrollen oder Kundenbefragungen können die Auskunft eines Mitarbeiters ergänzen, aber niemals ersetzen.
- Sie können ihrem Chef gegenüber Sympathie, Anerkennung und Bewunderung zeigen – oder vorenthalten. Auch wenn sich das viele Vorgesetzte nicht eingestehen wollen, so sind diese Gefühle doch ein sehr wirksames Druckmittel. Wir alle suchen Anerkennung. Und wer sich seinen Mitarbeitern gegenüber besonders verantwortlich fühlt, ist an diesem Nerv besonders leicht zu treffen.

An allen vier Punkten lässt sich ablesen: Die Macht der Mitarbeiter und die Macht ihres Vorgesetzten sind aufeinander bezogen, sie sind ineinander verschränkt. Das bedeutet gerade nicht, dass hier ein Gleichgewicht herrscht, vielmehr passen die Macht der Mitarbeiter und ihres Vorgesetzten zusammen wie die Teile eines Puzzlespiels. Sie greifen ineinander, weil sie so unterschiedlich sind.

5.1 Vollbeschäftigung

Eines der wichtigsten Spiele, die ein Mitarbeiter nach Eintritt in eine Organisation lernt, ist das Vollbeschäftigungsspiel. Wer es nicht beherrscht, droht gnadenlos unterzugehen. Man wird ihn mit Arbeit überhäufen, ihn für faul und bequem halten oder gleich wieder vor die Tür setzen. Ein versierter Vollbeschäftigungsspieler wird hingegen geschätzt, gelobt und in manchen Fällen sogar längere Zeit in Ruhe gelassen, weil er so viel zu tun hat. Es ist für Mitarbeiter also sehr lohnend, sich eingehend mit diesem Spiel zu befassen und die eigene Taktik ständig zu verfeinern. Denn auch die Gegenseite lernt dazu und lässt nichts unversucht, dieses Spiel zu durchkreuzen.

Die Spielidee
Ein Anblick, den nur wenige Vorgesetzte ertragen, ist ein Mitarbeiter, der nichts tut. Denn ein Mitarbeiter, der nichts tut, ist offensichtlich unproduktiv, er verursacht nur Kosten und ein schlechtes Gewissen bei denen, die für ihn zuständig sind. Er muss »irgendwie« beschäftigt werden – oder man muss ihn loswerden. Seine Sympathiewerte erreichen die einer ansteckenden Krankheit, übrigens auch bei seinen Kollegen, die einen Nichtstuer und Rumsteher manchmal noch viel weniger dulden als der Chef – und ihn anschwärzen.

Abhilfe schafft das Spiel »Vollbeschäftigung«. Dabei sorgt der Spieler dafür, dass er ständig etwas zu tun hat. Am besten gelingt das, wenn er nicht einfach vor sich hinwurstelt, sondern seine Kollegen mit einbezieht, sie um Rat fragt, ihre Stellungnahme erbittet oder an sie »zur Info« die eine oder andere E-Mail weiterleitet, die an jemand ganz anderen gerichtet ist. Einige Kollegen werden diese Art von Vernetzung zu schätzen wissen und die Gelegenheit nutzen, um ihn ihrerseits mit ihren E-Mails und der Bitte um Stellungnahme zu versorgen. Auf diese Weise entsteht ein dickes Geflecht von Betriebsamkeit, das allen nützt, dem Mitarbeiter, seinen Kollegen und auch dem Chef, den kein schlechtes Gewissen mehr plagt, sondern der den Eindruck gewinnen muss, dass es in seiner Abteilung vorangeht – mit all diesen hoch motivierten Mitarbeitern.

Der Spielverlauf
In seiner Grundform läuft das Spiel folgendermaßen ab: Der energiegeladene Chef fegt in das Büro eines Mitarbeiters und löchert ihn ungeduldig: »Was tun Sie gerade? Wo sind Sie momentan dran?« Dann sollte der Spieler eine beeindruckende Liste von Aktivitäten vorzuweisen haben – und nach Möglichkeit schon »erste Reaktionen«, besser noch: »erste Erfolge«. Berufsanfängern unterlaufen hingegen solche treuherzigen Antworten wie: »Die Aufgaben, die Sie mir gegeben haben, habe ich alle erledigt. Die Unterlagen liegen bei Ihnen in der Mappe. Jetzt warte ich auf Ihre Reaktion.«

Sie glauben, dass sie sich mustergültig benommen haben, doch haben sie gerade ein dreifaches Eigentor geschossen. Denn erstens gibt der Mitarbeiter zu verstehen: Ich tue gerade nichts. Zweitens: Sie als mein Chef sind schuld daran. Und drittens: Ich bin nicht in der Lage, selbst tätig zu werden, »proaktiv« zu handeln anstatt »reaktiv« abzuwarten, was die anderen machen.

Welche Aktivitäten Sie da hervorzaubern, an denen Sie natürlich wirklich auf die eine oder andere Art »dran« sein sollten, richtet sich nach der Organisation, für die Sie arbeiten, und ihrer Spielkultur (→ Kapitel 2 unter der Zwischenüberschrift »Spielkulturen«). Es gibt Aufgaben, für die werden Sie nur ein verächtliches Schulterzucken ernten, während andere Vorhaben Ihnen Anerkennung verschaffen. Die Einschätzung hängt stark von Ihrem Vorgesetzten ab (was der eine für Flausen hält, ist für den anderen eine spannende Sache), aber auch von den Leuten, oder sagen wir besser: den Namen, die Sie ins Spiel bringen können.

Das zweite Parkinsonsche Gesetz
Die gute Nachricht ist, dass Sie in den meisten Organisationen gar nicht so viel tun müssen, um den Zustand der persönlichen Vollbeschäftigung zu erreichen. Vielmehr wirkt hier das zweite Parkinsonsche Gesetz, das der britische Historiker und Verwaltungsfachmann Cyril Northcote Parkinson aufgestellt hat und das besagt: »Alle Mitarbeiter beschäftigen sich gegenseitig – mit der

Folge, dass im Rahmen des Geschäftsgangs alle unaufhörlich zu tun haben und sich voraussichtlich bald überlastet fühlen werden.«

Das Spiel kann also schnell eine bedenkliche Eigendynamik entwickeln, die manche Vorgesetzte noch verstärken, indem sie ihre Mitarbeiter auffordern, sich mit anderen abzustimmen. Oder indem sie nachfragen: »Was sagt denn der Kollege Wimmer zu Ihren Vorschlägen, Frau Goldbach?« Ist Wimmer noch nicht konsultiert worden, erntet Frau Goldbach einen strafenden Blick und wird in Zukunft auch Herrn Wimmer auf dem Laufenden halten und ihn um Rat fragen. Was alles noch komplizierter macht. Und alle noch mehr beschäftigt. Vor allem, wenn sich der bereits »vollbeschäftigte« Herr Wimmer irgendeine Stellungnahme abringt, weil er ja seinen Chef nicht enttäuschen will. Und dann denken sowohl Frau Goldbach als auch der Chef darüber nach: Was meint dieser Wimmer bloß mit seinem Kommentar? »Frau Goldbach«, erklärt der Chef, »das versteht ja kein Mensch. Könnten Sie da noch mal nachfassen?« So führt die Vollbeschäftigung sehr schnell zur Überlastung, die immerhin ein Gutes hat: Für jeden Fehler gibt es jetzt eine nahe liegende Erklärung.

Wer zu tun hat, ist nicht verfügbar
In Hinblick auf seinen Vorgesetzten verfolgt der Vollbeschäftigungsspieler drei Ziele: Er will einen guten Eindruck machen (»Was für ein fleißiger, engagierter Mitarbeiter!«). Er will verhindern, dass ihm sein Vorgesetzter irgendeine unangenehme Aufgabe aufdrückt, die außerdem völlig überflüssig ist (»Haben Sie nichts zu tun? Na, dann hätte ich hier was für Sie! Einer müsste mal sämtliche Vertriebspartner abtelefonieren, um sie zu fragen ...«). Und vor allem will er signalisieren, dass er »eigentlich« nicht verfügbar ist.

Dadurch kann er den Einfluss seines Vorgesetzten oft erheblich dämpfen, manchmal sogar komplett abwehren. Denn entweder wendet der sich jetzt einem anderen Mitarbeiter zu, den er für sich einspannt. Oder aber der »vollbeschäftigte« Mitarbeiter wird zwar in die Pflicht genommen, doch er kann die Bedingungen abmildern, denn er hat ja noch so viel anderes zu tun, die er nun zurückstellen muss. Also bekommt er etwas mehr Zeit oder irgendwelche anderen Vergünstigungen, die ihm das Leben oder vielmehr: die Arbeit leichter machen sollen.

Wer nennenswerte »Zonen der Ungewissheit« (→ vgl. Kapitel 5) kontrolliert, von denen sein Chef keine Ahnung hat, hat es leichter mit seiner persönlichen Vollbeschäftigung. »Wenn ich will, kann ich den ganzen Tagen arbeiten, ohne etwas zu tun«, drückte das mir gegenüber ein leitender Angestellter aus. »Mein Chef kommt einfach nicht an mich heran.«

! Gefahren

Die größte Gefahr haben wir gerade angesprochen: Das Spiel hat die Tendenz, sich zu verselbstständigen. Mit einem Mal werden Sie von lauter lästigen »Abstimmungsaufgaben« aufgefressen. Ihr E-Mail-Fach quillt über von Kopien, die Ihnen zur Kenntnisnahme zugeschickt werden oder damit Sie »mal einen Blick darauf werfen«. Die gute Nachricht ist: Sie sind nicht allein. Allen anderen geht es ebenso. Sie werden von Nebensächlichkeiten abgelenkt und in ihrer Arbeit ständig durch Nichtigkeiten unterbrochen. Die Unterbrechungen sind überhaupt das Allerschlimmste. Immer wieder werden unsere Gedankenfäden abgeschnitten, wir können kaum noch zwei Minuten am Stück über eine Sache nachdenken. Und unsere Vorgesetzten können es häufig noch weniger.

Das ist niederschmetternd und gefährlich, hat jedoch auch sein Gutes: Sie bewegen sich in einem Zustand nahe der Unzurechnungsfähigkeit. Sie können bedenkenlos E-Mails löschen, die nicht auf den ersten Blick als sehr wichtig zu erkennen sind. Gespräche können Sie kurz halten, Störer anraunzen, Rückrufe vergessen – Sie können alles auf den Stress schieben, wenn Sie ihn nun schon mal haben. Das gilt natürlich auch für die Fehler, die Ihnen unterlaufen, unterlaufen müssen, denn wer Stress hat, macht Fehler, reihenweise Fehler. Das lässt sich überhaupt nicht vermeiden, wie die Stressforschung eindrucksvoll belegt hat. Beklagen Sie sich, lassen Sie jeden Gesprächspartner wissen, dass bei Ihnen im Moment Land unter herrscht und die Hütte brennt. Jeder wird dafür Verständnis haben. Und wenn nicht, dann können Sie ihm auch nicht helfen. Denn Sie müssen sich dringend um die nächste Aufgabe kümmern ...

! Gegenstrategien

Manche Vorgesetzte lassen sich nicht im Geringsten von dem Vollbeschäftigungsspiel beeindrucken, sondern erklären ihrem überbeanspruchten Mitarbeiter zum Beispiel: »Ich brauche von Ihnen ein Konzept. Ungefähr zehn Seiten. Sie haben Zeit bis gestern!« Der Chef setzt seinen Mitarbeiter zeitlich unter Druck und erwartet, dass er auf diese Weise das Maximum herausholt. Das ist jedoch ein Irrtum. Vielmehr bestärkt er seine Mitarbeiter darin, sich hinter irgendwelchen Scheinaktivitäten zu verstecken, um sich noch irgendeinen zeitlichen Puffer zu sichern. Denn bei denen kommt die Botschaft an: Sie tun noch nicht genug, Ihnen kann ich noch mehr aufladen.

Was also ist zu tun? Als Vorgesetzter können Sie schon einiges erreichen, wenn Sie Ihrerseits auf Spielchen verzichten, also den Mitarbeiter nicht künstlich unter Druck setzen und in einen leeren Aktionismus treiben. Darüber hinaus ist es gewiss hilfreich, den Abstimmungsbedarf zu reduzieren, Unterbrechungen einzudämmen und Überlastung nicht als etwas Erstrebenswertes anzuerkennen. Überlastete Mitarbeiter erbringen nicht die maximale Leistung, sondern bleiben weit hinter ihren Möglichkeiten zurück. Wer zudem ständig über seinem Limit beansprucht wird, der baut ab und ist irgendwann ausgebrannt. All das ist bekannt und doch ist es oft außerordentlich schwer, dagegen anzugehen. Denn die Ursachen sind meist tief in die Arbeitsabläufe und die Organisationskultur eingewoben und lassen sich nicht mal eben durch den erklärten Willen eines Vorgesetzten aus der Welt schaffen. Doch dann sollten Sie als Vorgesetzter wenigstens nicht dazu beitragen, dass die Überlastung weiter zunimmt.

5.2 In den Graben fahren

Sie haben Ihrem Chef gründlich erklärt, wie Sie die Sache sehen: Warum es keine gute Idee ist, so vorzugehen, wie er es plant. Sie haben gute Gründe vorgebracht, stichhaltige Argumente, Tatsachen. Er hat sich alles angehört, verständnisvoll genickt, Ihnen sogar zugestimmt – und dann weicht er doch keinen Millimeter von seinem ursprünglichen Plan ab.

Oder Ihr Chef ist »ein harter Hund«. Er trifft seine Entscheidungen grundsätzlich, ohne Sie auch nur anzuhören. Denn seine Mitarbeiter betrachtet er als seine natürlichen Feinde, womit er mittlerweile sogar Recht haben könnte. Er verkündet:

»Ab morgen wird das so und so gemacht. Noch Fragen?«

In solchen Fällen behelfen sich Mitarbeiter gerne mit dem Spiel »In den Graben fahren«. Dabei geht es darum, die Pläne ihres Vorgesetzten so umzusetzen, dass sie scheitern. Mit andern Worte: sie genau so umzusetzen, wie er es vorgeschrieben hat. Manche nennen dieses Spiel auch »Dienst nach Vorschrift« und es ist eine der schlimmsten Demütigungen, die ein Mitarbeiter seinem Vorgesetzen zufügen kann, weil er damit nämlich zum Ausdruck bringt: »Ich erfülle alle Ihre Anweisungen und werde die Sache dadurch zum Scheitern bringen. Wenn Sie sich über meinen Willen hinwegsetzen, sind Sie machtlos.«

Der Vorgesetzte hat es so gewollt
Das Unangenehme für den Vorgesetzten: Weil sich der Mitarbeiter nur an seinen Anweisungen und Vorschriften orientiert, wird es schwierig mit dem »Schuldschieben«. Der Mitarbeiter hält sich ja gerade an das, was ihm sein Chef aufgetragen hat. Bitte, er hat es doch »so« gewollt. Also soll er es auch »so« bekommen.

Der Mitarbeiter nimmt gewissermaßen die Hände vom Steuer und lässt den Dingen ihren Lauf. Er verzichtet darauf, noch korrigierend einzugreifen, sozusagen gegenzusteuern, was jeder mitdenkende Mitarbeiter tut, wenn er sich im Einklang mit den Plänen seines Chefs empfindet. Ich habe es schon angesprochen: Im extremen Fall muss er sogar Regeln verletzten und mehr oder minder eigenmächtig handeln, um noch im Sinne seines Chefs zum Ziel zu kommen. Das hat nichts mit Eigensinn und Aufsässigkeit zu tun, sondern im Gegenteil, der Mitarbeiter reagiert flexibel im Sinne seines Chefs und behält das Wesentliche im Auge. Führt sein Verhalten zum Erfolg, wird sein Chef das in der Regel höher einschätzen, als wenn er nur dem gefolgt wäre, was ihm ausdrücklich aufgetragen wurde. »Solche Mitarbeiter brauchen wir«, wird der Vorgesetzte sagen, »Leute, die mitdenken.«

Richtet der Mitarbeiter hingegen mit seiner eigenmächtigen Abweichung Schaden an, dann kann er im Zuge des »Schuldschiebens« sofort die Verantwortung aufgeladen bekommen. Ist der gute Wille erkennbar, dann kann sich der Vorgesetzte noch schützend vor seinen Mitarbeiter stellen: »Ich weiß, Sie haben es gut gemeint, Herr Möbius. Aber das nächste Mal tun Sie doch einfach, was ich Ihnen sage.« Und mit überlegenem Lächeln fügt er hinzu: »Ich habe mir nämlich schon etwas dabei gedacht.«

Beim »In den Graben fahren« ist es aber nun gerade andersherum – zum Nachteil des Vorgesetzten. Der Mitarbeiter hält sich raus, er tut nichts, um die Sache zu einem guten Ergebnis zu führen, also wird sie scheitern, und dieses Scheitern bleibt an keinem anderen als dem Vorgesetzten kleben.

Warum der Vorgesetzte scheitern muss
Doch wieso muss die Sache überhaupt schiefgehen? Könnte es nicht sein, dass der Chef doch Recht hat, dass sein Plan besser und durchdachter ist als das, was dem Mitarbeiter vorschwebt? Selbstverständlich könnte das sein. Der Haken bei der Sache ist nur, dass dies oft wenig ändern wird. Er wird mit seinem Vorhaben dennoch scheitern. Der Grund dafür ist, dass sich der Mitarbeiter heraushält, dass er keinen Millimeter von den Anweisungen seines Chefs abweicht. Dass er eben nicht mehr mitdenkt und nachjustiert. Darüber hinaus gibt es Bereiche, die der Chef nicht kontrollieren kann, »Zonen der Ungewissheit«, wie sie die Organisationsforscher Crozier und Friedberg genannt haben, Kontakte, Fachwissen, Fähigkeiten. Und hier können die Mitarbeiter beim Scheitern noch erheblich nachhelfen.

Nur wenn die Aufgaben äußerst einfach strukturiert, gut planbar und bis in alle Ecken hinein kontrollierbar sind, kann der Chef darauf vertrauen, dass er doch Erfolg haben wird. Dann braucht er niemanden, der mitdenkt und nachjustiert. Er trägt ihm auf, was er zu tun hat. Der Mitarbeiter handelt so und nicht anders – und das gewünschte Resultat wird sich gar nicht vermeiden lassen. Doch je anspruchsvoller und unübersichtlicher die Aufgabe wird, umso unvermeidlicher landet sie im Graben, wenn es der Mitarbeiter darauf anlegt.

Den Mitarbeiter trifft keine Schuld
Der Dreh- und Angelpunkt des Spiels ist die Frage nach der Verantwortung. Dem Mitarbeiter muss es gelingen, sich keine Verantwortung anhängen zu lassen. Er tut nur das, was ihm aufgetragen wurde. Basta. Es wäre ein schwe-

rer Fehler, die Pläne vom Chef außerhalb der »Zonen der Ungewissheit« zu hintertreiben und offensichtlich dagegen zu arbeiten. Wer sich dabei erwischen lässt, der kann das ganze Spiel zum Kippen bringen. Mit einem Mal ist er dafür verantwortlich, dass die Sache misslungen ist – und nicht sein Chef. »Es lag an der mangelhaften Umsetzung«, heißt es dann. Der Mitarbeiter bekommt ernsthafte Schwierigkeiten. Und der Chef wird weiterhin an seinen kruden Plänen festhalten können.

Folglich sollten Sie Ihre Abneigung gegen seine Pläne nicht allzu lebhaft zum Ausdruck bringen und schon gar nicht irgendwelche dunklen Drohungen ausstoßen. Damit würden Sie sich nämlich als dankbares Opfer für das »Schuldschieben« empfehlen. Ein versierter Spieler macht solche Fehler nicht. Er hat verstanden, dass sein Chef seinen eigenen Standpunkt durchsetzen möchte. Es wäre völlig aussichtslos, jetzt noch zu argumentieren oder den möglichen Schaden an die Wand zu malen, schlimmer noch: Es wäre verdächtig. Vielleicht würde ihm der Chef die Aufgabe sogar noch entziehen und irgendeinem Speichel leckenden Rivalen übertragen, der die tief hängenden Lorbeeren gerne abernet. So etwas darf unter keinen Umständen passieren. Also nimmt er die Pläne seines Vorgesetzten zur Kenntnis und tut, was er tun soll. Anders gesagt: Er fährt die Sache in den Graben.

Gefahren

Eine wichtige Voraussetzung, damit das Spiel funktioniert: Der Vorgesetzte muss auf den Mitarbeiter, der »in den Graben fahren« will, angewiesen sein. Es nützt wenig, wenn er ihn ohne größeren Aufwand austauschen kann, sobald sich erste Schwierigkeiten abzeichnen. Dann hätte der Mitarbeiter nämlich doch die Verantwortung für das Scheitern an den Händen kleben – zumindest wenn es sein Nachfolger auch nur ein wenig besser macht.

Dieser Gefahr kann der Mitarbeiter begegnen, indem er sich mit seinen Kollegen zusammentut, die ihn ersetzen könnten. Im Idealfall ist die ganze Abteilung entschlossen, die Pläne von oben in den Graben zu fahren. Dagegen kann der Vorgesetzte nur schwer etwas ausrichten. Er müsste versuchen, das Bündnis zu sprengen und die Mitarbeiter gegeneinander auszuspielen. Doch wenn er gerade versucht hat, der ganzen Abteilung seinen Willen aufzuzwingen, stößt er nun erst einmal auf geschlossenen Widerstand.

Gegenstrategien

Für den Vorgesetzten kommt es erst einmal darauf an zu erkennen, was sich hier zusammenbrauen könnte. Fühlen sich seine Mitarbeiter übergangen? Hat er über ihre Köpfe hinweg entschieden und muss er nun mit Widerstand rechnen? Gibt es die eine oder andere Andeutung, dass sich die Mitarbeiter nicht mehr verantwortlich fühlen? Vielleicht auch versteckte Drohungen? Dann hat der Chef mehrere Möglichkeiten, das Spiel zu durchkreuzen.

Als Erstes kann er versuchen, die Mitarbeiter doch noch ins Boot zu holen. Er muss verhindern, dass sie sich aus der Verantwortung stehlen und mehr oder weniger verdeckt gegen seine Pläne arbeiten. Vielleicht muss er Kompromisse eingehen, den Mitarbeitern an irgendeinem unwesentlichen Punkt entgegenkommen. Oder er erläutert ihnen sein Konzept und bearbeitet sie so lange, bis sie ausdrücklich zustimmen, und sei es auch nur, um ihre Ruhe zu haben. Doch immerhin hat er die Mitarbeiter jetzt mit im Boot. Sollten sie noch immer auf die Idee kommen, den Kahn auf Grund zu setzen, dann erleiden sie wenigstens mit ihm Schiffbruch.

Die zweite Gegenstrategie besteht darin, sich rechtzeitig nach Alternativen umzusehen. Die müssen gar nicht einmal realisiert werden. Es kann völlig ausreichen, damit zu drohen: »Wenn Sie nicht in der Lage sind, das Konzept umzusetzen, dann müssen wir Ihnen die Zuständigkeit für diesen Bereich entziehen und einen externen Dienstleister damit beauftragen.« Der Erfolg dieser Strategie hängt natürlich stark von der Glaubwürdigkeit der Drohung ab (→ Die Kunst der Drohung, Kapitel 3.2). Wird die Alternative realisiert, kann das eine durchschlagende Wirkung haben. Den Mitarbeitern wird ihre eigene Machtlosigkeit unmissverständlich vorgeführt. Deutlicher lässt sich nicht zeigen, wer hier das Sagen hat. Doch gibt es auch gravierende Nachteile: Es kann sehr kostspielig sein, Alternativen ins Spiel zu bringen. Und es droht eine demütigende Niederlage im Machtspiel für den Fall, dass die Alternative auch nicht oder noch schlechter funktioniert.

Die dritte Gegenstrategie läuft darauf hinaus, einzelne Mitarbeiter eben doch dafür verantwortlich zu machen, wenn das Vorhaben scheitert. »Sie waren ja schon von Anfang an gegen das Projekt«, hält man den Sündenböcken entgegen. In diesem Zusammenhang ist es hilfreich, wenn der Chef einzelne Mitarbeiter präsentieren kann, die etwas besser mit seinen Anweisungen zurechtgekommen sind. Manche Vorgesetzte verstehen sich sehr gut darauf, ihre Mitarbeiter gegeneinander auszuspielen. Die einen werden belohnt, die anderen bestraft. Die einen sind die »Guten«, die anderen die »Bösen«. Allerdings ruiniert man mit solchen Manövern das Betriebsklima und es ist fraglich, ob der Vorgesetzte dadurch seine eigene Verantwortung für das Scheitern wirklich reduzieren kann.

Daher besteht die vierte und beste Gegenstrategie darin, es gar nicht so weit kommen zu lassen, dass Mitarbeiter Pläne und Projekte »in den Graben fahren«. Dazu darf man eben nicht über ihre Köpfe hinweg entscheiden. Man muss sie einbinden und dafür sorgen, dass sie sich immer auch mit verantwortlich fühlen (→ Soft-Power-Spiel, Eigenverantwortung, Kapitel 9.1).

5.3 Das Jasager-Spiel

Vorgesetzte schätzen es nicht, wenn man ihnen widerspricht oder Kritik an ihnen übt, schon gar nicht in Gegenwart von Dritten. Der legendäre Filmproduzent Samuel Goldwyn formulierte es so: »Wenn ich Ihre Meinung hören will, dann werde ich sie Ihnen mitteilen.« Kritik oder Widerspruch untergräbt die Autorität und muss niedergebügelt werden, in schweren Fällen auch von Vorgesetzten, die sonst auf Kooperation und Konsens setzen (→ Die Niedrigstrom-Provokation, Kapitel 5.6). Für Mitarbeiter, die die Autorität ihres Vorgesetzten nicht untergraben wollen, sich aber doch auch nicht ganz an seine Anweisungen halten möchten, gibt es das Jasager-Spiel. Es wird nicht nur gegenüber Vorgesetzen gespielt, sondern findet auch im Umgang mit Kunden Verbreitung.

Der Chef hat immer Recht
Das Jasager-Spiel besteht aus zwei Phasen. In Phase eins nimmt der Mitarbeiter die Anweisungen seines Chefs entgegen. Dabei geht er jeder Konfrontation aus dem Weg. Egal, wie unausgegoren, unrealistisch, ja größenwahnsinnig der Chef seinen Auftrag formuliert, wie überspannt seine Wünsche sind, der Mitarbeiter erhebt keinerlei Einwände. Wer hier rummäkelt, der zieht nur die Aufmerksamkeit des Vorgesetzten auf sich. Schnell erwirbt er den fatalen Ruf, ein Bremser und Bedenkenträger zu sein. In einem dynamischen Umfeld, wie Sie es mittlerweile fast überall antreffen, ist das ungefähr das Schlimmste, was man Ihnen nachsagen kann. »Wenn Sie sich nichts zutrauen, Herr Wimmer«, raunzt der Chef, »dann ist es ja auch kein Wunder, dass Sie nichts bewegen!« Und Herr Wimmer steht mitsamt seinen sachlichen Argumenten im Abseits, auch wenn seine Kollegen finden, dass er im Grunde völlig Recht hat.

»Geht nicht, gibt's nicht«, heißt die Devise, die alle Jasager-Spieler verinnerlicht haben. Denn sie gilt ja nur für Phase eins. Kritische Einwände haben in dieser Phase nichts zu suchen. Die Mitarbeiter würden ihrem Vorgesetzten damit zu verstehen geben, dass er seine Anweisungen noch nicht gründlich genug durchdacht hat. Anders gesagt, die Mitarbeiter würden ihrem Chef die Kompetenz absprechen. Und das geht nun wirklich zu weit.

Versierte Jasager-Spieler erheben nicht nur keinen Einspruch, sie bestärken ihren Vorgesetzten vielmehr in seinen »Visionen«. Denn sie wissen, dass er genau so gesehen werden möchte. Sie finden es »großartig«, dass sie sich dieser »spannenden Herausforderung« stellen dürfen und ernten missgünstige Blicke ihrer Kollegen, die ahnen, dass die Jasager wieder einmal gepunktet haben. Es gibt Vorgesetzte, die nach solchen Vorbesprechungen euphorisch unter der Decke schweben, auch wenn sie unbestimmt ahnen, dass es das ein oder andere Problem bei der sogenannten »Umsetzung« geben könnte.

Die Umsetzungsphase
Sollen nun die mehr oder weniger hochfliegenden Pläne in die Tat umgesetzt werden, schlägt die Stunde der Pragmatiker, sprich der Mitarbeiter. Jetzt können die Jasager ihren eigentlichen Einfluss geltend machen. Sie tun das, was sie für richtig halten, auch wenn sie dabei mitunter sehr stark von dem abweichen, was sie mit ihrem Vorgesetzten besprochen hatten. Es geht nun

mal nicht anders. Das können sie ihrem Vorgesetzten gegenüber schlüssig begründen. Oder aber sie können darauf vertrauen, dass ihr Vorgesetzter ihre Abweichungen ohnehin nicht bemerkt, weil er mittlerweile ganz andere Sorgen hat. Vielleicht bemerkt er sie auch, aber er nimmt sie einfach hin, weil die Sache im Großen und Ganzen noch immer in Ordnung geht.

Die Fähigkeiten, die in dieser zweiten Phase gefragt sind, unterscheiden sich deutlich von denen in Phase eins. Nun spielen die Mitarbeiter ihre Macht aus, handeln nach ihrem Willen und müssen doch in der Lage sein, ihr Handeln zu rechtfertigen. Warum haben sie sich so verhalten, obwohl doch etwas anderes besprochen war? Versierte Jasager können eine ganze Palette stichhaltiger Gründe herunterbeten: Der Kunde hat sich umentschieden, es gab Lieferschwierigkeiten, Softwareprobleme, ein Mitarbeiter ist erkrankt, ein Experte hat gelogen. Zur Not muss man eben auch mal einen Fehler einräumen – selbstverständlich im Bemühen, das ehrgeizige Ziel zu erreichen, das vereinbart worden war.

Das eigene Handeln abschirmen
Eine ganz wichtige Voraussetzung, damit das Spiel gelingt: Die Jasager müssen ihr eigenmächtiges Handeln zumindest zeitweise abschirmen können. Es ist völlig undenkbar, dass sie vor den Augen ihres Chefs einfach das tun, was sie für richtig halten. Dann bekommen sie natürlich sofort Ärger. Allerdings haben die Mitarbeiter sehr oft die Möglichkeit, ihre Tätigkeit gegenüber ihrem Vorgesetzten zu vernebeln. Der hat ja nun auch andere Dinge zu tun und überlässt das Feld seinen Mitarbeitern, zumal wenn er davon ausgeht, dass alle mitziehen und keine miesepetrigen »Bedenkenträger« die ehrgeizigen Pläne durchkreuzen. Und auch wenn er gelegentlich einmal hereinschaut, um zu fragen, wie es läuft, haben versierte Jasager wenig Schwierigkeiten mit dem Abschirmen und Vernebeln. Sie wissen, was ihr Chef hören will, auf welche Worte er anspringt, welche Namen fallen müssen. Und genau das bekommt ihr Chef auch zu hören.

Vorgaben verfehlt?
Natürlich ist es ungünstig, wenn das Ziel, das der Vorgesetzte vorgegeben hat, nicht erreicht wird. Dennoch ist es psychologisch interessant, dass der Vorgesetzte oft erstaunlich milde urteilt, wenn es darum geht, die Leistung zu bewerten, vielleicht weil der Mitarbeiter seinen Willen so bedingungslos zu unterstützen schien. Es ist ein bisschen so, als wäre der Vorgesetzte selbst gescheitert. Und für das eigene Scheitern lassen sich bekanntlich immer die einleuchtendsten Gründe finden.

Es liegt eine gewisse Ironie darin, dass der Mitarbeiter mit einem wesentlich kritischeren Urteil rechnen müsste, wenn er in Phase eins seine Bedenken vorgetragen hätte, die ja nur allzu berechtigt sein mochten. »Sie haben von vornherein nicht an den Erfolg geglaubt«, tadelt der Vorgesetzte. »Da musste die Sache ja schief gehen.«

Erfolg durch Abweichung
Doch natürlich kann die Sache auch gelingen – mehr oder weniger eindrucksvoll. Dann steht der Erfolg im Vordergrund und die Mitarbeiter können mit einem positivem Urteil rechnen, auch wenn sie ein wenig von den Vorgaben abgewichen sind. Das zählt jetzt kaum noch, wenn es überhaupt jemandem auffällt. Entscheidend ist nur, dass sich die Mitarbeiter nicht gerade über einen Punkt hinweggesetzt haben, auf den ihr Chef besonderen Wert legt. Doch wenn sie ihren Chef kennen, sollte ihnen solch ein Anfängerfehler nicht unterlaufen. Ambitionierte Jasager entwickeln auch ein beachtliches Geschick darin, Wünsche, die sie bis dahin souverän ignoriert hatten, kurz vor Torschluss doch noch »irgendwie« zu erfüllen, als Arabeske, die mit ihrer eigentlichen Arbeit nichts zu tun hat, aber mit der sie ihrem Chef das Gefühl geben, wirklich an alles gedacht zu haben.

> **Gefahren** !
> Manche Vorgesetzte haben eine ausgesprochene Abneigung gegen Jasager, die dann doch machen, was sie wollen. Sie nehmen sie daher besonders eng an die Leine und passen auf, dass von ihren Anweisungen nicht abgewichen wird. Außerdem trauen sie ihren Mitarbeitern nicht, wenn sie zu allem nur ja und amen sagen.

> **Gegenstrategien** !
> Zunächst stellt sich die Frage, ob überhaupt eine Gegenstrategie erforderlich ist. Solange der Laden läuft und die Mitarbeiter ihren Einfluss in den Dienst der Sache stellen, muss man deren Spiel doch eigentlich nicht durchkreuzen. Schärfere Kontrollen kosten den Vorgesetzten nur Zeit und Mühe, verderben die Stimmung der Belegschaft und verbessern selten das Gesamtergebnis.
> Und doch kann es einem Vorgesetzten nicht recht sein, wenn seine Mitarbeiter das Jasager-Spiel mit ihm treiben. Denn es verhindert, dass er sich ein zutreffendes Bild von den Verhältnissen in seiner Abteilung oder Organisation machen kann. Er stößt auf keinen Widerstand, auch wenn seine Forderungen überzogen sind. Alle tun so, als würden sie seinen Anweisungen folgen, und bauen doch nur eine Fassade auf, die sie schützen soll, um ungestört ihre Arbeit zu erledigen.
> Das wirksamste Mittel, dieses Spiel zu unterbinden: Versuchen Sie, ein vertrauensvolles Verhältnis zu Ihren Mitarbeitern aufzubauen. Haben Sie ein offenes Ohr, wenn jemand Vorbehalte äußert. Gehen Sie denen auf den Grund. Vielleicht steckt ja etwas dahinter, das Sie wissen sollten. Vielleicht will sich der Mitarbeiter aber auch nur einfach absichern, was auch in Ordnung geht. Darüber hinaus sollten Sie Ihre Mitarbeiter ermutigen, Ihnen gegenüber aufrichtig zu sein. Dulden Sie nicht, dass man Ihnen etwas vormacht, und überraschen Sie mit Detailwissen.

5.4 Nüsse verstecken

Wenn ein Mitarbeiter seinem Vorgesetzten das Ergebnis seiner Arbeit vorlegt, dann hat der so gut wie immer etwas zu beanstanden (→ Niederbügeln, um aufzubauen, Kapitel 4.3). Manche betrachten das als etwas albernes Ritual, denn wie sehr sie sich auch bemühen, ihr Chef findet immer irgendetwas. Mal erscheint seine Kritik willkürlich, mal steht sie in offenem Widerspruch zu dem, was er noch vor kurzer Zeit selbst verkündet hat. »Keine englischen Begriffe! Wir sind in Deutschland!«, schreibt er wütend an den Rand eines Aufsatzes, den ein Mitarbeiter für ihn verfasst hat. Um beim nächsten Mal eben diese Begriffe hineinzuredigieren mit dem Hinweis: »Wir sind ein Global Player!«

Aus machtspielerischer Sicht hat dieses Verhalten durchaus seinen Sinn. Der Vorgesetzte, der etwas bemängelt, zeigt damit seine Macht. Er demonstriert, dass sein Maßstab gilt und nicht der des Mitarbeiters. Er macht deutlich, dass der Mitarbeiter ihn braucht, um ein passables Ergebnis zu erreichen. Fände er immer alles ganz wunderbar, würde er sich für überflüssig erklären. Und schließlich bringt er den Mitarbeiter dazu, den vermeintlichen Mangel zu beheben. Er setzt also seinen Willen gegenüber dem Mitarbeiter durch, auch gegen dessen »Widerstreben«. Genau das war ja zu Anfang unsere Definition von Macht.

Nun stellen sich die Mitarbeiter schon auf diese Situation ein. Im Allgemeinen kennen sie die Vorlieben ihres Chefs, sie wissen, was er mag und wann er die Stirn runzelt. Und dennoch lässt er sie nicht ungeschoren davonkommen, bemängelt dieses und jenes und fordert in jedem anzunehmenden Fall von ihnen nachzuarbeiten. »Es ist gar nicht so viel zu korrigieren«, heißt das günstigste Urteil, das Sie von so einem Vorgesetzten erwarten können. Wobei diese Formulierung sehr viel Spielraum lässt. Womöglich müssen Sie doch noch einmal alles von Grund auf ändern, was Ihr Vorgesetzter offenbar als Normalfall betrachtet. So groß ist der Abstand zwischen Ihren Fähigkeiten und seinen Ansprüchen.

In dieser Situation behelfen sich betroffene Mitarbeiter mit dem Spiel »Nüsse verstecken«. Dabei geht es darum, sich überflüssige Mühe zu ersparen und eine ausreichende Anzahl von kleinen Mängeln bereits in die Arbeit einzubauen – in der Hoffnung, dass der Vorgesetzte genau diese Nüsse findet und dem Mitarbeiter zum Knacken überlässt. Das erleichtert die nachfolgende Korrektur erheblich. Und vor allem verhindert es, dass Sie eine Arbeit, die Sie mit viel Mühe erstellt haben, nachträglich mit eigener Hand einreißen und verschlimmbessern müssen, was leider allzu häufig vorkommt, wenn man den Berichten der Mitarbeiter Glauben schenken mag.

Finger weg von echten Mängeln
Natürlich wäre es äußerst unklug, echte Fehler oder Mängel in seine Arbeit einzuschmuggeln. Darüber würde der Vorgesetzte nur den Kopf schütteln und Ihre Leistung entsprechend negativ beurteilen. Und wenn ihm der eine oder andere Fehler entgeht, fällt das auch auf Sie zurück und kann sehr unangenehme Folgen haben, da Ihr Chef sich natürlich »auf Sie verlassen« hat. Es geht also keinesfalls darum, mangelhafte Arbeit abzuliefern, sondern hier und da Korrekturfutter anzubieten. Sie ahnen, dass Sie mit der einen oder anderen Formulierung nicht durchkommen werden, auch wenn Sie sie für gelungen halten? Packen Sie die ruhig in den Text. Sie sind sicher, dass ein bestimmter Vorschlag abgelehnt wird, weil er zu kühn, zu teuer oder zu kopfgesteuert ist? Machen Sie ihn trotzdem. Anstatt sich selbst vorauseilend zu korrigieren, überlassen Sie die Korrektur Ihrem Vorgesetzten. Und wenn die eine oder andere Sache dennoch durchgeht, dann haben Sie vielleicht noch Ihren Spaß daran.

Das Gesetz vom abnehmenden Korrekturbedarf
In einzelnen Fällen kann sich das Verhältnis zwischen dem Nüsse versteckenden Mitarbeiter und seinem Nüsse suchenden Chef so einspielen, dass beide Seiten etwas davon haben: Der Vorgesetzte weiß gleich, wo er den Korrekturstift ansetzen muss, und der Mitarbeiter ist bestens darauf vorbereitet, wo er nachfeilen muss. Das nennt man wohl eine Win-win-Konstellation. Allerdings sollte der Mitarbeiter das »Gesetz vom abnehmenden Korrekturbedarf« im Auge behalten. Erfahrungsgemäß greift der Vorgesetzte bei den erfahrenen und verdienten Mitarbeitern immer seltener zum Korrekturstift, um seine Macht zu demonstrieren. Denn das Machtverhältnis ist im Allgemeinen geklärt. Anders gesagt, der Mitarbeiter braucht immer weniger Nüsse zu verstecken. Und schließlich wird er ganz auf dieses Spielchen verzichten können.

Nüsse verstecken vor Kunden
Es gibt auch Kunden und Geschäftspartner, die noch viel rigoroser ihre Macht ausspielen, wenn ein Arbeitsergebnis oder »erster Vorschlag« auf den Tisch gelegt wird. Wer in der Werbung oder in einem anderen kreativen Beruf tätig ist, kennt solche Rituale. Es ist völlig egal, welcher Vorschlag präsentiert wird, sicher ist nur, dass er erst einmal abgelehnt wird. Manchmal sollen einzelne Teile übernommen und neu kombiniert werden, manchmal werden eigene Ideen hervorgezaubert, die dann »eingearbeitet« werden sollen. Im Prinzip ließen sich also auch hier Nüsse verstecken, um sie von den Kunden aufspüren zu lassen und die eigene Arbeit vor Verschlimmbesserungen zu schützen. Doch bei Kunden ist das meist viel schwieriger zu leisten als beim eigenen Chef, dessen Vorlieben man kennt. Ihre Änderungswünsche lassen sich kaum kalkulieren, schon gar nicht, wenn ein ganzes Gremium den Korrekturstift

ansetzt. Und so bleibt einem häufig keine andere Wahl, als eine möglichst stimmige und durchdachte Arbeit vorzulegen, um sie dann vom Kunden hinrichten zu lassen.

> **!** **Gefahren**
> Das größte Ärgernis beim Nüsse-Verstecken ist, wenn sie nicht gefunden werden, sondern andere Ideen und Vorschläge, nämlich die eigentlich wichtigen und tragenden, unter die Räder kommen. Damit ist vor allem dann zu rechnen, wenn viele Stellen mitreden und wenn die Kompetenz der Urteilenden nicht sehr hoch ist. Unglücklicherweise scheint beides miteinander zusammenzuhängen.

> **!** **Gegenstrategien**
> Wer Nüsse versteckt, der reagiert damit ja nur auf die Machtspielchen, die sein Vorgesetzter (oder Kunde) bei der Bewertung seiner Arbeit treibt. Insoweit wäre die wirksamste Gegenstrategie, auf solche Spielchen gleich zu verzichten. Auf der anderen Seite muss man sagen, dass das Nüsse-Verstecken gar keinen Schaden anrichtet, sodass eine Gegenstrategie im Grunde überflüssig ist. Wer sein Gegenüber aber seine Abhängigkeit spüren lassen will, der tut das, was noch jeden in dieser Situation zur Verzweiflung bringt: Er urteilt völlig willkürlich. Allerdings kann er das nur tun, wenn vom Ergebnis dieser Arbeit gar nichts abhängt. Sonst fällt sein Urteil auf ihn zurück.

5.5 Die Marionette führt

Wird dieses Machtspiel richtig betrieben, dann fühlen sich alle als Gewinner. Es ist ja keineswegs so, dass die Mitarbeiter in Fragen der Macht immer gegen ihren Vorgesetzten spielen. Vielmehr sind sie auch daran interessiert, zu seinem Erfolg beizutragen. Es ist nämlich kein Vergnügen, unter einem Chef zu arbeiten, der weithin als schwach und unfähig gilt. Viel lieber wünscht man sich einen kompetenten Lenker an der Spitze, der die Fäden in der Hand hält und souverän die Richtung weist, dem man einfach nur zu folgen braucht und dann wird schon irgendetwas Gescheites dabei herauskommen. »Er hat mal wieder Recht behalten«, sagen die Mitarbeiter voller Anerkennung – und der Vorgesetzte lächelt hintergründig.

Doch hat nicht immer jemand die Führungsposition inne, der zu solchen Hoffnungen Anlass gibt. Manche Führungskräfte sind unsicher, kennen sich nicht gut aus, haben seltsame Ideen, die niemand außer ihnen für brillant hält. Sie müssen Entscheidungen treffen, mit denen sie fachlich, menschlich und/oder intellektuell überfordert sind, sich über Sachverhalte äußern, von denen sie keine Ahnung haben, oder Mitarbeiter beurteilen, die sie kaum auseinander halten können.

Für eine Führungskraft sind das nicht die idealen Voraussetzungen, um Karriere zu machen oder sich an der Spitze zu halten. Und ihre Mitarbeiter haben dadurch ebenfalls nur Nachteile. Denn sie werden ihrem schwachen Häuptling zugerechnet. Ganz davon abgesehen ist es außerordentlich quälend, Entscheidungen in die Tat umsetzen, die man selbst für puren Unsinn hält. Doch können beide Seiten gemeinsam diese Schwäche überspielen, nämlich mit dem Machtspiel »Die Marionette führt«. Dabei geht die Initiative in aller Regel von den Mitarbeitern aus. Der Vorgesetzte kann sich auf das Spiel einlassen oder auch nicht. Insoweit gehört es eben zu den Mitarbeiterspielen.

Die Spielidee
Die Mitarbeiter versuchen, ihren Chef auf den richtigen Weg zu lenken. Sie geben ihm – wenn er damit überfordert ist – zu verstehen, welche Entscheidung er treffen sollte. Sie bringen ihn von ruinösen Ideen ab und helfen ihm bei kniffligen Personalentscheidungen. Zwingende Voraussetzung dafür, dass dieses Spiel funktioniert: Zu keinem Zeitpunkt darf die Autorität der Führungskraft in Frage gestellt werden. Die Mitarbeiter müssen den Eindruck erwecken, als habe ihr Vorgesetzter die Entscheidung getroffen. So gesehen sind sie wie Marionetten, die die Handbewegungen ihres Puppenspielers beeinflussen, damit der Eindruck entsteht, er habe alle Fäden souverän in der Hand.

Der Spielverlauf
Am Anfang steht irgendein Plan, eine Idee, eine Entscheidung. Entweder steht dieses Ereignis bevor und die Mitarbeiter befürchten, dass ihr Chef wieder einmal danebengreift: den falschen Vorschlag auswählt oder sich für den falschen Kandidaten entscheidet. Dann müssen die Mitarbeiter früh die Weichen stellen, damit der Chef in ihrem Sinne, also »richtig« entscheidet. Der andere, vielleicht noch häufigere Fall: Der Chef stellt einen kruden Plan vor, ventiliert eine unheilvolle Idee oder spielt mit einer Entscheidung, die die Mitarbeiter stark beunruhigt. »Das müssen wir ihm ausreden«, nehmen sie sich vor. Nur wie?

Es gibt verschiedene Methoden, auf den Chef einzuwirken. Weit verbreitet ist das Vorgehen, dass ein Mitarbeiter, der das Vertrauen des Chefs genießt, vorgeschickt wird (»Sprich du mal mit ihm!«). Das ist die »Marionette«. Sie soll mit dem Chef unter vier Augen reden. Dazu ist einiges Fingerspitzengefühl erforderlich. Schließlich darf ja nicht die Illusion zerstört werden, dass der Chef die Entscheidung getroffen hat und die Marionette an seinem Faden hängt.

Wer versucht, seinem Chef die Entscheidung offensiv auszureden, dürfte damit wenig Erfolg haben. Geschickter ist es, allgemein über die Sache zu sprechen oder von vergleichbaren Fällen zu berichten. Manche Marionetten versuchen auch, über die Gefühlsschiene weiterzukommen, und deuten an, dass der fragliche Plan ihnen »Angst macht« oder dass sie »Schwierigkeiten« befürchten, wenn »wir das umsetzen sollen«. Dabei unterstellen die Marionetten niemals, dass die Entscheidung schon gefallen sei. Das wäre ein taktischer Fehler, denn der Chef müsste diese Entscheidung dann erst »zurücknehmen«. Für viele Vorgesetzte wäre das eine psychologische Hürde, die man gar nicht erst aufbauen sollte. Also tun die Marionetten so, als habe sich der Vorgesetzte noch gar nicht »definitiv« festgelegt. Dann können sie sogar noch als eine Art Ratgeber auftreten (»Mir ist dieses und jenes aufgefallen, das Sie vielleicht wissen sollten ...«).

Eine zweite Möglichkeit, die Entscheidung zu beeinflussen, besteht darin, ein entsprechendes Meinungsklima in der Abteilung zu schaffen. Dabei können sich die Mitarbeiter direkt absprechen und verabreden, sich gegenseitig zu unterstützen: Äußern sich bei einer Besprechung drei von ihnen hintereinander in ein und demselben Sinn, entsteht ein mächtiger Druck auf den Vorgesetzten. Gerade wenn er sich nicht so sicher ist, wird er seine Entscheidung noch überdenken.

Der Vorgesetzte muss sein Gesicht wahren
Das Spiel wird nur gelingen, wenn der Vorgesetzte dabei sein Gesicht nicht verliert, also immer der Chef bleibt. Wird allzu offensichtlich ein Meinungsklima inszeniert, um ihn umzustimmen, so wird er an seinen Plänen festhalten, auch wenn sie ihm selbst mittlerweile etwas seltsam erscheinen. Als Vorgesetzter kann er es sich nicht leisten, vor seinen Mitarbeitern einzuknicken. Und wenn er es doch tut, dann wird er sich vornehmen, sich beim nächsten Mal nicht erweichen zu lassen. Wie steht er denn da, wenn sich herumspricht, dass er eigene Entscheidungen zurücknimmt und nach der Pfeife seiner Mitarbeiter tanzt?

Mit anderen Worten: Der Schein muss gewahrt bleiben, um jeden Preis. Nimmt der Chef seine Entscheidung zurück und entscheidet nun im Sinne der Marionette, wäre es verheerend, wenn die Mitarbeiter viel sagende Blicke austauschen, oder noch schlimmer: Wenn der Chef mitbekäme, wie sich Mitarbeiter bei der Marionette bedanken! Eine solche Demütigung würde er kein zweites Mal erleben wollen.

Ebenso wird die Marionette keinen Erfolg haben, wenn der Chef sie als Rivale wahrnimmt. »Frau Goldbach sägt ja schon die ganze Zeit an meinem Stuhl, spielt sich bei den Meetings auf und macht sich bei ihren Kollegen beliebt«, sinniert der Vorgesetzte, Herr Huber, »und jetzt will sie mir noch vorschreiben, was ich zu machen habe? So weit kommt es noch!« Wenn er Frau Goldbach jedoch als loyale kompetente Mitarbeiterin einordnet, die ihn unterstützt, dann wird er für ihre Hinweise sogar dankbar sein.

Warum der Chef nachgibt
Dennoch bleibt die Frage: Wieso sollte der Chef seine Pläne überhaupt umstürzen? Wenn man ihm seine Entscheidung schon nicht »offensiv ausreden« darf? Tatsächlich wäre es verheerend, den Chef argumentativ in die Enge zu treiben. Dann würde er nicht nur bei seinen ursprünglichen Plänen bleiben, er würde den neunmalklugen Mitarbeiter auch spüren lassen, wer hier der Chef im Ring ist (→ Der Knicktest, Kapitel 4.2 und → Ein Huhn schlachten, Kapitel 4.5).

Wenn sich der Chef hingegen ausrechnet, dass Entscheidung A für ihn (!) unangenehmere Folgen hat als Entscheidung B, dann werden sich seine Präferenzen in Richtung Entscheidung B verschieben – solange er sein Gesicht wahren kann. Der Zusatz »für ihn« ist aus zwei Gründen wichtig: Einmal steht nicht so sehr die Abteilung, die Firma, das große Ganze im Vordergrund, sondern der Chef als Person. Es geht um die Frage: Was schadet ihm, seinem Ruf, seiner Karriere? Erst in zweiter Linie geht es um die Abteilung, die er führt, und in dritter Linie um die Sache.

Zweitens empfinden unterschiedliche Vorgesetzte unterschiedliche Dinge als bedrohlich. Der eine fürchtet, er könnte sich in der Firma zum Gespött machen, dem anderen ist das völlig egal, solange er nur nicht beim Geschäftsführer aneckt. Ein Dritter kann es nicht ertragen, als »Weichei« zu erscheinen, während ein Vierter auf das Etikett »eiskalter Karrierist« allergisch reagiert. Es liegt auf der Hand, dass die Marionette ihre Bemerkungen genau in diese Richtung lenken sollte, um die erwünschte Wirkung zu erzielen.

Die Macht der Marionette
Die Marionette, die ihren Chef beeinflusst, muss keineswegs immer im Auftrag ihrer Kollegen handeln. Selbstverständlich kann sie auch ganz allein, sozusagen auf eigene Rechnung spielen und ihren Einfluss geltend machen. Manche Marionetten erlangen so eine sehr starke Stellung. Allerdings sind ihrem Wirken auch Grenzen gesetzt. Denn einmal muss sie mit ihren Warnungen und Empfehlungen »Recht behalten«. Rät die Marionette von einer Entscheidung ab, die der Chef im Nachhinein als die richtige ansieht, dann kann ihr Stern sehr schnell sinken. Ebenso, wenn ihre Empfehlung für ihren Chef irgendwelche nachteiligen Folgen hat, gleichgültig, ob die absehbar waren oder nicht. Bei ihm setzt sich das Urteil fest: »Ich hätte nicht auf Sie hören sollen.«

Darüber hinaus setzt bei vielen Vorgesetzten auch eine natürliche Gegenreaktion ein. Kaum jemand will sich von einer Marionette abhängig machen, die eigentlich er führen sollte. Und so setzt sich der Chef immer wieder mal über die eine oder andere Empfehlung hinweg. Aus Prinzip.

! Gefahren

Ihr Chef kann sich durch Ihr Spiel gedemütigt fühlen. Er fasst es so auf, als wollten Sie ihn bevormunden und als zweifelten Sie an seinen Führungsqualitäten. Und damit hat er ja eigentlich auch völlig Recht. Für einen Vorgesetzten ist die ganze Angelegenheit peinlich – gerade wenn er wenig Selbstbewusstsein hat oder sehr eitel ist. Sogar wenn er Ihre Anregung aufgreift, kann er Ihnen die Sache persönlich verübeln. Anstatt Ihnen dankbar zu sein, hegt er dann einen heimlichen Groll gegen Sie. Er kann es nicht ertragen, dass Sie ihn für schwach halten und mehr von der fraglichen Sache verstehen als er.

Und dann sind da auch noch die Kollegen, die Sie gerne vorschicken, solange sie davon profitieren. Doch bekommen Sie Ärger mit dem Chef, schmilzt die Unterstützung schnell dahin. Und wenn Sie ein offenes Ohr finden, dann schätzen die Kollegen das nur, solange Sie ihre Interessen vertreten. Ansonsten erregen Sie Argwohn und Neid. Man hält Sie für eitel und machtgierig, für den »Liebling vom Chef« und unterstellt Ihnen gerne, dass Sie durch Ihren »guten Draht« persönliche Vorteile für sich herausschlagen. Dadurch können die Kollegen sehr schnell Ihre vorteilhafte Position unterhöhlen. Denn jedes Mal, wenn der Chef eine Entscheidung in Ihrem Sinne trifft, bemerken die Kollegen hintersinnig: »Toll! Wie machst du das bloß, dass du ihn immer rumkriegst?« Und es ist kein Zufall, dass sich der Chef das eine oder andere Mal in Hörweite befindet.

! Gegenstrategien

Auch wenn der Chef vom Einfluss seiner Marionette profitiert, kann es ihm nicht recht sein, wenn sich dieses Spiel allzu oft wiederholt. Zum einen verlieren Sie als Vorgesetzter schnell an Ansehen und Respekt. Zwar ist es eine wertvolle Eigenschaft, wenn Sie gelegentlich auf Ihre Mitarbeiter hören und eigene Entscheidungen revidieren, aber allzu häufig darf das nicht vorkommen. Sonst verlieren Sie an Selbstvertrauen und werden zunehmend schwächer. Die Gegenstrategie kann aber nicht sein, die Äußerungen der Mitarbeiter zu ignorieren, um dann heroisch zu scheitern. Vielmehr sollten Sie Ihren Entscheidungsprozess etwas anders strukturieren: Hören Sie Ihre Mitarbeiter an, bevor Sie selbst eine Entscheidung treffen. Machen Sie sich erst ein genaues Bild von dem Sachverhalt und entscheiden Sie dann. Das schließt ein, dass Sie nicht allein Ihre Mitarbeiter befragen, sondern auch andere Quellen nutzen.

Überhaupt sollten Sie darauf achten, dass Sie nicht in die Konsensfalle geraten: Alle Mitarbeiter haben über einen Sachverhalt ein und dieselbe Meinung. Also neigt man dazu, sich dieser Meinung allzu schnell anzuschließen. Das kann jedoch in die Irre führen. Und Sie als Vorgesetzter tragen erst einmal allein die Verantwortung. Halten Sie es lieber mit Alfred P. Sloan, dem legendären Chef von General Motors, der am Ende einer Besprechung mit seinen Führungskräften verkündete: »Gentlemen, ich habe den Eindruck, dass wir uns alle einig sind. Ich schlage deshalb vor, dass wir unsere Diskussion auf das nächste Treffen verschieben. Das gibt uns genügend Zeit, gegensätzliche Meinungen zu entwickeln und vielleicht zu verstehen, worum es bei dieser Entwicklung überhaupt geht.«

5.6 Die Niedrigstrom-Provokation

Ein etwas hinterhältiges Spiel, mit dem die Machtverhältnisse verschoben werden sollen, ist die Niedrigstrom-Provokation. Ein oder mehrere Mitarbeiter fühlen ihrem Chef auf den Zahn, wie stark er ist. Er kann gar nicht anders, er muss sich Respekt verschaffen – oder er geht unter. In gewissem Sinne handelt es sich um eine Art »Knicktest« (→ Kapitel 4.2) für Führungskräfte. Es wird vor allem gespielt, wenn eine Führungsposition neu besetzt worden ist.

Wer dominiert wen?
In jeder Gruppe gibt es eine inoffizielle Hierarchie. Die hängt nicht unbedingt vom Rang oder offiziellen Titel ab, den jemand führt. Formell können Sie die Gruppenleitung innehaben, und dennoch ragt ein anderer heraus, der im Wesentlichen bestimmt, wo es langgeht. Während am unteren Ende ein armer Hund steht, der von allen anderen getreten wird, obwohl er der Stellvertreter des Chefs, also die Nummer zwei, sein soll. Diese inoffizielle Hierarchie bringen die Mitglieder ständig zum Ausdruck – ob sie wollen oder nicht. Sie zeigt sich in ganz subtilen Signalen: Wie jemand auf den anderen zugeht, wie er ihm die Hand schüttelt, wie er den Blick abwendet, in welcher Tonlage er mit ihm redet und vieles, vieles mehr, was uns nicht einmal bewusst ist.

Hierarchien zeigen sich auch daran, wer wann das Wort ergreift. Wird es ihm erteilt, wird er sogar aufgefordert, »doch mal was zu sagen«, oder redet er einfach drauflos und alle Anwesenden im Raum sind augenblicklich still? Wer fällt wem ins Wort und darf dann ungestraft solche Sätze sagen wie »Kommen Sie mal langsam zum Punkt!«? Auch der oft gehörte Satz »Darf ich bitte ausreden?« steht nicht jedem zu, nur weil er oder sie unterbrochen wurde. Und wenn derjenige ihn doch sagt, was passiert dann? Runzelt der Unterbrecher die Stirn, erklärt er ungeduldig:

»Bitteschön!« Oder löst der Wunsch, ausreden zu dürfen, hämisches Gelächter aus?

Der Punkt, um den es uns hier geht: In all diesen kleinen und großen Gesten zeigt sich, wer wen dominiert und wer sich unterwirft. Durch unser Verhalten bestätigen wir die Rangfolge – oder wir stellen sie in Frage. Und was das eigentlich Vertrackte ist: Direkt können wir kaum darüber sprechen. Ein Vorgesetzter würde sich lächerlich machen, wenn er seine Mitarbeiter aufforderte: »Machen Sie kleinere Schritte, wenn Sie auf mich zugehen!« Oder: »Wenn ich Sie anschaue, wenden Sie bitte spätestens nach zwei Sekunden den Blick ab.«

Der Vorgesetzte und die Alphaposition

Eigentlich würden wir erwarten, dass der Vorgesetzte automatisch die höchste Position einnimmt. Doch überraschenderweise ist das nicht immer der Fall. Gerade wenn verdiente Mitarbeiter oder ausgewiesene Spezialisten in eine Führungsposition aufrücken, stoßen sie häufig auf Schwierigkeiten. Außer anderen Gründen, die uns hier nicht beschäftigen sollen, spielt oft eine Rolle, dass sie nicht dominant genug auftreten, dass sie zu nett und zu wenig bissig erscheinen. Ambitionierte Machtspieler legen so etwas gleich als Schwäche aus. Sie stufen den neuen Chef, häufig auch die neue Chefin, als harmlos ein und versuchen, sie um ihre verdiente Alphaposition zu bringen. Als Einstieg dient ihnen die NiedrigstromProvokation.

Erste Runde: Subtile Signale setzen

Üblicherweise beginnt eine Niedrigstrom-Provokation mit kleinen Gesten, die für sich genommen harmlos erscheinen. Manche Vorgesetzte registrieren sie kaum oder sie erscheinen ihnen zu läppisch, um sich ernsthaft damit zu beschäftigen. Doch im Spiel um die Hierarchie transportieren sie unmissverständlich die Botschaft: Ich ordne mich nicht unter.

Das kann die Art der Begrüßung sein, die Sitzhaltung, die Neigung des Kopfes, der Blick und vieles mehr. Wer Ihnen die Hand schüttelt und dabei die Handfläche nach unten dreht, der lässt schon sehr deutlich spüren, dass er Sie dominieren möchte. Die entscheidende Frage ist natürlich: Wie reagiert der Vorgesetze? Nimmt er das hin? Hält er körpersprachlich dagegen? Oder ordnet er sich bereits unter – vielleicht ohne dass er genau merkt, was hier eigentlich vor sich geht? Dann hat er die erste Runde des Spiels verloren.

Zweite Runde: Erniedrigen

Allmählich werden die Gesten deutlicher und provozierender, doch ohne dass der Vorgesetzte irgendein persönliches Fehlverhalten bestrafen könnte. Zum Beispiel: Betritt der Chef den Raum, dann bemerkt ihn der Niedrigstrom-Provokateur zunächst gar nicht. »Herr Möbius, dürfte ich wohl mal stören?«, fragt der Chef mit hilfloser Ironie. »Ach, Herr Huber!«, sagt der Mitarbeiter trocken. »Wie sind Sie denn hier reingekommen? Ich habe Sie gar nicht gehört.«

Bei Besprechungen tritt der Spieler immer selbstbewusster auf. Er fällt dem Chef ins Wort, vertritt eine eigene Position und übt sogar Kritik. Jawohl, er nennt die Fehler beim Namen, die dem Vorgesetzten so unterlaufen sind. Er spitzt zu und beklagt die mangelnde Konsequenz bei den Entscheidungen. Seine Kollegen sitzen da und nicken stumm. Sie sind beeindruckt von seinem Mut. Der Chef beginnt sich zu rechtfertigen und bricht schließlich das Gespräch ab, weil er merkt, dass da jemand über ihn zu Gericht sitzt, der ihm untergeordnet ist. »Ich habe es nicht nötig, mich vor Ihnen zu rechtfertigen!«, krächzt er in die Runde. Einige Kollegen grinsen.

Dritte Runde: Der Gegenschlag
Jetzt tritt das Spiel in seine entscheidende Phase, denn der Chef wird sich irgendwann Respekt verschaffen müssen. Das heißt: Er schlägt zurück. Oder auch nicht, aber dann muss er es akzeptieren, dass er in seiner Abteilung höchstens noch die zweite Geige spielt. Höchstens. Und es ist fraglich, für wie lange. Doch auch der Gegenschlag birgt ein erhebliches Risiko: Wer sich schon so hilflos hat vorführen lassen, der neigt dazu, in seiner Reaktion über das Ziel hinauszuschießen. Genau das ist ja das Ziel jeder Provokation (→ Der Materazzi, Kapitel 7.3), also auch der Niedrigstrom-Provokation: Das Opfer soll unangemessen reagieren, ihm sollen die Sicherungen durchbrennen und dadurch soll es sich unmöglich machen.

Der Niedrigstrom-Provokateur ist auf den Gegenschlag vorbereitet. Er sorgt dafür, dass möglichst viele mitbekommen, wie sich sein Chef jetzt aufführt: wie er eine unbeholfene Intrige anzettelt, die sofort auffliegt, wie er versucht, mit einer überzogenen Strafaktion Rache zu üben, oder vielleicht wird der Chef ja sogar handgreiflich.

K. o. in der vierten Runde
Der Gegenschlag muss gar nicht so spektakulär ausfallen. Es kommt nur darauf an, dass der Chef den einen entscheidenden Schritt zu weit geht, sodass er »untragbar« geworden und von oben »nicht mehr zu halten« ist. Das kann manchmal schneller gehen als gedacht, zumal wenn sich die Sache langsam, aber unerbittlich ausweitet und mit einem Mal auch die ganzen Fehler des Chefs auf den Tisch kommen, die der Mitarbeiter »unerschrocken« beim Namen genannt hat, wie sich nun jeder erinnert. Und selbst wenn sich die höhere Führungsebene entschließt, doch noch an dem Chef festzuhalten, so ist seine Position doch schwer beschädigt.

Niedrigstrom-Provokation ohne Eskalation
Es muss jedoch nicht immer zu so einer Zuspitzung kommen. Die Machtspieler können sich auch auf einem bestimmten Niveau einrichten. Der Mitarbeiter gibt sich damit zufrieden, einen bestimmten Bereich zu kontrollieren, bestimmte Sonderrechte in Anspruch zu nehmen (zum Beispiel darf er – und nur er – unangemeldet zum Chef), kurz: seine Macht erheblich auszudehnen. Der Chef darf zwar irgendwie noch die erste Geige spielen, denn der Mitarbeiter will keineswegs die Führung übernehmen, aber in weiten Teilen möchte er zumindest unbehelligt bleiben. Und weil der Chef das hin und wieder vergisst,

muss er ihn immer wieder einmal mit einer Niedrigstrom-Provokation daran erinnern.

! Gefahren

Je nachdem, wie hart gespielt wird, kann das Spiel völlig aus dem Ruder laufen. Der gedemütigte Chef kann sich auf äußerst unangenehme Art revanchieren. Auch wenn er verliert, könnte er den Mitarbeiter mit sich in den Abgrund reißen. Und selbstverständlich kann der Vorgesetzte die Machtprobe auch gewinnen, indem er sich bei seinem Gegenschlag keinen Fehler erlaubt, sondern den Mitarbeiter souverän kaltstellt.

! Gegenstrategien

Solche Spielchen erlauben sich nur Mitarbeiter, die sich stark fühlen und Sie als schwach empfinden. In jeder Organisation taxieren sich die Mitglieder ständig, wie stark oder schwach sie sind. Und als Vorgesetzter stehen Sie ganz besonders auf dem Prüfstand. Insbesondere wenn Sie neu auf der Position sind, müssen Sie sich erst einmal Respekt verschaffen. Die Mitarbeiter registrieren sehr genau, wie konsequent Sie sind und was Sie sich alles gefallen lassen. Insoweit dürfen Sie einem Mitarbeiter eine Provokation nicht durchgehen lassen. Nun sind die Niedrigstrom-Provokationen so angelegt, dass man eigentlich nicht viel dagegen sagen kann. Dennoch wäre es ein folgenschwerer Fehler, sie zu übergehen. Zeigen Sie zumindest, dass Sie das Verhalten bemerkt haben und dass Sie es nicht billigen. Sie können Ihren Gegenspieler auch direkt darauf ansprechen, dass Sie seine Masche durchschauen.

Wenn Sie frühzeitig dagegenhalten, verhindern Sie, dass Sie sich in einen destruktiven Machtkampf verwickeln, den Sie am Ende auch noch verlieren. Denn Ihr Gegenspieler wird sich mit jedem kleinen Triumph, den er durch seine Provokationen einfährt, ein kleines Stück stärker fühlen. Er traut sich immer mehr und auch seine Kollegen werden bemerken, wie sein Einfluss wächst. Suchen Sie sich Verbündete, sichern Sie sich nach oben ab und weisen Sie Ihren Gegenspieler in seine Schranken. Zeigen Sie Stärke, aber vermeiden Sie unbedingt Überreaktionen. Sorgen Sie dafür, dass Ihre Gegenaktionen immer berechtigt und fair aussehen.

Und doch wird es nicht immer möglich sein, den Mitarbeiter einfach kaltzustellen. Vielleicht ist seine Position einfach zu stark, sodass Sie sich mit ihm arrangieren müssen. Und genau das sollten Sie dann auch tun. Führen Sie ein Vieraugengespräch und versuchen Sie, ihn als Verbündeten zu gewinnen. Manchmal fallen dann Sätze wie: »Wenn wir beide gegeneinander arbeiten, dann geht hier nichts voran. Wenn wir beide an einem Strang ziehen, dann holen wir das Maximum heraus. Was halten Sie davon?« Sie müssen Zugeständnisse machen, können aber im Gegenzug erwarten, dass er Sie unterstützt. Bis auf Weiteres.

5.7 Mit Liebe gekocht

Wird die »Niedrigstrom-Provokation« (→ Kapitel 5.6) hauptsächlich von verhinderten Alphatieren betrieben, so ist das Spiel »Mit Liebe gekocht« eher nach dem Geschmack der Gamma- bis Omegatierchen. Ihnen würde es niemals einfallen, ihren Chef herauszufordern oder ihn mit Missachtung zu strafen. Ganz im Gegenteil, sie lassen überhaupt keinen Zweifel daran, dass er ihr großer Meister ist, für den sie alles tun würden: Das, was er verlangt. Und mehr noch das, was er nicht verlangt.

Die Spielidee
»Mit Liebe kochen« heißt, dem anderen nicht das auftragen, wonach er verlangt und was ihm schmeckt. »Mit Liebe kochen« heißt, auf der Klaviatur der Gefühle spielen. Man will nicht am Ergebnis seiner Arbeit gemessen werden, sondern an seinen guten Absichten. Was immer man tut, wie weit man sich auch von dem entfernt, was der Vorgesetzte von einem erwartet, man meint es immer nur gut und gibt sich alle erdenkliche Mühe. Weil das so ist, wird man geschont und genießt manchmal einen beachtlichen Freiraum, um den einen ambitioniertere Kollegen schon mal beneiden. Doch sollte man sich nicht täuschen: Wer »mit Liebe kocht«, macht keine Karriere. Manchmal wird er sogar vor die Tür gesetzt, weil »andere Lösungen« schneller, billiger und nicht so aufdringlich gefühlswarm sind. Doch kann er sich immerhin mit dem Gedanken trösten, dass er stets mit dem allergrößten Bedauern hinausgeworfen wird – was bei vielen anderen Machtspielern nun wirklich nicht der Fall ist.

Die Mitspieler
»Mit Liebe gekocht« setzt voraus, dass Ihr Vorgesetzter auf dem Register, auf dem Sie spielen, überhaupt empfänglich ist. Selbstverständlich kann er Sie beinhart gegen die Wand laufen lassen, Sie zusammenstauchen und Ihnen Ihren guten Willen, den Sie ja nur durchsetzen möchten, ganz schnell austreiben. Doch vermutlich lassen sich mehr Chefs von dem Spiel berühren, als mancher in seinem kühlen Konkurrenzdenken annimmt. Denn wer »mit Liebe kocht«, der tritt buchstäblich »außer Konkurrenz« an. Und da gelten eigene Regeln. Auch ein Chef, der bei anderer Gelegenheit als wahrer Eisenfresser auftritt, kommt unter Umständen als Mitspieler in Frage. Wenn es für ihn um keine große Sache geht und er nicht den Eindruck hat, dass Sie Ihr Spielchen mit ihm treiben, dann lässt sich so mancher Chef ganz gern »mit Liebe bekochen«.

Der Spielverlauf
Bevor es richtig losgeht, müssen Sie Ihren Mitspieler davon überzeugen, dass Sie es gut mit ihm meinen, dass Sie sich Mühe geben und nur das Beste für ihn wollen. Es muss Ihnen gelingen, Ihren Vorgesetzten für sich einzunehmen. Er

muss Sie gar nicht besonders sympathisch finden, er darf Sie sogar ein klein wenig verachten – solange er Sie nur für eine gute Seele hält. Es dürfte den Spielverlauf günstig beeinflussen, wenn er sich für turmhoch überlegen hält. Denn genau in diesem Windschatten der Macht können Sie als armer kleiner Mitarbeiter Ihre Geschäfte treiben.

Ganz allgemein gesprochen besteht das Spiel darin, dass Sie mehr oder weniger stark von dem abweichen, was Ihr Chef Ihnen aufträgt. Aber nicht, um Ihren Chef zu ärgern oder seine Autorität in Frage zu stellen, sondern weil Sie a.) der Ansicht sind, dass Ihre Idee noch besser ist als die vom Chef und Sie ihm damit letztlich helfen (was natürlich nie der Fall ist) oder b.) Ihr Leistungsvermögen nicht ausreicht, um den Auftrag zu erfüllen – und Sie eine viel versprechende »Variante« entdeckt haben, die Ihren Fähigkeiten und Neigungen eher entspricht. Sie nutzen also nicht die »Zonen der Ungewissheit« wie beim Jasager-Spiel, sondern setzen ganz auf die Macht des »guten Willens«, um bei Ihrem Chef durchzukommen.

Doch wer »mit Liebe kocht«, der reagiert nicht nur auf Anweisung. Mindestens so wichtig (und so bedrohlich für den Chef) ist das proaktive Handeln. Sie stürzen sich in irgendwelche gut gemeinten Aktivitäten, die viel Zeit und Mühe verschlingen. Sie ziehen Aufgaben an sich, die sonst niemanden interessieren. Sie nutzen jeden nichtigen Anlass für eine kleine Feier, wobei Sie den Sekt, die Kekse, das Fingerfood mitbringen und das Geld einsammeln, um Ihrem Chef endlich das sündteure Tischfußballspiel zu schenken, das er noch nie haben wollte.

Kann man so jemandem böse sein? Man kann es nicht. Kann man so jemandem Vorhaltungen machen, wenn er die Erwartungen nicht ganz erfüllt, sondern lieber etwas anderes Tolles anzettelt? Ungern. Es wirkt irgendwie kleinlich und schäbig. Und darum schluckt der Chef auch manche kleine Kröte, wenn sie nur »mit Liebe gekocht« wurde.

> **! Gefahren**
>
> Wie weit Sie das Spiel treiben können, das hängt ganz vom Wohlwollen Ihres Vorgesetzten ab. Irgendwann wird er Sie nicht mehr durchkommen lassen und Sie ultimativ auffordern, genau das zu tun, was er Ihnen aufgetragen hat. Sie können also nur sehr gelegentlich »mit Liebe kochen«. Davon abgesehen erwerben Sie durch dieses Spiel nur eine sehr begrenzte Macht. Das Spiel funktioniert ja nur, weil die anderen gar nicht bemerken, dass Sie sich dem Einfluss Ihres Chefs entziehen, milder beurteilt werden und eigentlich das tun, was Sie wollen. Das setzt aber voraus, dass Sie Ihren Chef überhaupt »mit Liebe bekochen« wollen. Anders gesagt: Dieses Spiel erfordert wie kein anderes eine bestimmte charakterliche Grundausstattung,

die denkbar weit von dem entfernt ist, was die gewöhnlichen Machtspieler mitbringen: Konkurrenzdenken und Egoismus.

Gegenstrategien !

Solange sich das Spiel in einem bescheidenen Rahmen hält, brauchen Sie als Chef gewiss keine Gegenstrategie. Sie können es hinnehmen, wenn Ihr Mitarbeiter einen nebensächlichen Auftrag ein wenig ausschmückt. Denn wenn Sie ihn rigoros an die Leine nehmen, verliert er jede Freude und sackt in seiner Leistung dramatisch ab. Auch erscheint es keineswegs bedenklich, wenn jemand, der in Ihrer Abteilung die gute Seele spielt, nicht ganz so hart angefasst wird, sondern ein wenig Schonung genießt. So viele gute Seelen gibt es nämlich gar nicht.

Und doch werden Sie häufig nicht darum herumkommen, ein klärendes Wort mit dem Mitarbeiter zu sprechen. Denn wenn es wichtig wird, dann zählen eben nicht die guten Absichten, sondern nur die Ergebnisse. Manchmal kann es helfen, dem Mitarbeiter eine Spielwiese anzubieten, auf der er seine guten Absichten gefahrlos austoben kann.

6 Verhandlungsspiele

> *Ein frischgebackener Gewerkschaftsführer ging zu seiner ersten*
> *Verhandlungsrunde in den großen Sitzungssaal. Er war nervös,*
> *die ungewohnte Umgebung verunsicherte ihn etwas, und so knallte er*
> *seine Forderung auf den Tisch: »Wir wollen sieben Prozent mehr Lohn,*
> *andernfalls ...« – »Was andernfalls?«, fragte der Führer der Arbeitgeber.*
> *– Darauf der Gewerkschaftsmann: »Dreieinhalb Prozent.«*
> Avinash Dixit/Barry Nalebuff: Spieltheorie für Einsteiger

Bei Verhandlungen ist es nicht immer von Vorteil, mit offenen Karten zu spielen. Das heißt natürlich nicht, dass man sein Gegenüber hemmungslos anlügen sollte. Doch wer erfolgreich verhandeln will, der muss taktieren, bluffen, drohen, sich unberechenbar machen, Türen zuknallen und Hintereingänge offen halten. Dabei geht es letztlich immer darum, möglichst viel von dem durchzusetzen, was man will. Verhandlungen sind Machtspiele. In einer Zeit, in der mehr und mehr ausgehandelt werden muss, zählen sie zu den wichtigsten Machtspielen überhaupt. Wer geschickt verhandeln kann, der beherrscht ohne Zweifel eine Paradedisziplin der Machtspieler. Nun werden wichtige Verhandlungen häufig nicht direkt geführt, sondern über Unterhändler und Stellvertreter. Diese Mehrstufigkeit erlaubt Machtspiele ganz eigener Art. Ein paar davon – wie das »Mein gnadenloser Boss«-Spiel, die »freiwillige Selbstfesselung« und den »Low Ball« – möchten wir Ihnen in diesem Kapitel vorstellen. Darüber hinaus lernen Sie noch das »Klappe zu«-Spiel, die »eingebaute Nachverhandlung« und das Spiel »Verdammt, ich brauch Sie, ich brauch Sie nicht« kennen.

6.1 Das »Mein gnadenloser Boss«-Spiel

Ein menschelndes, komödiantisches, aber manchmal erstaunlich wirksames Manöver ist das »Mein gnadenloser Boss«-Spiel. Dabei geht es darum, die eigene Verhandlungsposition dadurch zu stärken, dass Sie Ihren hartherzigen Vorgesetzten ins Spiel bringen, an den Sie gebunden sind. Oder an strenge Vorgaben, unsinnige Vorschriften oder willkürliche Anweisungen, die Sie dann, zuvorkommend wie Sie nun mal sind, doch irgendwie dehnen, drehen und wenden: zum Vorteil Ihres Verhandlungspartners versteht sich, von dem Sie im Gegenzug Dankbarkeit und Entgegenkommen erwarten können. Und genau das ist Ihr eigentliches Ziel.

Für wen geeignet?
Als erfolgreicher »Mein gnadenloser Boss«-Spieler sind Sie ein freundlicher und sympathischer Mensch. Durch Ihren Charme und Ihre Ausstrahlung schaffen Sie es, Ihrem Gegenspieler einzureden, dass Sie insgeheim auf seiner Seite stehen. Dazu brauchen Sie aber jemanden, den Sie zum eigentlichen Gegner und Buhmann erklären können – den bösen Boss, in dessen Auftrag Sie verhandeln, oder das absurde System, das Sie zum Vorteil des anderen austricksen. Bei der Chef-Variante sollten Sie sicherstellen, dass Ihr Vorgesetzter entweder eingeweiht oder für den anderen nicht erreichbar ist. Sonst droht Ihnen eine Blamage ganz eigener Art. Die versiertesten »Mein gnadenloser Boss«-Spieler findet man unter Verkäufern und Vertretern. Aber auch Berater und Kontrolleure verstehen es, dieses Spiel zu ihren Gunsten einzusetzen.

Der Spielverlauf
In der ersten Phase des Spiels dürfen Sie noch nicht sehr konkret werden. Sorgen Sie lieber für gute Stimmung, hören Sie sich an, was Ihr Gegenüber zu sagen hat, und legen Sie sich noch nicht fest. Strahlen Sie Zuversicht aus. Sagen Sie Sätze wie:

»Wir werden uns schon einig.«, loben Sie Ihren Gegenspieler. Oder versuchen Sie auf andere Weise, den anderen für sich einzunehmen.

Den eigentlich kritischen Punkt erreichen Sie in Phase zwei: Sie formulieren eine Verhandlungsposition, die Ihr Gegenüber nicht akzeptieren kann, die er als Zumutung empfindet. Vielleicht nennen Sie ihm einen Preis, der viel zu hoch/zu niedrig ist, vielleicht soll sich Ihr Gegenspieler irgendwelchen Prozeduren unterziehen, die für ihn entwürdigend sind. An dieser Stelle müssen Sie erklären, dass Sie ihn »vollkommen verstehen können«, wenn er ablehnend reagiert. Unter Umständen sollten Sie hinzufügen: »Ich an Ihrer Stelle würde das auch nicht hinnehmen.« So etwas in der Art.

Aber, so wie die Dinge nun einmal liegen, müssen Sie sich an die Vorgaben Ihres Chefs halten. Sonst bekommen Sie Ärger. Die Zeiten sind hart, was will man machen? Ihr Gegenspieler ist mit Ihnen einer Meinung. Er ist kurz davor, sich aus der Verhandlung zurückziehen, was Sie bedauern sollten. Denn jetzt öffnen Sie ihm eine geheime Hintertür. Eigentlich ist es ja für solche Fälle gar nicht vorgesehen, aber ... Vielleicht können Sie für Ihren Gegenspieler doch noch etwas erreichen. Einen Preisnachlass, Sonderkonditionen, den Verzicht auf die entwürdigende Prozedur, was auch immer. Sie präsentieren diesen Vorschlag nicht etwa als neues Verhandlungsangebot, sondern als geheime Vergünstigung, von der niemand etwas erfahren darf – am allerwenigsten Ihr hartherziger Chef.

Lässt sich Ihr Verhandlungspartner darauf ein, so können Sie noch das eine oder andere Entgegenkommen aushandeln, immer mit dem Hinweis, dass so etwas Ihre Position gegenüber dem knochenharten Chef entscheidend stärken würde. Sie verbünden sich also gegenüber einem vermeintlichen Gegner, um Ihren tatsächlichen Gegenspieler, Ihren »Verhandlungspartner«, umso schwungvoller über den Tisch zu ziehen.

Die Variante für den Kontrolleur
Kontrolleure spielen das Spiel etwas anders: Sie verbünden sich mit denen, die sie kontrollieren sollen, gegen ihren »gnadenlosen Boss«, der durchaus der gemeinsame Boss sein kann, es aber nicht sein muss. Der Kontrolleur ist in vielen Fällen auf die Zusammenarbeit mit denen, die er kontrolliert, angewiesen. Sie könnten ihm seine Arbeit erschweren oder sogar unmöglich machen. Und so verzichtet er auf Einhaltung seiner allzu rigiden Richtwerte, ja, in manchen Fällen verzichtet er sogar auf die Kontrolle oder zumindest auf Teile davon. Zum Ausgleich verlangt er, dass ihm die Kontrollierten entgegenkommen. Natürlich muss er den einen oder anderen Fehler melden, die eine oder andere Überschreitung des Richtwerts. Alles muss sich im Rahmen dessen abspielen, was erwartet wird. Und was das ist, darüber weiß niemand so gut Bescheid wie der Kontrolleur.

Weiterhin muss der Kontrolleur sicherstellen, dass seine Mitspieler, die er kontrollieren soll, nicht allzu stark gegen die rigiden Richtwerte verstoßen. Die Sache darf unter keinen Umständen auffliegen, sonst ist das Spiel beendet. Und daran hat keiner der unmittelbaren Mitspieler ein Interesse. Daher wird ein geschickter Kontrolleur immer wieder die Drohkulisse aufbauen, dass er kurz davor steht, als zu lasch enttarnt zu werden – wenn die anderen ihm nicht noch ein wenig entgegenkommen. Auf diese Weise kann er sie kontrollieren, indem er sie gerade nicht kontrolliert.

> **Gefahren**
>
> In der ursprünglichen Spielversion kann es Ihnen passieren, dass Ihr Gegenüber die Verhandlung einfach abbricht, wenn Sie ihm Ihr wenig attraktives Angebot unterbreiten. Dann nützt es auch nichts, ihm zu erklären, dass Sie für ihn noch den einen oder anderen Vorteil herausholen könnten. Abbruch ist erst mal Abbruch. Noch unangenehmer dürfte es für Sie werden, wenn sich der andere direkt an Ihren gnadenlosen Boss wendet und der ihn nicht abwimmelt und an Sie zurückverweist. Denn dann könnten die beiden eine Vereinbarung treffen – und Sie sind für Ihren Verhandlungspartner in Zukunft erledigt (»Stellen Sie mich zu Ihrem Chef durch. Ich lehne es ab, mit niederen Chargen darüber zu verhandeln!«). Und schließlich muss man sagen, dass solch eine Verhandlungsführung nicht gerade den seriösesten

Eindruck hinterlässt. Was nichts daran ändert, dass sie von manchen Verkäufern, Vertretern und Beratern mit großem Erfolg eingesetzt wird.
Was die Variante für den Kontrolleur betrifft, so geht er das Risiko ein aufzufliegen. Je nachdem, wie er das Spiel betreibt, entweder als jemand, der seinen Kontrollpflichten nicht nachkommt, oder als jemand, der die Kontrollierten mit Richtwerten unter Druck setzt, die sie ohnehin nicht einhalten können. Die Kontrollierten könnten dieses Manöver durchschauen und sich nicht mehr auf das Spiel einlassen: »Sollen die uns doch kontrollieren.«

! Gegenstrategien

Wenn Ihr Verhandlungspartner es geschickt genug anstellt, dann ist es gar nicht so einfach, dem Sog zu widerstehen, den er hier aufbaut: Er will Ihnen helfen und schlägt noch etwas für Sie heraus. Sie müssten ihn schon als Aufschneider und Lügner hinstellen, um den Sog tatsächlich unschädlich zu machen. Damit würden Sie aber die ganze Verhandlung gefährden, was Ihnen häufig nicht recht sein kann. Auch bringt es Sie nicht unbedingt weiter, wenn Sie mit feiner Ironie durchblicken lassen, dass Sie die Komödie durchschaut haben. Das führt nur dazu, dass sich der andere angegriffen fühlt, Ihre Unterstellungen zurückweist und das Verhandlungsklima deutlich abkühlt. Stattdessen können Sie seine Strategie durchkreuzen, indem Sie seine Vergünstigungen einfach ablehnen (»Ich will nicht, dass Sie in Schwierigkeiten kommen.«). Bestehen Sie darauf, dass Sie ein offizielles Angebot bekommen. Und wenn das in bestimmten Punkten nicht nachgebessert wird, dann müssen Sie eben ablehnen. In jedem Fall sollten Sie sehr zurückhaltend sein, wenn Sie Ihrem Verhandlungspartner noch entgegenkommen sollen, damit er vor seinem Chef besser dasteht.

6.2 Die freiwillige Selbstfesselung

Bei Verhandlungen gilt es als schwerer taktischer Fehler, sich allzu sehr festzulegen. Dadurch schränken Sie Ihren Gestaltungsspielraum ein und verlieren an Macht. Sie sind nicht mehr souverän genug zu tun und zu lassen, was Sie wollen, sondern sind zum Gefangenen Ihrer eigenen Festlegung geworden. Was Sie machen, was Sie fordern, all das kann von der Gegenseite leicht berechnet und damit ausgenutzt werden. Sie werden zum Spielball der anderen. Daher halten es viele für die beste Taktik, sich bei Verhandlungen möglichst undurchschaubar zu verhalten und sich erst einmal auf gar nichts festzulegen. Doch das kann ein Fehlschluss sein. In etlichen Verhandlungen haben Sie eine viel stärkere Position, wenn Sie Ihre Möglichkeiten drastisch reduzieren und sich selbst vorher möglichst enge Fesseln anlegen – lassen.

Die Spielidee
Sie brauchen jemanden, der Ihnen vor der Verhandlung die Fesseln anlegt: Das kann Ihr Chef sein, Ihr Ehepartner, Ihr Finanzgeber, ein Kontrollgremium, Ihre

Mitarbeiter, Planzahlen, gesetzliche Vorschriften, die öffentliche Meinung. Die stellen Ansprüche an Sie, die Sie nicht übergehen können. Wie beim Spiel »Mein gnadenloser Boss« geht es darum, dass Sie einen großen Teil Ihrer Verantwortung einem anderen zuschieben, aber nicht, um die Vorgaben zu unterlaufen, damit Sie bei der Gegenseite Sympathiepunkte sammeln. Sondern die Einschränkungen durch diese freiwillige Selbstfesselung müssen so eng sitzen, dass Ihrem Verhandlungspartner klar ist: Der kommt da nicht heraus. Es ist völlig zwecklos, darüber zu verhandeln.

Die schützenden Fesseln
Es liegt auf der Hand: Diejenigen, die Ihnen die Fesseln anlegen, wollen Sie genau auf die Ziele verpflichten, die Sie selbst unbedingt erreichen wollen. Ihr Chef bekommt einen Tobsuchtsanfall, wenn Sie das Budget nicht einhalten, das wie immer zu knapp kalkuliert ist. Ihr Ehepartner reicht die Scheidung ein, wenn Sie das nächste Wochenende wieder durcharbeiten müssen. Ihre Mitarbeiter treten in Streik, wenn Sie den Zeitplan wieder so eng legen. Die Folgen, wenn Sie dem anderen nachgeben und sich auf einen Kompromiss einlassen, müssen für Sie unzumutbar sein. Und es darf kein Zweifel daran bestehen, dass diese Folgen tatsächlich eintreten.

Den Vorteil der schützenden Fesseln werden Sie vor allem zu schätzen wissen, wenn Ihr Gegenüber in einer stärkeren Position ist und Sie in allen Punkten, auf die Sie Einfluss haben, in Grund und Boden verhandelt.

Spielverlauf
In aller Regel werden Sie die Fesseln, die Sie sich haben anlegen lassen, möglichst zu Beginn erwähnen. Der andere soll sich ruhig frühzeitig darauf einstellen, an welchem Punkt Sie keine Kompromisse machen können. Davon abgesehen könnte Ihre Glaubwürdigkeit leiden, wenn Sie erst im späteren Lauf der Verhandlungen auf Verpflichtungen verweisen, die Sie eingegangen sind. Wollen Sie solche Selbstfesselungen noch nachträglich ins Spiel bringen, müssen Sie gut begründen können, warum diese Bedingungen erst jetzt auf den Tisch kommen, zum Beispiel weil Sie erst jetzt mit Ihrem Vorgesetzten, Ihrem Ehepartner oder Ihren Mitarbeitern geredet haben. Jeder Verzug kann Ihre Überzeugungskraft schwächen.

Dass Sie sich die Fesseln haben freiwillig anlegen lassen, behalten Sie besser für sich. Nach außen hin stehen Sie unter Zwang und können überhaupt nicht anders. Allerdings gibt es Konstellationen, da spielt es kaum noch eine Rolle, ob Sie hinter der Sache stecken oder nicht. Haben Sie sich öffentlich zu einer bestimmten Verhaltensweise verpflichtet, finden womöglich noch unabhängige Kontrollen statt, dann kann Ihr Gegenüber darüber nicht hinweggehen. Er kann es Ihnen vorwerfen (»Sie Esel, wie konnten Sie nur solche Zusagen machen?!«), aber es ändert nichts an Ihrer Verhandlungsposition. Sie haben den Preis für eine Änderung in diesem speziellen Punkt vorsätzlich in die Höhe getrieben, sodass es für den anderen nicht mehr sinnvoll erscheint, darüber zu verhandeln.

Überhaupt wäre es eine riskante Strategie, im Laufe der Verhandlungen die Fesseln zu lösen und nach dem altmünchner Motto vom Monaco-Franze »A bisserl was geht immer« ein Hintertürchen zu öffnen. Damit würden Sie das ganze Spiel umstoßen, Ihre Glaubwürdigkeit beschädigen und Ihre Position unterhöhlen. Bevor Sie sich auf solche Manöver einlassen, sollte Ihr Verhandlungspartner mindestens ebenso weit über seinen eigenen Schatten gesprungen sein.

Die freiwillige Selbstfesselung erhöht das Risiko, dass Ihre Verhandlungen scheitern oder zumindest abgebrochen werden. Das muss nicht immer ein Nachteil sein. Tatsächlich können Sie von abgebrochenen Verhandlungen auf mittlere Sicht erheblich stärker profitieren als von einer Einigung um jeden Preis. Genau die verhindern Sie durch die Fesselung. Akzeptiert Ihr Gegenspieler die Fesseln nicht, dann müssen Sie mit dem Ausdruck tiefsten Bedauerns eine Einigung ablehnen.

> **!** **Gefahren**
> Sie können sich an zwei Punkten verkalkulieren: Wenn Sie sich per Selbstfesselung auf etwas verpflichten, das gar nicht so wesentlich ist, entstehen Ihnen gravierende Nachteile. Ihnen fehlt schlicht die Verhandlungsmasse, sodass eine Einigung, die möglich wäre, in weite Ferne rückt oder durch Kompromisse erkauft wird, die Sie teuer zu stehen kommen. Und das ist die zweite Gefahr: Wenn Sie die Kosten für eine Position in die Höhe schrauben, dann könnten Sie gezwungen sein, Ihrem Gegenüber in anderen Punkten entgegenzukommen. Und da wäre es natürlich sehr ungünstig, wenn Sie Positionen räumen müssen, die Ihnen eigentlich viel mehr am Herzen liegen.

> **!** **Gegenstrategien**
> Eine geschickt inszenierte freiwillige Selbstfesselung lässt Ihnen als Gegenspieler nicht viel Raum. Sie können nur versuchen, in anderen Punkten Zugeständnisse zu erreichen, was manchmal sehr viel sein kann. Die Selbstfesselung aufzuknacken, lohnt sich hingegen nicht. Denn das wäre für Ihren Gegenspieler mit einem Gesichtsverlust verbunden, den er nicht ohne Not riskieren wird.

6.3 Das »Klappe zu«-Spiel

Die Verhandlungen laufen gut, Sie werden sich schnell einig. Doch dann erleben Sie eine böse Überraschung: Die Bedingungen, die Sie tatsächlich vorfinden, sind viel schlechter, als Sie erwartet haben: Die Aufgabe, die Sie übernehmen sollen, ist viel komplizierter als gedacht, die Zusagen, die man Ihnen gemacht hat, lösen sich in Luft auf oder das Produkt, das Sie erworben haben, erfüllt nicht Ihre Erwartungen. Was sollen Sie tun? Nachverhandeln ist schwierig, die Einigung wieder aufzukündigen, bringt Ihnen schwere Nachteile. Also bleibt nur, dass Sie sich zähneknirschend in Ihr Schicksal fügen. Und eben genau das wollte Ihr Verhandlungspartner von Anfang an erreichen. Sie sind zum Opfer des »Klappe zu«-Spiels geworden.

Für wen geeignet?
Das »Klappe zu«-Spiel sollte zum Standardrepertoire eines jeden gehören, der Verhandlungen führen muss: Einkäufer, Verkäufer, Führungskräfte, Freiberufler, die ihre Aufträge aushandeln, sie alle sollten die Spielregeln kennen, und zwar gar nicht mal so sehr, um dieses Spiel selbst zu betreiben, sondern um ihm nicht zum Opfer zu fallen. Denn es werden damit tagtäglich reihenweise Menschen übervorteilt. In leichten Fällen wird man sagen: weil die Gegenseite schlitzohriger verhandelt hat. In schweren Fällen würde man eher von Betrug sprechen.

Der Spielverlauf
Beim »Klappe zu«-Spiel sind zwei Phasen sorgsam zu unterscheiden: In der eigentlichen Verhandlungsphase geht es darum, seinen Gegenspieler über die tatsächlichen Bedingungen, auf die er sich einlässt, im Unklaren zu lassen. Was ihn erwartet, wird in leuchtenden Farben ausgemalt. Die Verpflichtungen, die er eingeht, werden kleingeredet, wenn nicht gar verschwiegen. Ihm wird Unterstützung in Aussicht gestellt oder sogar zugesichert, an die im Traum nicht zu denken ist. Mit anderen Worten: Das, was der Spieler selbst in die Waagschale wirft, wird aufgewertet, das, was der Gegenspieler bieten muss, wird heruntergespielt. Und auf dieser Grundlage wird eine Einigung erzielt. Es wird nicht weiterverhandelt, die Klappe schließt sich.

Damit beginnt Phase zwei: Die Realisierung der Vereinbarung. Und die fällt für den Gegenspieler nicht so aus, wie er das erwartet hat. Er hat seinen Aufwand unter- und die Vorteile überschätzt, die ihm die Vereinbarung bringt. Jetzt befinden wir uns am kritischen Punkt, an dem sich das Spiel entscheidet. Wer ist jetzt der Stärkere? Kann der Gegenspieler die Vereinbarung wieder aufkündigen, den Auftrag platzen lassen, das Produkt zurückschicken oder gar Klage einreichen? Dann hat sich der »Klappe zu«-Spieler verrechnet. Er muss es also so einrichten, dass dieser Fall nicht eintritt. Will der Gegenspieler wieder aus der Sache raus, dann müssen für ihn die Nachteile so groß sein, dass er doch lieber dabeibleibt. Hat es der »Klappe zu«-Spieler geschickt genug eingefädelt, wird sein Gegenspieler sich nicht einmal beschweren, sondern die Kröte einfach schlucken.

Warum der andere nicht nachverhandelt
Wenn wir zu einer Einigung kommen, dann stellen wir uns geistig darauf ein, dass die Verhandlungen abgeschlossen sind. Auch bei uns geht sozusagen die »Klappe zu«. Darüber hinaus unternehmen wir die ersten Schritte, um die Vereinbarung zu realisieren. Wir halten Termine frei, reisen an, schaffen Platz im Lagerraum, treffen zusätzliche Absprachen, was auch immer. All das kostet Zeit und Mühe. Wenn sich nun herausstellt, dass die Bedingungen ungünstiger sind, als wir angenommen haben, dann scheuen wir uns, die Vereinbarung gleich wieder aufzukündigen. Denn damit würden wir das Risiko eingehen, dass die ganze Sache scheitert, auf die wir uns schon eingerichtet haben, und dass unsere ganze Mühe umsonst war. Das wirkt sich auf jeden Fall schon einmal dämpfend auf unseren Willen zum Widerspruch aus.

Wir könnten zwar versuchen, unsererseits die Bedingungen für den »Klappe zu«-Spieler zu verschlechtern, als Ausgleich sozusagen. Doch wenn der »Klappe zu«-Spieler dann seinerseits die Bedingungen für uns noch weiter verschlechtern kann (kein Honorar, keine Ware, Abbruch der Kundenbeziehung), dann sitzen wir einfach am kürzeren Hebel.

Lügen lohnt sich nicht
Auf der anderen Seite will sich niemand an der Nase herumführen lassen. Wer den Eindruck hat, er sei regelrecht betrogen worden, der nimmt einige Nachteile in Kauf, um den »Klappe zu«-Spieler zu bestrafen. Auch wenn er selbst schlechter wegkommt, so soll doch wenigstens der Betrüger nicht mit seinen Machenschaften durchkommen.

Für den »Klappe zu«-Spieler heißt das jedoch nur, dass er es nicht zu bunt treiben darf mit seinen leeren Versprechungen. Offensichtlich lügen sollte er nun nicht gerade. Sein Verhalten sollte immer noch gedeckt werden durch so etwas wie professionelle Schlitzohrigkeit. Wenn er eine Vergünstigung als »wahrscheinlich« bezeichnet hat, dann können wir uns eben nicht darauf verlassen, dass sie »tatsächlich« gewährt wird. Ganz im Sinne des Philosophen René Descartes, der schon im 17. Jahrhundert wusste: »Alles, was lediglich wahrscheinlich ist, ist wahrscheinlich falsch.« Außerdem kann es durchaus Gründe dafür geben, dass er den Aufwand »unterschätzt« hat, den er uns aufbürdet. Oder dass die »professionelle Unterstützung« ausbleibt, die er uns zugesagt hat. Das war alles keine böse Absicht, kann alles mal passieren. Wie es halt so geht, in diesen »turbulenten Zeiten«, da wir Leistungsträger alle permanent unter Stress stehen (→ Vollbeschäftigung, Kapitel 5.1).

Das Opfer will nicht leichtgläubig sein
Noch besser läuft es für den »Klappe zu«-Spieler, wenn wir als sein Gegenspieler es eigentlich hätten ahnen können, dass es nicht »so« funktionieren kann, wie wir angenommen hatten. Wir sind schon »so lange im Geschäft«, wir wissen doch, »wie das hier läuft« und dass »Klappern zum Handwerk« gehört. Uns wird klar, dass wir sehr naiv gewesen sind. Und weil wir nicht wollen, dass die anderen das merken, halten wir lieber gleich den Mund.

> **Gefahren**
>
> Das »Klappe zu«-Spiel ist nicht gerade geeignet, vertrauensvolle Geschäftsbeziehungen aufzubauen. Vielmehr sät es Misstrauen. Auch wenn das Opfer die Schuld bei sich selbst und seiner Leichtgläubigkeit sucht, so ist es doch vorgewarnt, beim nächsten Mal ganz genau hinzuschauen und bei allen Zusagen, die gegeben werden, bedeutende Abstriche zu machen. Darum eignet sich das »Klappe zu«-Spiel hauptsächlich für Verhandlungen, die sich nicht wiederholen. Aber davon gibt es ja eine ganze Menge. Und leider hängt von ihnen oft ziemlich viel ab.
> Außerdem kann das ganze Kalkül scheitern. Wenn sein Gegenüber auf stur schaltet und die ganze Einigung in Frage stellt, dann hat ja nicht nur er Nachteile. Auch den Spieler kann es empfindlich treffen.

> **Gegenstrategien**
>
> Der wichtigste Gegenstrategie gegen den Spieler zuerst: Bei Verhandlungen dürfen Sie nicht nur daran denken, in Phase eins möglichst viel für sich herauszuholen. Behalten Sie auch Phase zwei im Auge: Was ist, wenn die Vereinbarung umgesetzt wird? Befinden Sie sich dann in einer unterlegenen Position? Kann Ihnen der andere jetzt seine Bedingungen diktieren, weil Sie von ihm abhängig sind? Oder verfügen Sie noch über nennenswerte Druckmittel? Die schönste Vereinbarung nützt Ihnen nichts, wenn sich Ihr Verhandlungspartner später einfach darüber hinwegsetzt. Sie brauchen daher immer eine Ausstiegsoption.
> Darüber hinaus können Sie schon in Phase eins eine gesunde Portion Skepsis an den Tag legen, was die Zusicherungen Ihres Gegenübers betrifft. Versuchen Sie, die festzuklopfen, denn dass sich jemand zu einer offensichtlichen Lüge bereit findet, kommt zwar vor, erhöht aber beträchtlich den Einsatz in seinem Spiel: nicht nur weil ihn der Belogene nicht ungestraft davonkommen lassen möchte, sondern auch, weil es juristische Mittel gibt, sich dagegen zu wehren. Und vor allem steht der gute Ruf auf dem Spiel. Kaum jemand kann es sich leisten, als Lügner verschrien zu sein. Ebenfalls sollten Sie in Phase eins all die Punkte festzurren, die Ihnen wichtig sind. Sie können sich absolut nicht darauf verlassen, dass Ihnen die Gegenseite noch entgegenkommt, wenn »die Klappe heruntergeht« und Phase zwei, die Realisierung, beginnt.

6.4 Die eingebaute Nachverhandlung

Geradezu das Gegenmodell zum »Klappe zu«-Spiel ist die »eingebaute Nachverhandlung«. Während beim letzten Spiel darauf gesetzt wurde, dass die Gegenseite nicht nachverhandeln will, geht es hier nun darum, Nachverhandlungen für sie unausweichlich zu machen. Denn erst die Nachverhandlungen bringen dem Spieler Vorteile, während er vorher buchstäblich draufzahlt.

Sein Kalkül: Ich gehe mit möglichst geringen Forderungen in die Verhandlung, eine Einigung ist schnell erreicht, mögliche Konkurrenten können nicht mithalten, da die Bedingungen, auf die ich mich einlasse, für sie nicht akzeptabel sind. Ich komme aber dennoch auf meine Rechnung. Denn wenn ich mit der Gegenseite erst einmal ins Geschäft gekommen bin, wird sie von mir abhängig. Da wir bei unserer Einigung etliche Punkte »übersehen« haben, müssen wir nun nachverhandeln. Dabei kann ich die Bedingungen wesentlich günstiger für mich gestalten.

Für wen geeignet?
Die »eingebaute Nachverhandlung« wird oft gespielt, wenn es darum geht, einen Auftrag zu ergattern. Man muss Konkurrenten aus dem Weg schlagen, das günstigste Angebot abgeben und den Auftraggeber überzeugen. Das Spiel eignet sich aber nur für Aufträge, die kompliziert genug sind, dass sich Nachverhandlungen überhaupt sinnvoll einbauen lassen. Wer nach der Einigung einfach seine Zusagen nicht einhält, spielt ein anderes Spiel. Und noch etwas sollten Sie wissen: Die »eingebaute Nachverhandlung« kann durchaus im besten Einvernehmen mit der Gegenseite gespielt werden. Dazu gleich mehr.

Der Spielverlauf
Im Unterschied zum »Klappe zu«-Spiel gibt es hier sogar drei Phasen: Auf die Verhandlung und die Realisierung der Vereinbarung folgt als Phase drei die Nachverhandlung (auf die natürlich wieder eine Realisierung folgt, die wir hier aber unter den Tisch fallen lassen können). In Phase eins stellt der Spieler keine besonders hohen Anforderungen, er akzeptiert nahezu alle Bedingungen der Gegenseite, um mit ihr ins Geschäft zu kommen. Nur auf eines muss der Spieler unbedingt achten: Dass er Nachverhandlungsbedarf schafft. So können einige Punkte offen bleiben, die eigentlich geklärt werden müssten. Oder aber der Spieler verkauft seinem Auftraggeber eine Billiglösung, von der er genau weiß, dass der damit nicht hinkommt und nachrüsten muss. Manche Spieler kalkulieren auch Zeit und/oder Material viel zu knapp, sodass sein Auftraggeber mit einer halbfertigen Lösung dasteht, wenn die Vereinbarung getreulich umgesetzt wird.

6 Die eingebaute Nachverhandlung

In Phase zwei erfüllt der Spieler alles, worauf die beiden Parteien sich verständigt haben, Zusagen hält er ein, schließlich will er sich als zuverlässiger Vertragspartner empfehlen. Doch dann kommt der Punkt, an dem sich herausstellt, dass die beiden mit ihrer Vereinbarung nicht hinkommen. Nun muss nachverhandelt werden. Wir treten in die dritte Phase ein. Und hier ist der kritische Punkt, an dem sich dieses Spiel entscheidet: Wer ist jetzt in einer stärkeren Position? Kann es sich der Auftraggeber gar nicht leisten, dass sein Vertragspartner abspringt? Dann kann der nun deutlich bessere Bedingungen für sich aushandeln, das Zusatzhonorar nach oben setzen und die eine oder andere Vergünstigung erreichen. Ist er jedoch leicht zu ersetzen – steht der Ersatzspieler womöglich schon bereit, um einzuspringen – dann hat sich unser Spieler verschätzt. Er hat zu einem lächerlichen Honorar gute Arbeit geleistet und wird nun weggeschickt. Es liegt auf der Hand, dass eine solche Geschäftsbeziehung ruiniert ist.

Vorsicht vor Erpressung
Wenn der Spieler seine Nachforderungen stellt, dann sollte er sich hüten, den Bogen zu überspannen. Nicht nur, weil er dann Gefahr läuft, ausgewechselt zu werden, sondern weil das seinen Ruf ruinieren kann. Manche Auftraggeber schlucken die Kröte der kostspieligen Nachverhandlung, um dann dafür zu sorgen, dass sich allgemein herumspricht, was für ein ausgemachter Halunke doch dieser angeblich so günstige Vertragspartner ist. Das sollten Sie besser nicht riskieren. Aber wenn Sie Ihre Forderungen maßvoll nach oben setzen, dann wird sich niemand beklagen können. Und wenn Sie bis dahin gute Arbeit geleistet haben, wird auch Ihr Auftraggeber einverstanden sein und die Geschäftsbeziehung mit Ihnen fortsetzen. Denn es ist allgemein üblich, dass Extras, die später noch obendrauf kommen, ein bisschen kostspieliger sind.

Wenn die Gegenseite mitspielt
Die »eingebaute Nachverhandlung« kann von Ihrem Auftraggeber durchaus schon einkalkuliert, ja sogar gewollt sein. Zum Beispiel wenn er derjenige ist, der die Verhandlungen in Phase eins führt, der die Angebote entgegennimmt und noch weiter herunterhandelt. Darin zeigt sich ja seine Macht. Und er erwirbt sich Anerkennung, wenn er den anderen möglichst tief drückt – weit unter dessen Schmerzgrenze. Wenn dann später nachverhandelt werden muss, dann hat er vielleicht gar nichts mehr damit zu tun, sondern einer seiner Kollegen muss die Sache ausbaden. Aber sogar wenn er dann selbst wieder am Verhandlungstisch sitzt, kann er sich den ersten Triumph schon mal ans Revers heften und seinen Ruf als knallharter Verhandlungsführer festigen. Für die Nachverhandlungen muss er dann irgendeine plausible Erklärung finden und »Schuld schieben« (→ Kapitel 3.4).

Dieses Doppelspiel kann so weit gehen, dass der Auftraggeber, also Ihr vermeintlicher Gegenspieler, die eigentlich treibende Kraft bei der ganzen Sache ist. Er legt Ihnen als seinem Verhandlungspartner nahe, Ihr Angebot so abzufassen, dass er später bei der einen oder anderen Position noch etwas rausholen kann. Er braucht den Erfolg als knallharter Preisdrücker, gibt er zu verstehen. An dieser Stelle kann er das Spiel »Mein gnadenloser Boss« (→ Kapitel 6.1) einbeziehen, um das konkurrenzlos niedrige Angebot zu bekommen, nur darum geht es ihm jetzt. Ob der Anbieter bei den Nachverhandlungen tatsächlich auf seine Kosten kommt, ist noch einmal eine ganz andere Frage. Möglicherweise hat der knallharte Preisdrücker für diese Positionen schon einen anderen Kandidaten an der Angel, der kurzfristig einspringen kann.

! Gefahren

Es ist immer riskant, erst einmal in Vorleistung zu gehen und darauf zu hoffen, später auf seine Kosten zu kommen, zumal durch Nachverhandlungen, bei denen die Karten neu gemischt werden. Unter Umständen stellt sich die Situation nun gar nicht besser, sondern sogar schlechter dar als in Phase eins. Die Gegenseite hat vorgesorgt und stellt Sie nun vor die Alternative: zu den alten Konditionen weiterzumachen oder das Feld zu räumen. Oder Sie werden sofort abserviert, sobald Sie anfangen, Nachforderungen zu stellen. Eben gegen diesen Fall müssen Sie sich absichern. Zweitens belasten Nachverhandlungen immer die Beziehung zu Ihrem Verhandlungspartner – wenn er diese Verhandlungen nicht schon einkalkuliert hat. Aber wenn er sie einkalkuliert hat, dann steigt auch die Gefahr, dass er sich gegen sie wappnet. Ansonsten ist der psychologische Effekt von Nachverhandlungen, dass sich die schwächere Seite geprellt und machtlos fühlt. Solche Situationen wird sie in Zukunft vermeiden wollen, auch wenn sie unter dem Strich gar nicht so schlecht abgeschnitten hat.

! Gegenstrategien

Natürlich können Sie versuchen, Ihre Vereinbarung so zu gestalten, dass Sie gar nicht erst nachverhandeln müssen. Denn Sie haben alles Wesentliche festgeklopft. Doch noch besser ist es, wenn Sie auf Nachverhandlungen vorbereitet sind. Denn immerhin kann es sich Ihr Gegenüber ja immer überlegen nachzuverhandeln, wenn er sich davon Vorteile verspricht, gleichgültig, was Sie vorher vereinbart haben. Es geht also darum, dass Sie Ihre Position für mögliche Nachverhandlungen stärken und sich nicht auf Gedeih und Verderb dem anderen ausliefern. Wenn Sie gar nicht so abhängig sind, wie Ihr Gegenüber glaubt, dann kann er eine böse Überraschung erleben. Vielleicht stellt sich heraus, dass er viel mehr zu verlieren hat als Sie. Dann wird er seine Nachforderungen kräftig nach unten korrigieren müssen. Kurzum, Sie dürfen nach Ihrer Einigung von dem anderen nicht zu stark abhängig werden, und er wiederum darf von Ihnen nicht zu unabhängig werden. Darüber hinaus können Sie immer noch davor warnen, die bislang so ausgezeichnete Geschäftsbeziehung« aufs Spiel zu setzen. Und natürlich hilft es immer, wenn Sie sich menschlich enttäuscht zeigen, wenn jemand seine Machtposition ausnutzen will (siehe nächstes Spiel).

6.5 Hart an der Schmerzgrenze

Stellen Sie sich vor, die Verhandlung läuft gut für Sie. Ihre Forderungen bekommen Sie fast alle durch, die Gegenseite macht Ihnen wichtige Zugeständnisse. Und dann schließen Sie ab. Was geschieht? Sie reichen sich die Hände, Sie sind mehr als zufrieden mit dem Ergebnis. Und das lassen Sie den andern auch spüren. Win-win-Euphorie. Es ist gut, wenn beide Seiten sich über das Verhandlungsergebnis freuen.

So weit die Theorie. Wenn Sie es mit einem ausgebufften Verhandler zu tun haben, sieht die Praxis häufig anders aus. Für den ist Ihre überbordende Zufriedenheit nämlich kein gutes Zeichen, sondern eher ein Signal, dass für ihn noch mehr zu holen war. Ihr gutes Gefühl kann seine Stimmung trüben. »Wenn sich ein Verkäufer nach der Verhandlung bei mir bedankt, dann rufe ich am nächsten Tag an und verhandle neu«, zitiert der Verhandlungsexperte Heiko van Eckert einen erfahrenen Einkäufer. Gerade bei Preisverhandlungen, die mit harten Bandagen geführt werden, tun Sie gut daran, Ihrem Gegenüber das Gefühl zu geben: Er hat das Maximum erreicht. Zu mehr Zugeständnissen sind Sie nicht bereit.

Verhandlungen sind eine Beziehungskomödie
Nun ist es gewiss kein Nachteil, wenn Verhandlungen zu einem Ergebnis führen, das beide Seiten akzeptabel finden. Wer sich über den Tisch gezogen fühlt, der wird Ihnen bei der nächsten Gelegenheit keinen Millimeter entgegenkommen wollen. Es kann durchaus sinnvoll sein, dass Sie Ihrem Verhandlungspartner Zugeständnisse machen, die Sie nicht machen müssten. Doch möchten Sie ihm signalisieren: Ich nutze meine überlegene Verhandlungsposition jetzt nicht aus. Mir ist an einer guten persönlichen Beziehung zu Ihnen gelegen. Damit geben Sie ihm allerdings auch zu verstehen: Ich erwarte das Gleiche von Ihnen, wenn sich die Machtverhältnisse drehen.

Es ist nun einmal so: Verhandlungen brauchen gegenseitigen Widerstand, damit beide Seiten zufrieden sind. Nehmen wir an, Sie würden für Ihren Arbeitseinsatz einen Tagessatz aushandeln. Sie nennen einen Betrag, der ein wenig über dem liegt, was Sie erwarten. Die Gegenseite reagiert erfreut: »Wunderbar. Wir sind einverstanden. Lassen Sie uns gleich den Vertrag abschließen.« Auch wenn Sie mehr bekommen, als Sie erhofft haben: Sie werden das Gefühl nicht los, dass Sie Ihre Leistung »zu billig« verkauft haben und andere wesentlich mehr herausgeholt hätten.

Für Ihre Verhandlungen bedeutet das: Ihr Gegenüber wird sich vor allem dann mit großer Genugtuung auf Ihren Vorschlag einlassen, wenn er überzeugt ist:

Verlangt er ein Zugeständnis mehr, dann würden Sie den Verhandlungstisch verlassen. Nicht dass Sie zerknirscht wären. Oder Ihr Gegenüber befürchten muss, er hätte Sie gedemütigt (mit solchen Leuten verhandelt man nicht gerne ein zweites Mal; man fürchtet ihre Rache). Vielmehr bleiben Sie neutral. Ihr Gegenüber sollte annehmen, dass Sie sich ein wenig mehr von der Verhandlung versprochen hätten, als Sie für sich rausgeholt haben.

> **! Gefahren**
>
> Zuviel Taktieren schadet und macht Sie unglaubwürdig. Es gibt Verhandlungen, da kommt Ihnen die Gegenseite schon ein gutes Stück entgegen. Wenn Sie das nicht honorieren, sondern den Eindruck erwecken, Sie würden noch mehr verlangen, fühlt sich Ihr Verhandlungspartner verschaukelt. Eine Einigung könnten Sie dadurch untergraben.

> **! Gegenstrategien**
>
> Rechnen Sie einfach damit, dass Ihr Gegenüber Ihre Vorschläge zurückhaltender aufnimmt, als es für ihn angemessen wäre. Die wirksamste Gegenwehr besteht darin, das Spiel mitzuspielen und sich gleichfalls niemals besonders zufrieden über die Einigung zu äußern. Andererseits sollten Sie es sich nicht gefallen lassen, wenn Ihr Verhandlungspartner offensichtlich versucht, Sie an der Nase herumzuführen. Ernsthafte Vorschläge von Ihrer Seite haben eine ernsthafte Antwort verdient. Wer da taktisch dramatisiert, soll wissen, dass Sie sein Spiel durchschauen.

6.6 »Verdammt, ich brauch Sie, ich brauch Sie nicht!«

Bei Verhandlungen sind Sie im Vorteil, wenn Sie nicht so sehr auf die andere Seite angewiesen sind, wird allgemein behauptet. Und das ist ja auch nicht falsch. Wer unabhängig ist, kann Forderungen stellen und die andere Seite muss eine Kröte nach der anderen schlucken, oder die ganze Sache findet einfach nicht statt. Denken wir an eine Expertin, die über einzigartiges Fachwissen verfügt, das die Firma dringend braucht – oder einen Schauspieler, der unbedingt die Hauptrolle in einem bestimmten Film übernehmen soll. Die Gefragten diktieren die Bedingungen. In der Verhandlung haben sie nahezu unumschränkte Macht, solange es weit und breit niemanden gibt, der sie ersetzen könnte.

Aber das ist nicht die ganze Wahrheit. Denn auch derjenige, der den anderen braucht, übt mitunter sehr starken Einfluss aus. Er spielt nur auf einem völlig anderen Register. Er appelliert an dessen Hilfsbereitschaft, seine Fairness, seine Mitmenschlichkeit – an all die hochanständigen Dinge, die im Spiel um die Macht angeblich nicht zählen. Doch das stimmt nicht so ganz, wie wir noch sehen werden. Mit diesen hochanständigen Dingen können Sie Ihren Gegenspieler unter bestimmten Voraussetzungen nämlich sehr stark unter Druck setzen. Oder Sie selbst geraten mit einem Mal aus einer vermeintlich starken Position in die Defensive, weil Ihr Gegenüber Sie braucht und Sie ihn einfach hängen lassen.

Im Spiel »Verdammt, ich brauch Sie, ich brauch Sie nicht« spielen Sie wechselweise auf beiden Registern. Je nachdem, wie es gerade passt, setzen Sie Ihren Gegenspieler unter Druck oder lassen ihn mit seinen Forderungen auflaufen. Dabei kann das Spiel erheblich an Fahrt gewinnen, wenn Sie Vorder- und Hinterbühne (→ Kapitel 1 unter der Zwischenüberschrift »Spiele auf der Vorder- und der Hinterbühne«) für sich nutzen.

Wer gebraucht wird, ist nicht frei
Das Verhältnis von Macht und Abhängigkeit ist verwickelter, als es auf den ersten Blick zu sein scheint. Zunächst ist es ein menschlicher Grundtatbestand: Wir empfinden es als beglückend, wenn wir gebraucht werden. Die anderen sind auf uns angewiesen. Das gibt uns das Gefühl von Bedeutsamkeit und Macht. Zugleich büßen wir aber Macht ein, denn wir bekommen auch Verantwortung übertragen. Wenn wir uns darauf einlassen, für jemanden da zu sein, können wir nicht mehr ohne Weiteres das tun, was wir wollen. Dass jemand auf uns angewiesen ist, verpflichtet uns regelrecht, ihm zu helfen. »Wer gebraucht wird, ist nicht frei. Ich aber brauche dich«, hat das Bertolt Brecht auf eine knappe Formel gebracht.

Es kommt noch etwas hinzu: Wir sind lieber auf Menschen angewiesen, die auch von uns zumindest ein wenig abhängig sind. Dass wir uns gegenseitig brauchen, verbindet uns und schützt uns davor, dass der eine den anderen plötzlich fallen lässt. Beide Seiten haben ein Druckmittel und können der Gegenseite Unannehmlichkeiten bereiten. Wenn uns jemand hingegen überhaupt nicht braucht, aber wir ihn, dann sind wir ihm vollkommen ausgeliefert. So jemandem möchten wir lieber nicht in die Hände fallen, völlig zu Recht, denn er kann uns seine Bedingungen aufzwingen. Wir haben ihm nichts entgegenzusetzen.

Das Signal »Ich brauche Sie«
Wenn ich Ihnen signalisiere, dass ich Sie brauche, dann will ich Sie auch vereinnahmen. Das muss gar nicht negativ sein. Im Gegenteil, wir wollen ja vereinnahmt und gebraucht werden. Ohne ein Mindestmaß an Vereinnahmung bleibt alles unverbindlich und lau. Wer Sie mitreißen und mobilisieren will, der kommt gar nicht darum herum, Sie zu vereinnahmen. »Wir planen im kommenden Frühjahr ein interessantes Projekt«, lässt Sie jemand wissen, den Sie

für mächtig halten. »Dazu bräuchte ich Ihre Unterstützung. Sind Sie dabei?« Unterstellen wir, dass das Projekt etwas taugt. Spüren Sie den Sog, der von der Formel ausgeht: »Ich brauche Sie!«?

Natürlich wollen wir dabei sein, setzen schon mal einige Hebel in Bewegung, treffen unsere Vorbereitungen, noch ehe wir über die Details gesprochen haben. Der andere ist mächtig und er braucht uns. Also können wir viel gewinnen. Die Einladung, dabei zu sein, stimmt uns fast euphorisch. Stellen Sie sich hingegen vor, Sie wären nur als fünftes Rad am Wagen vorgesehen. Nicht sehr verlockend: »Wenn Sie dabei sein wollen, rechts unten in der Galeere ist noch ein Platz für Sie frei.«

Natürlich spielen noch andere Dinge mit hinein: wie vertrauenswürdig die Gegenseite ist, zum Beispiel. Aber damit sind wir ja schon bei den hochanständigen Dingen, auf die es bei den Machtspielen angeblich nicht ankommt. Und wir fassen eher Vertrauen zu jemandem, wenn wir sicher sind, dass er auf uns angewiesen ist. Kurz gesagt: Wenn ich Sie mobilisieren will, dann brauche ich ein Mindestmaß an Macht, an Vertrauen – und ich muss Ihnen zu verstehen geben, dass ich Sie brauche. So kommen wir ins Geschäft.

Zusätzlich kann ich Sie für das Gelingen der Sache verantwortlich machen, für die ich Sie brauche. So kann ich Sie regelrecht unter Druck setzen. Denn wollen Sie sich entziehen, weil unerwartete Probleme auftauchen oder Sie meine Bedingungen nicht (mehr) akzeptieren, dann mache ich Sie dafür verantwortlich, dass mein Vorhaben scheitert. Sie haben mich hängen gelassen. Sie stehlen sich aus Ihrer Verantwortung, sobald erste Schwierigkeiten auftauchen. Ja, Sie haben mich erst in diese Lage gebracht und machen sich nun auf und davon. Ich werde dafür sorgen, dass sich diese Sache herumspricht. Für Ihren Ruf kann das verheerende Folgen haben. Weil ich Sie so dringend brauchte, haben Sie das Projekt nun an den Hacken kleben. Und genau das war meine Absicht.

Das Signal »Ich brauche Sie nicht«
Andererseits können Sie das Spiel auch drehen, wenn ich mich zu stark von Ihnen abhängig gemacht habe. Sie handeln, wie Sie wollen. Sie verlangen mehr Einfluss, weil Sie ja auch die Verantwortung tragen sollen. Und ich muss Sie machen lassen. Womöglich kommen Sie auf irgendwelche neuen Ideen, die ich Ihnen nicht mehr ausreden kann, Sie korrigieren eigenmächtig den Zeitplan oder sprengen das Budget. Meine Hinweise, dass Sie mein Projekt in den Graben fahren, kontern Sie gelassen: »Überlassen Sie das mir. Das wird schon.«

Das geeignete Mittel, Sie wieder auf Linie zu bringen: Ich greife Ihnen in die Speichen. Ich lasse durchblicken, dass ich Sie so sehr nun auch wieder nicht benötige, dass ich Sie zur Not ersetzen oder (mittlerweile) ganz auf Ihren Part verzichten kann.

Wenn ich Ihnen signalisiere, dass ich Sie nicht (mehr) brauche, können Sie nur noch schwer Forderungen stellen. Entweder Sie akzeptieren meine Bedingungen oder wir trennen uns. Damit ziehe ich Ihnen den Boden unter den Füßen weg, Ihre Machtbasis bröckelt. Doch gleichzeitig kann ich nun nicht mehr erwarten, dass Sie sich noch über Ihre Verpflichtungen hinaus für mich und mein Projekt engagieren. Ich habe Sie für verzichtbar erklärt und Sie damit indirekt aufgefordert, sich ein anderes Betätigungsfeld zu suchen – wenn Sie denn etwas finden, wo Sie gebraucht werden.

Im Spiel um die Macht kann mir das natürlich auch nicht recht sein. Daher werde ich, nachdem ich Ihre Forderungen mit dem Hinweis »Ich brauche Sie nicht« zurückgewiesen habe, wieder umschwenken und Ihnen bei nächster Gelegenheit versichern, wie sehr ich wieder auf Sie angewiesen bin. Unter diesem Hin- und Herpendeln mag meine Glaubwürdigkeit leiden, aber nur wenn ich allzu abrupt zwischen den Extrempositionen schwanke. Ein sanftes Hin- und Hergleiten zwischen beiden Positionen ist hingegen durchaus nichts Ungewöhnliches, sondern gehört zu den üblichen Macht- und Verhandlungsspielen. Mal brauche ich Sie ein bisschen mehr, mal brauche ich Sie ein bisschen weniger. Je nachdem, ob ich Sie ködern, bei der Stange halten oder mit Ihren Ansprüchen auf Abstand halten will.

Das Spiel auf Vorder- und Hinterbühne
Nun haben Sie natürlich auch Ihre Vermutungen, wie stark ich wirklich auf Sie angewiesen bin. Vielleicht halten Sie sich für unentbehrlich. Wenn ich so tue, als könnte ich auf Sie verzichten, dann bluffe ich nur, um Ihre Forderungen klein zu halten. Doch womöglich überschätzen Sie sich und ich warte nur darauf, dass Sie mit Ihren Forderungen an mich herantreten. Vielleicht spielen Sie ja richtig hart und stellen mir ein Ultimatum – das ich freudig begrüße und an dessen Ende ich Sie wegen »unüberbrückbarer Differenzen« vor die Tür setze.

Vielleicht sind Sie aber auch argwöhnisch und glauben meinen Beteuerungen nicht, dass ich auf Sie angewiesen bin und mich weiterhin von Ihnen abhängig machen möchte. Sie vermuten, dass ich hinter Ihrem Rücken schon nach einem Ersatz suche.

Tatsächlich kann mein Verhalten auf der Vorder- und der Hinterbühne (→ Kapitel 1 unter der Zwischenüberschrift »Spiele auf der Vorder- und der Hinterbühne«) sehr unterschiedlich ausfallen. Während wir auf der Vorderbühne unsere gute Zusammenarbeit feiern, kann ich auf der Hinterbühne mit jemandem Verhandlungen führen, der Ihre Leistung günstiger oder besser erbringt. Ich wiege Sie in trügerischer Sicherheit und kündige unsere Zusammenarbeit auf, sobald ich mit dem anderen handelseinig geworden bin. Noch abgefeimter wird das Spiel, wenn ich Sie einen Blick auf die Hinterbühne erhaschen lasse – wie unabsichtlich, versteht sich. Und anschließend verhandeln wir die Bedingungen unserer künftigen Zusammenarbeit.

Die Gegenseite macht es auch so
Noch verwickelter wird das Spiel dadurch, dass auch Sie mir signalisieren, wie stark Sie auf mich und meine Aufträge/Projekte/Pläne angewiesen sind. Geben Sie mir zu erkennen, dass Sie mir demnächst nicht mehr zur Verfügung stehen könnten, muss ich Sie wieder ködern und vielleicht sogar auf Ihre Forderungen eingehen. Oder ich schreibe Sie ab und sehe mich nach einem Ersatz um. Oder ich unterstelle Ihnen, dass Sie genauso bluffen wie ich. Auch Sie können sich hinter meinem Rücken nach Alternativen umsehen, während Sie mir erzählen, wie sehr Sie auf meine Aufträge angewiesen sind. Und während ich Sie für künftige Aufgaben einplane, teilen Sie mir lapidar mit, dass unsere Zusammenarbeit beendet ist. Auch Sie können Vorder- und Hinterbühne bespielen und mir weismachen, dass ich Sie frühzeitig buchen muss, um noch einen Termin zu bekommen – während Sie alle Termine umwerfen würden, wenn ich Sie denn buche.

Warum Sie Ihre Machtposition nicht ganz ausnutzen sollten
Angenommen, Sie brauchen die Gegenseite nun nicht mehr so stark, aber die ist immer noch auf Sie angewiesen. Dann haben Sie zwar eine ausgezeichnete Verhandlungsposition und könnten Ihre Macht ausreizen, bis es der Gegenseite richtig wehtut. Doch häufig ist das keine gute Taktik. Einmal, weil Sie Ihren Verhandlungspartner in seiner ganzen Machtlosigkeit vorführen. Diese Demütigung wird er kein zweites Mal erleben wollen. Auch wenn er sich jetzt auf Ihre Bedingungen einlässt, weil er gar nicht anders kann, wird er alles daransetzen, sich das in Zukunft zu ersparen. Wo immer sich Alternativen auftun, wird er sie nutzen. Oder er wird sie selbst mit aufbauen.

Dann bleibt Ihr Verhalten aber auch anderen meist nicht verborgen. Es spricht sich herum, wie Sie Ihre Position ausgenutzt haben. Und wenn es ganz ungünstig läuft, dann lässt sich Ihr Verhandlungspartner auf Ihre Maximalforderungen nicht ein – auch wenn er Sie eigentlich braucht. Ehe er sich so von Ihnen vorführen lässt, verzichtet er lieber auf Ihre Unterstützung. Und dann sind Sie derjenige, der den anderen hat hängen lassen, als er Sie brauchte. Für künftige Verhandlungen ist das nicht gerade ein Empfehlungsschreiben.

Daher empfiehlt es sich oft, die eigene Position nicht bis zum Äußersten auszureizen und den anderen nicht in die Lage zu bringen, völlig auf Sie angewiesen zu sein. Am stabilsten sind solche Konstellationen, in denen beide Seiten mehr oder weniger stark aufeinander angewiesen sind.

> **Gefahren** !
>
> Je mehr herumgetrickst wird, desto höher ist die Wahrscheinlichkeit, eine böse Überraschung zu erleben. Wer den Eindruck gewinnt, dass er sich Ihnen gegenüber unter Wert verkauft hat, der wird versuchen, das in Zukunft auszugleichen. Er wird Sie schädigen wollen, auf welche Art auch immer. Wer meint, dass er auf Sie hereingefallen ist, als Sie ihn für Ihr Projekt eingespannt haben, der wird nicht gerade die Werbetrommel für Sie rühren. Wenn Sie ein Mindestmaß an Fairness nicht einhalten, wird das zuverlässig Ihren Ruf ruinieren. Wer es sich leisten kann, wird nicht mit Ihnen zusammenarbeiten. Und diejenigen, die für Sie arbeiten, werden entweder ahnungslos, unfähig oder sehr gut von Ihnen bezahlt sein.

> **Gegenstrategien** !
>
> Das Spiel erzeugt fast zwangsläufig die dazugehörige Gegenstrategie. Wer gebraucht wird, ist bereit, sich zu engagieren. Wer signalisiert bekommt, dass man ihn nicht braucht, zieht sich zurück und sieht sich nach Alternativen um. Wenn Sie das Spiel jedoch frühzeitig durchschauen, können Sie sich schneller darauf einstellen. Ganz allgemein ist es sicher empfehlenswert, auf allzu wohltönende »Ich brauche Sie«-Signale mit einer gesunden Portion Skepsis zu reagieren. Dabei kann es durchaus richtig sein, bei solchen Projekten mitzumachen, aber erst wenn Sie die Bedingungen geklärt und das Risiko minimiert haben, dass Sie der Gegenseite in Zukunft völlig ausgeliefert sind. Außerdem sollten Sie darauf bestehen, dass Sie Ihren Gestaltungsspielraum ausschöpfen können und Ihnen nicht noch jemand reinredet, während Sie die Verantwortung tragen sollen.
> Einzelne taktische Manöver können Sie durch Gegenmanöver durchkreuzen. Wenn Ihr Gegenspieler damit blufft, dass er leicht auf Sie verzichten könnte, lassen Sie sich nicht herunterhandeln, sondern bleiben bei Ihren Bedingungen. Oder wenn Sie Ihrer Sache ganz sicher sind – erhöhen Sie Ihre Forderungen. Allerdings kann ich nur die Warnung wiederholen, dass sehr ausgetüftelte Spielchen die Tendenz haben, Wirkungen hervorzubringen, die keiner der Beteiligten beabsichtigt hat. Dann geraten zwei auseinander, die ohne diese Spielchen bestens miteinander harmoniert hätten. Und überhaupt sind nach Möglichkeit solche Verhandlungspartner zu bevorzugen, die nicht herumtricksen. – Oder dies so dezent tun, dass man es kaum merkt.

6.7 Nicht erreichbar

Ein taktischer Leckerbissen ist das Machtspiel »Nicht erreichbar«. Dabei gelingt es dem Spieler, seine Interessen gerade dadurch zu wahren, dass er mit seinem Gegenpart nicht verhandelt. Oder genauer gesagt: Dass er für Verhandlungen »nicht erreichbar« ist.

Für wen geeignet?
Das »Nicht erreichbar«-Spiel wird vorzugsweise von Auftraggebern oder Vorgesetzten betrieben, wenn eigentlich nachverhandelt werden müsste. Die Bedingungen, die ausgehandelt wurden, sind nicht (mehr) so wie vereinbart. Es besteht Klärungsbedarf. Im Unterschied zum »Klappe zu«-Spiel will der Gegenspieler, also der Auftragnehmer oder der Mitarbeiter, unbedingt nachverhandeln. Zum Beispiel weil er mehr Zeit zugestanden bekommen möchte oder ein höheres Honorar. Nur kann er den anderen beim besten Willen nicht erreichen. Er muss das Problem alleine lösen. Und genau das ist das Ziel des Spiels.

Der Spielverlauf
Sie haben sich mit der Gegenseite geeinigt und machen sich daran, die Vereinbarung umzusetzen. Zum Beispiel haben Sie einen Auftrag bekommen und arbeiten den nun ab. Doch – hoppla! – plötzlich stellen Sie fest, dass Sie den Auftrag nicht so umsetzen können wie besprochen. Sie brauchen mehr Zeit, anderes Material oder Sie müssen womöglich Dinge veranlassen, die die Kosten in die Höhe treiben. Es gibt mehrere Alternativen und Sie wissen nicht genau, was Sie tun sollen. Sie wollen sich absichern. Doch Ihr Verhandlungspartner ist, wie der Name des Spiels richtig vermuten lässt, nicht erreichbar. Wie sollen Sie sich jetzt verhalten?

Der »Nicht erreichbar«-Spieler spekuliert darauf, dass Sie schon in seinem Sinne entscheiden werden. Er unterstellt Ihnen, dass Sie Ihre Vereinbarung nicht gefährden möchten, dass Sie vielmehr zum Gelingen beitragen wollen, da Sie ja nun schon mit der Sache befasst sind. Vielleicht spekulieren Sie auch auf einen Folgeauftrag oder darauf, empfohlen zu werden. In jedem Fall erreichen Sie Ihr Ziel am sichersten, wenn Sie sich an seine Stelle versetzen und seine Interessen wahren. Sie tragen dafür die Verantwortung. Dass Sie sich bei ihm rückversichern oder mit ihm nachverhandeln wollen, hat ja nicht zuletzt den Grund, dass Sie ihn zumindest mitverantwortlich machen wollen.

Wenn Sie den anderen nicht erreichen, tragen Sie allein die Verantwortung und büßen dadurch an Macht ein. Sie können ihn weder dazu verpflichten, Ihnen mehr zu bezahlen (»Wenn ich unter diesen Umständen weiterarbeiten soll, kostet das aber extra ...«), noch können Sie sich eine Entscheidung absegnen lassen (»Soll ich auf den Lieferanten Hübner ausweichen, auch wenn der teurer ist?«). Das heißt keineswegs, dass der andere später mit Ihrem Verhalten nicht einverstanden ist. In den meisten Fällen wird er es sein, aber nur, weil Sie sich bemühen, seine Interessen zu wahren. Sie tragen das Risiko, dass er mit dem, was Sie tun, nicht einverstanden ist. Denn es war ja etwas anderes bzw. für den vorliegenden Fall gar nichts vereinbart.

Nicht erreichbar 6

Die bequeme Abschottung

Beim »Klappe zu«-Spiel dürfen wir unterstellen, dass derjenige, der es betreibt, zumindest ungefähr weiß, was auf sein Opfer an unangenehmen Überraschungen zukommt. Hier ist das ganz anders: Der Spieler rechnet mit den neuen Entwicklungen genauso wenig wie sein Opfer. Er will damit auch gar nicht behelligt werden. Er möchte es sich ersparen, über die ganze Sache noch einmal nachdenken zu müssen. Wahrscheinlich müsste er ohnehin dem zustimmen, was der andere vorschlägt – und säße mit im Boot. Im Spiel um die Macht wäre das eine sehr unvorteilhafte Konstellation. Daher macht er es besser: Erst wenn alles ausgestanden ist, erlaubt er sich, den Daumen zu heben oder zu senken. Und wenn sein Opfer ganz in seinem Sinne gehandelt hat, kann es sogar vorkommen, dass er noch einen Bonus obendrauf legt. Und von dieser großherzigen Geste wird der andere wesentlich stärker beeindruckt sein, als wenn er ein höheres Honorar für sich ausgehandelt hätte.

> **Gefahren** !
>
> Zwei Verhaltensweisen können Ihnen als Spieler einen dicken Strich durch die Rechnung machen: Entweder verhält sich Ihr Opfer doch nicht so, wie Sie es gerne hätten. Es erweist sich als inkompetent, trifft verheerende Fehlentscheidungen, produziert vermeidbare Kosten und redet sich treuherzig darauf heraus, dass Sie ja nicht erreichbar waren. Oder aber Ihr Opfer denkt gar nicht daran, beherzt für Sie eine Entscheidung zu treffen. Es schiebt Ihnen die Frage zu und erwartet Ihre Antwort. Bis dahin lässt es den Hammer sinken, wie man so sagt. Mit solch einem Verhalten müssen Sie rechnen, wenn wirklich weittragende Entscheidungen anstehen. Da können Sie aus gutem Grund nicht erwarten, dass der andere Ihnen die Entscheidung abnimmt. Für solche Fälle bauen viele vor, indem sie ihre Sekretärin entsprechend instruieren, tatsächlich dringende Anfragen eben doch durchzulassen.

> **Gegenstrategien** !
>
> Geht es um wirklich wichtige Dinge, sollten Sie sich nicht so schnell abschütteln lassen. Seien Sie penetrant, nerven Sie die Sekretärin, sprechen Sie auf die Mailbox oder schreiben Sie E-Mails. Machen Sie deutlich, dass Sie ohne Zustimmung Ihres Auftraggebers Ihre Arbeit nicht fortsetzen können. Eine mildere Variante besteht darin mitzuteilen, was Sie vorhaben. Setzen Sie Ihrem Auftraggeber eine Frist und lassen Sie ihn wissen, dass Sie davon ausgehen, dass er einverstanden ist, wenn Sie bis zu diesem Zeitpunkt nichts von ihm gehört haben.
>
> Sind die Entscheidungen nicht ganz so bedeutsam und/oder kommen Sie an Ihren Auftraggeber einfach nicht heran, dann werden Sie das Spiel wohl mitspielen müssen. Das ist so schlimm nun auch wieder nicht. Ist damit Mehraufwand verbunden, dann sollten Sie sich nicht scheuen, Ihre Honorarforderungen entsprechend aufzustocken. Ganz generell gilt der Rat, wenn Sie für jemanden tätig werden: Lassen Sie sich immer irgendeine Telefonnummer, E-Mail-Adresse, Kontaktperson nennen, damit Sie im Fall des Falles eine Nachricht hinterlassen können. Reagiert Ihr Auftraggeber auf diese Nachricht nicht, ist das seine Sache.

6.8 Low Ball und andere Köderspiele

Köderspiele gehören zu den abgefeimtesten und erfolgreichsten Verhandlungsspielen. Allerdings setzen sie eine längere, möglichst mehrstufige Verhandlung voraus. Wie beim »Opferspiel« (→ Kapitel 3.6) geht es auch hier um Verstrickung, damit am Ende etwas ganz anderes herauskommt, als der arglose Mitspieler am Anfang vermutet. Wenn wir die Methode, die dahinter steckt, nicht durchschauen, fallen wir mit großer Wahrscheinlichkeit auf das Spiel herein, wie der Psychologe Robert Cialdini versichert. Das »Low Ball«-Spiel ist eine Variante, die sich bei amerikanischen Autoverkäufern großer Beliebtheit erfreuen soll, die aber auch bei vielen anderen Gelegenheiten Erfolg verspricht.

Spielverlauf
Stellen Sie sich vor, Sie bekommen eine neue Stelle angeboten – sagen wir, bei der Konkurrenz. Die Bezahlung ist wesentlich höher als bei Ihrer jetzigen Anstellung, Sie bekommen mehr Urlaub und mehr Verantwortung. Was gibt es da lange zu überlegen? Greifen Sie zu, ehe Ihnen ein anderer den Job noch vor der Nase wegschnappt!

Das erste Sondierungsgespräch verläuft recht zufrieden stellend. Bis auf eine Sache: Sie bekommen nicht mehr Urlaub, sondern etwas weniger als jetzt. Ein bedauerlicher Irrtum Ihrerseits, sagt man Ihnen. Aber das sei Ihnen sicher auch schon aufgefallen: So viel Urlaub und so eine verantwortungsvolle Tätigkeit, das geht natürlich nicht zusammen. Sie nicken still. Auf die paar Tage Urlaub soll es Ihnen nun wirklich nicht ankommen.

Die Stelle ist wirklich attraktiv. Ihr Arbeitsplatz liegt zwar in einer anderen Stadt, aber das erscheint Ihnen durchaus nicht ohne Reiz. Aufstieg plus Tapetenwechsel, das macht das Angebot eher noch attraktiver. Sie müssen Ihre Familie noch überzeugen, aber das schaffen Sie. Ihre jetzige Stelle erscheint Ihnen im Vergleich zu Ihrer künftigen geradezu mickerig.

Und nun zu den unerfreulichen Details
Schließlich kommt es zum entscheidenden Gespräch: Alle Verantwortlichen sitzen Ihnen gegenüber. Es läuft alles bestens. Kurz bevor Sie sich handelseinig werden, ergreift der Geschäftsführer das Wort und erklärt, dass er es sehr bedaure, aber wegen der angespannten Wirtschaftslage sei es »zur Zeit« nicht möglich, Ihnen das »ursprünglich vorgesehene« Gehalt zu zahlen. Das werde sich in Zukunft aber ändern, vor allem wenn Sie die gute Arbeit leisten, die man sich von Ihnen verspricht.

Das Gehalt liegt immerhin noch ein klein wenig über Ihrem jetzigen. Also, was soll's? Sie sind einverstanden. Dann wäre da aber noch etwas. Die Vereinbarung über den Dienstwagen ... Am Ende schließen Sie einen Vertrag, bei dem Sie unter dem Strich weniger verdienen und weniger Urlaub haben. Aber dafür haben Sie viel Verantwortung und die besten Entwicklungsperspektiven ...

In jedem Köder steckt ein Haken
Der Erfolg des Spiels steht und fällt mit der Geschicklichkeit des Spielers, seinem Mitspieler stets die richtigen Köder vor die Nase zu halten. Der muss sie immer noch interessant genug finden, um sie zu schlucken. Und der Haken, der nach jeder Runde zum Vorschein kommt, darf nicht allzu groß sein. Denn der Mitspieler muss immer gerade noch bereit sein, dabei zu bleiben. Sind die Bedingungen zu ungünstig, dann springt er einfach vom Haken und das Spiel ist beendet.

Was bringt den Mitspieler aber dazu weiter mitzuspielen, obwohl sich die Bedingungen für ihn zunehmend verschlechtern? Unter diesen Bedingungen hätte er nie angebissen, hätte er sich nie auf die Sache eingelassen. Nun hat er sich aber auf die Sache eingelassen und sich schon auf die Entscheidung eingestellt. Vielleicht hat er schon das eine oder andere veranlasst. Der psychische Preis, wieder auszusteigen, steigt. Und an diesem Preis misst er das, was ihm zugemutet wird. Dass er einen kleineren Dienstwagen bekommt, erscheint unbedeutend im Vergleich zu der Vorstellung, dass er den geplanten Umzug rückgängig machen muss, wenn er jetzt noch abspringt.

Ködern ohne Druck
Eine wichtige Voraussetzung, damit das ganze Manöver Erfolg hat: Man darf auf keinen Fall gedrängt werden. Der Mitspieler darf nicht Verdacht schöpfen, dass hier mit Vorsatz gehandelt wurde und man ihn verschaukeln will. Vielmehr sollte die Entscheidung mit Nachdruck ganz in seine Hände gelegt werden. Es zählt der Anschein von Freiwilligkeit: »Sagen Sie uns ganz offen: Sind Sie unter diesen Umständen noch dabei?«, fragt der Verhandlungsführer. »Oder müssen wir uns einen anderen Kandidaten suchen?« Der Mitspieler muss die Verantwortung für seine Entscheidung selbst übernehmen und nicht der Spieler, der die ganze Sache eingefädelt hat. Auch hier gilt wieder die Grundregel: Wer Macht sucht, muss Verantwortung loswerden. Und zwar an das Opfer.

Das »Low Ball«-Spiel
Beim »Low Ball« liefert der Mitspieler selbst den Köder, mit dem er gefangen werden soll. Er hat einen bestimmten Wunsch oder ein überzeugendes Motiv, etwas zu tun. Da das »Low Ball«-Spiel von Autoverkäufern erfunden wurde, bleiben wir gleich bei diesem Beispiel: Der Kunde betritt ein Autohaus mit dem Wunsch, ein bestimmtes Modell zu einem sehr günstigen Preis zu erwerben.

Wenn er das nicht bekommt, ist er sofort wieder draußen. Er ist der Mächtige bei diesem Spiel, scheint es.

Das Motiv für den Kunden anzubeißen ist also erst einmal rein finanzieller Natur; es könnte auch jedes andere Motiv sein (Ausstattung, Farbe, Benzinverbrauch). Entscheidend ist: Der Verkäufer muss diesen Köder aufnehmen, sonst ist das Spiel zu Ende. Das Modell, das der Kunde haben will, ist also zu haben. Es ist zwar viel teurer ausgezeichnet, aber am Preis, also da »kann man schon was machen«. Es ist unerheblich, ob der Kunde anfängt zu feilschen und den Verkäufer auf eine bestimmte Summe herunterzuhandeln versucht. Nach der Logik des »Low Ball«-Spiels wird er niemals ablehnen, aber auch niemals feste Zusagen machen. »Bei einem derartig hohen Rabatt muss ich erst mit meinem Chef sprechen«, wird der Verkäufer erklären. Wenn das den Kunden stark beunruhigt, wird er ihn wieder zurückholen: »Aber ich habe letzte Woche einen ähnlich hohen Rabatt gewährt, und der ist auch durchgegangen.«

Weitere Motive werden aufgebaut
Doch der Verkäufer sollte sich gar nicht so lange mit dem Preis aufhalten. Vielmehr muss es ihm darum gehen, seinem Mitspieler das Auto schmackhaft zu machen. Er lobt seine Vorzüge, lässt den Mitspieler eine Probefahrt machen. Er tut alles, um den Eindruck zu erwecken, das Auto gehöre bereits dem anderen. Ganz bewusst spricht er von »Ihrem neuen Auto« und fragt beispielsweise: »Na, wie gefällt Ihnen Ihr neues Auto?«

Mit diesem Spielzug verfolgt er einen bestimmten Zweck: Nach und nach findet der Interessent weitere Gründe, das Auto zu kaufen. Die bequemen Sitze, die verstellbare Lenksäule, was auch immer. Auch wenn der Kaufvertrag noch nicht unterzeichnet ist, geht der Kunde mehr und mehr davon aus, dass dieses Auto in Kürze ihm gehören wird. Dann ist es Zeit für den Low Ball.

Das Ursprungsmotiv wird rausgekegelt
Schließlich schlägt die Stunde der Wahrheit: Wegen irgendeines Versehens, Lieferschwierigkeiten oder »weil der Chef nicht mitspielt«, ist es mit einem Mal nicht mehr möglich, »das Angebot aufrecht zu erhalten«. Der Preis ist nun nicht mehr so günstig. Aber mittlerweile gibt es ja viele weitere Gründe, den Wagen zu erwerben. Der Autoverkäufer hat sie sorgsam um das Ursprungsmotiv herumgruppiert und kegelt nun mit dem Low Ball das ursprüngliche Motiv heraus. Das zählt jetzt nicht mehr. Der Verkäufer hofft, dass die neuen Motive die Entscheidung tragen. Anders gesagt: Der Kunde bleibt bei seiner Kaufentscheidung.

Forderungen werden immer akzeptiert
Das »Low Ball«-Spiel wird natürlich nicht nur von Autoverkäufern betrieben. Auch in beruflichen und privaten Situationen können Sie mit diesem Spiel Ihre Interessen wahren. Es verschafft Ihnen einen Einstieg in Verhandlungen, die (hoffentlich) zu Ihrem Vorteil ablaufen und die unter normalen Umständen gar nicht stattgefunden hätten. »Um an dem Projekt teilzunehmen, müssen Sie fit am PC sein«, erklärt Ihr Vorgesetzter. Als Low-Ball-Spieler mit dürftigen Computerkenntnissen würden Sie kalkulieren: »Die Fähigkeiten werden erst mal nicht überprüft, ich muss also nur versichern, dass ich sie habe oder sie gerade in einem Kurs perfektioniere. Dann komme ich in das Projekt hinein. Und hier werde ich mich mit meinen eigentlichen Fähigkeiten so gut behaupten, dass niemand mehr von meinen Computerkenntnissen sprechen wird.« Selbstverständlich muss ein solches Kalkül nicht immer aufgehen, sondern kann auch in einer saftigen Blamage enden.

Der entscheidende Punkt ist: Die Einstiegsforderung wird grundsätzlich akzeptiert, ob man sie nun teilweise, ganz oder gar nicht zu erfüllen gedenkt. Es geht ja eben nur darum, sich den Einstieg zu verschaffen, um dann mit Extrapunkten zu überzeugen. Wer von seinem Partner ultimativ aufgefordert wird, das Rauchen, Trinken, Lügen, PC-Spielen einzustellen, kann sich getrost darauf einlassen – solange er noch andere Asse im Ärmel hat, die im weiteren Verlauf der Beziehung zu seinen Gunsten sprechen, oder wenn er darauf baut, dass sich sein Partner einfach an ihn gewöhnt. Dies ist ein Effekt, den man auch im Berufsleben nicht gering achten sollte. Wie mehrere Gesprächspartner mir versicherten, haben einige ihrer Mitarbeiter die Stärken, wegen derer sie eingestellt wurden, längst weggekegelt. Weil man sich aber an sie gewöhnt hat, bleiben sie im Unternehmen.

Versprechen brechen
Es muss nicht immer der andere sein, der die Forderungen stellt. Auch der LowBall-Spieler selbst kann aktiv werden, wenn er denn weiß, worauf der andere anspringt. Er wirbt mit Leistungen, die er dann doch nicht erbringen kann, macht Versprechungen, die er nicht einhält. Das Spiel geht jedoch nur auf, wenn der andere dabeibleibt. Weil er auf den Geschmack gekommen ist oder weil er andere Vorteile entdeckt hat, die es mehr als wettmachen, wenn das Einstiegsmotiv wegbricht. So berichtet der Psychologe Robert Cialdini von Familien, die man überredet hatte, an einem Energiesparprogramm teilzunehmen. Der besondere Anreiz dabei: Über die Aktion würde in der Zeitung groß berichtet werden. Einige Familien erklärten sich genau deswegen bereit mitzumachen. Doch als nach einiger Zeit dieses Motiv im »Low Ball«-Verfahren rausgekegelt wurde, blieben die Familien bei ihren Bemühungen, Energie ein-

zusparen. Ja, sie verstärkten ihre Anstrengungen noch. Denn sie waren offenbar selbst auf den Geschmack gekommen.

> **!** **Gefahren**
>
> Die Gefahr lässt sich sehr einfach auf den Punkt bringen: Wenn Sie Ihre Spielzüge nicht gut genug tarnen, ruinieren Sie Ihren Ruf. Damit gefährden Sie nicht nur die Erfolgsaussichten dieses Spiels, sondern auch aller künftigen, bei denen Sie auf das Vertrauen Ihrer Mitmenschen angewiesen sind. Ihr Gegenüber wird Sie einfach als Lügner und Betrüger betrachten. Dagegen gibt es nur ein Mittel: Sorgen Sie dafür, dass es so aussieht, als sei das, was Sie da anrichten, wenigstens nicht mit Absicht geschehen.

> **!** **Gegenstrategien**
>
> Dass Sie die Spielregeln kennen, ist die beste Voraussetzung, das Spiel zu durchschauen. Und wenn Sie es erkannt haben, dann können Sie es ganz bewusst durchkreuzen, zum Beispiel indem Sie Gegenforderungen stellen oder die Verhandlungen abbrechen. Um für sich Klarheit zu gewinnen, können Sie auch versuchen, sich geistig an den Anfang der Verhandlungen zurückzuversetzen. Welche Motive haben Sie damals verfolgt? Warum haben die sich geändert? Hätten Sie damals dem Vorschlag zugestimmt, auf den Sie sich jetzt einlassen sollen? Diese Überlegungen helfen Ihnen, Klarheit zu gewinnen und notfalls noch abzuspringen – auch wenn Sie sich innerlich dagegen sträuben. Denn man muss es ganz deutlich sagen: Wenn der andere sein Spiel geschickt einfädelt und die Köder genau auf Sie abstimmt, dann ist es extrem schwer, dem Sog zu widerstehen. Sogar wenn Sie das Spiel durchschauen, können Sie ihm zum Opfer fallen. Sie werden überlegen: Soll ich mich nicht vielleicht doch darauf einlassen?

7 Konkurrenz- und Karrierespiele

> Als der spanische Marschall und fünfmalige Ministerpräsident Ramón Maria Narváez auf dem Sterbebett lag, sollte ihm die letzte Beichte abgenommen werden. Der Pater trat ernst an ihn heran und fragte: »Herr Marschall, verzeihen Sie in dieser Stunde all Ihren Feinden?« Leise entgegnete Narváez: »Ich habe keine Feinde.« Als ihm der Pater einen zweifelnden Blick zuwarf, bekräftigte der Sterbende: »Ich habe keine Feinde. Ich habe sie alle erschießen lassen.«

In diesem Kapitel geht es um die typischen Machtspiele, die betrieben werden, um in einer Organisation seine Konkurrenten klein zu halten und selbst Karriere zu machen, um auf einer höheren Hierarchiestufe mehr Macht auszuüben, wie man meint. Die meisten dieser Spiele sind Mittel zum Zweck, Machtspiele zweiten Grades sozusagen. Denn es geht nicht so sehr darum, Einfluss zu nehmen, sondern die Bedingungen für künftige Machtausübung zu verbessern. Dabei steht in aller Regel eines der drei Ziele im Vordergrund:

- *Imagepflege:* Der Spieler möchte, dass die anderen ihm bestimmte Eigenschaften zuschreiben, dass sie ihn für gefährlich, brillant, aggressiv, grausam oder auch liebenswürdig, kooperativ und harmlos halten. Dieses Image will er nutzen, um aufzusteigen.
- *Konkurrenten schaden:* Wenn Sie beruflich vorankommen wollen, müssen Sie nicht unbedingt besser sein als Ihre Konkurrenten. Es genügt vollkommen, wenn die schlechter sind als Sie. Folgerichtig konzentriert sich ein versierter Karrierespieler auf die Leute, die mit ihm im Wettbewerb stehen oder die ihm irgendwie gefährlich werden können.
- *Bündnisse knüpfen und pflegen:* Einzelkämpfer haben keine Chance, sich gegen Verbündete zu behaupten. Doch darf der Karrierespieler seine Bündnisse nicht wahllos eingehen. Und zu fest dürfen sie nun schon gar nicht geknüpft sein. Sonst kann es dem Spieler so ergehen, dass ihn seine Seilschaft nicht nach oben, sondern nach unten zieht.

Aufstiegsspiele
Es gibt viele Gründe, warum jemand in einer Organisation aufsteigt. Ein gar nicht so unwichtiger lautet: Weil er einfach an der Reihe ist. Wer über längere Zeit zuverlässig seine Arbeit leistet, der kann nicht ohne Weiteres übergangen werden, wenn auf der nächsthöheren Hierarchiestufe eine Stelle zu besetzen ist. Das heißt, er kann natürlich schon übergangen werden, aber das bleibt nicht ohne Folgen: Es ist eine Demütigung für ihn, wenn nicht sogar eine mehr oder minder dezente Aufforderung, sich eine neue Stelle zu suchen. In diesem Zusammenhang ist es nicht unwichtig, ob man den Finger gehoben, also Ansprüche gestellt hat. Hat man das nicht getan oder nicht allzu offensichtlich,

kann man sich immer noch darauf herausreden, dass man auf seiner angestammten Position glücklich und zufrieden ist und die neue sowieso »nur sehr ungern« angetreten hätte.

Mit dem Fingerheben ist das überhaupt so eine Sache: Einerseits verbessert man damit seine Chancen. Denn das Kalkül des Vorgesetzten, der über die Beförderung zu entscheiden hat, lautet: Wenn ich den jetzt übergehe, habe ich ihn gegen mich. Er kann mir schaden, gerade wenn er später noch aufsteigt, womöglich in einer anderen Abteilung. Darüber hinaus muss der Vorgesetzte manchmal tatsächlich darauf aufmerksam gemacht werden, dass sein Mitarbeiter überhaupt bereit ist, mehr Verantwortung zu übernehmen. Auf der anderen Seite wird durch frühzeitiges Fingerheben die Konkurrenz aufmerksam. Alle wissen: Wenn ich auf diese Stelle will, dann muss ich an dem schon mal vorbei. Es lohnt sich also, den in nächster Zeit nicht allzu gut aussehen zu lassen.

Als weiterer Grund für eine Beförderung kann gelten, dass Sie einer bestimmten Gruppe oder Fraktion zugerechnet werden – oder ihr gerade nicht angehören. Wenn sich zwei Fraktionen belauern, schlägt die Stunde der »unabhängigen Kandidaten«. Die können bis in höchste Positionen vorrücken, weil sich die Fraktionen blockieren und die eine Seite niemals einen Kandidaten der anderen Seite akzeptieren würde. Doch haben die »Unabhängigen« häufig einen schweren Stand, weil sie keine eigene Hausmacht haben, die sie von unten absichert. Das Gleiche gilt auch für Kandidaten, die von außen geholt werden. Wobei die sich überhaupt erst noch in die Organisation hineinfinden müssen und darauf zu achten haben, nicht von einer Seite vereinnahmt zu werden. Oder gar von beiden.

Imagepflege
Wer vorankommen will, der darf sein Image nicht vernachlässigen. Denn davon hängen seine Aufstiegschancen ab – und nicht von den Arbeitsergebnissen, die er still und zuverlässig erbringt. Arbeitsergebnisse müssen vermarktet werden, sonst gehen sie unter. Die Aufmerksamkeit des Vorgesetzten ist eine knappe Ressource. Wenn Sie seinen Blick nicht auf Ihre Schokoladenseite lenken, dann bleibt die auf ewig im Schatten.

Und doch müssen Sie nicht nur auf Ihrer aktuellen Position glänzen. Mindestens genauso wichtig ist, dass Ihr Image zur angestrebten Position passt. »Können Sie sich Herrn Wimmer bei uns als Projektleiter vorstellen?«, fragt der Vorgesetzte süffisant. »Also, ich kann es nicht!« Wenn Position und Image nicht zusammenpassen, dann ist das eine starke Karrierebremse.

Allerdings gibt es eine erstaunliche Vielfalt von Eigenschaften, die einen aufsteigen lassen oder am Aufstieg hindern. Welche das sind, hängt stark von der Organisation und ihrer Spielkultur ab. Der ungeduldige Machertyp kann in der einen Organisation eine Blitzkarriere hinlegen, während er andernorts durchfällt. In ausgesprochenen Haifischbecken müssen Sie Härte und Rücksichtslosigkeit zeigen, sonst werden Sie nicht ernst genommen. In anderen Organisationen würden Sie sofort Abwehrreflexe auslösen. Hier müssen sich die Karrierewölfe in dicke Schafspelze hüllen und das Hohelied der Teamarbeit anstimmen. Auch die aktuelle Situation ist manchmal entscheidend: Hat ein stahlharter Machtmensch eine breite Blutspur hinterlassen, ist nun plötzlich jemand mit weicheren Zügen gefragt. Ist der kreative Begeisterer mit seinen Visionen in den Graben gefahren, gibt man nun einem nüchternen Pragmatiker den Vorzug, der zuvor noch als graue Maus gegolten hat.

Wer in einer Organisation arbeitet, weiß in der Regel sehr genau, welche Eigenschaften aktuell hoch im Kurs stehen. Vorgesetzte neigen dazu, Kandidaten stark zu bevorzugen, die ihnen ähnlich sind. Das ist auch der Grund dafür, warum nach einem Wechsel an der obersten Spitze viele leitende Angestellte einen bemerkenswerten Persönlichkeitswandel durchmachen.

Konkurrenten ausstechen
Auch wenn darüber meist der Mantel des Schweigens gebreitet wird: Aufsteigen kann man nur, wenn man sich gegenüber seinen Konkurrenten durchsetzt. Und das geschieht selten mit Mitteln, die einen Fairness-Preis verdient hätten. Man sorgt dafür, dass der Konkurrent schlecht aussieht. Man zwingt ihn, Fehler zu machen. Man verhindert, dass er einen Erfolg landen kann. Die Pointe dabei ist natürlich, dass man sich bei diesen miesen Spielchen nicht erwischen lassen darf – zumindest nicht von den falschen Leuten, die einen sofort als prinzipienlosen Karrieristen brandmarken, um selbst voranzukommen.

Die Macht der Gruppe
Der Soziologe Heinrich Popitz, dessen Buch »Phänomene der Macht« Sie als nächstes lesen sollten, hat beschrieben, wie eine Gruppe von Verbündeten gleichsam aus dem Nichts die Macht an sich reißt. Als Beispiel dient ihm die bunt durcheinander gewürfelte Gesellschaft der Reisenden auf einem Kreuzfahrtschiff. Auf dem Schiff gibt es ein knappes Gut, nämlich die Liegestühle auf dem Sonnendeck. Zunächst stehen sie allen Reisenden nach Bedarf zur Verfügung. Sobald jemand aufsteht, darf sich der nächste setzen. Eine gute und gerechte Regelung, von der unter dem Strich alle etwas haben. Doch dann bricht diese Ordnung zusammen, weil plötzlich eine Gruppe von Reisenden die Nutzung der Liegestühle ausschließlich für sich beansprucht. Sie hindern die anderen Reisenden daran, einen Liegestuhl zu besetzen. Sie vertreiben sie mit »Posen, Gesten und Geschrei«. Liegestühle, die gerade nicht besetzt sind, werden zusammengeklappt und dienen als eine Art Ringmauer.

Wer nicht zur Gruppe gehört, hat keine Chance mehr, einen Liegestuhl zu ergattern. Wenn er es versucht, hat er immer den geballten Widerstand der gesamten Gruppe gegen sich. Und dagegen kommt er nicht an. Er hat eben keine Gruppe im Rücken, die ihm hilft. Er gehört einfach nur zur Mehrheit. Und die ist im Gegensatz zur Gruppe der Privilegierten nicht organisiert. Unser erfolgloser Liegestuhlbesetzer müsste schnellstens darangehen, eine Gegengruppe zu bilden. Sonst gelingt es der Gruppe, sich die Verfügungsgewalt über die Liegestühle zu sichern. Aufbegehren lohnt nicht mehr, die Reisenden wissen: Aha, diese Leute bestimmen also, wer auf den Liegestühlen Platz nehmen darf. Hat sich diese Ordnung erst einmal etabliert, dann kann die Gruppe beginnen, die Liegestühle zeitweilig an einzelne Nicht-Besitzer zu vermieten. Zum Ausgleich sollen sie Wächterdienste versehen, also aufpassen, dass keiner einen Liegestuhl besetzt, der nicht dazu berechtigt ist – nach der Logik der Gruppe, versteht sich.

Auf diese Weise entsteht eine Dreiklassengesellschaft von »Liegestuhlbesitzern«, »Wächtern« und »Nur-Besitzlosen«. Und die bittere Ironie dabei ist, dass sich dieser Prozess »eindeutig gegen den Willen der Mehrheit« vollzieht und sein Ergebnis »für die Mehrheit ungünstig« ist, wie Popitz schreibt. Dabei hat die Klasse der Besitzer immer weniger damit zu tun, die Ordnung aufrechtzuerhalten. Dafür sind ja die Wächter zuständig, die den ganzen Hass der Besitzlosen auf sich ziehen. Dabei haben die Besitzlosen ganz schlechte Aussichten, die Ordnung, die sie als ungerecht empfinden, abzuschaffen und zur alten Ordnung zurückzukehren, auch wenn sie jetzt kooperieren. Denn einmal haben sie zwei Klassen gegen sich, und dann sehen sie sich zunächst in die Rolle des Angreifers und Ruhestörers hineingedrängt. Sie sind nur destruktiv, während die Besitzer handfeste Privilegien verteilen können. Hier und jetzt. Eine ganz wichtige Voraussetzung für den Erfolg der Gruppe sieht Popitz in dem Aufbau eines »überzeugend guten Gewissens: Ich erkenne nicht nur meinen Anspruch an, sondern auch den Anspruch des anderen, der meinen anerkennt.«

Liegen lernen
Nun ist die Macht in Organisationen ja schon verteilt, die Liegestühle sind sozusagen schon besetzt und die Wächter stehen bereit, jeden herunterzuwerfen, der sich unberechtigterweise auf einem breitmacht. Doch umso wichtiger ist es, sich den ungeheuren Einfluss klarzumachen, der von Gruppen ausgeht. Nun gibt es in Organisationen eine Vielzahl von Gruppen und Fraktionen. Und jede dieser Gruppen hat ihre eigenen »Liegestühle«, die sie entschlossen verteidigt. Wer Macht und Einfluss gewinnen will, der kommt gar nicht darum herum, sich mit den betreffenden Gruppen zu arrangieren, ja sich ihnen anzuschließen. Kompliziert wird die Sache dadurch, dass sich die Gruppen bekämpfen und man nicht gleichzeitig zwei Gruppen angehören kann. Sonst bekommt man mit beiden Ärger. Allerdings ist ein Wechsel der Gruppe schon möglich. Ja, wer in einer

Organisation Karriere machen möchte, der sollte bestrebt sein, sich rechtzeitig der Gruppe »mit den größeren Liegestühlen« anzuschließen und die alten Verbindungen zu kappen.

Man kommt natürlich nicht ohne Weiteres in solch eine Gruppe hinein. Man muss eine bestimmte Hierarchieebene erreicht haben und über einen »guten Draht« zu bestimmten Personen verfügen. Und dann braucht man ein feines Gespür dafür, wann die Gelegenheit günstig ist, die Fühler in Richtung neuer Gruppe auszustrecken. Wer zu früh damit anfängt, wirkt anbiedernd und »karrieregeil« und wird zurückgewiesen. Außerdem bekommt er Ärger mit seiner »Basisgruppe«. Wer hingegen nicht den Absprung schafft, kommt in seiner Karriere auch nicht voran. Ihm fehlt einfach die Unterstützung der Gruppe »mit den größeren Liegestühlen«.

7.1 Das geborgte Messer

Ein ausgesprochen heimtückisches Karrierespiel ist das »geborgte Messer«. Seinen Namen entlehnen wir dem dritten der insgesamt 36 altchinesischen Strategeme, der sehr populären Lehrsätze zur Kriegsführung. In China kennt die jedes Schulkind, heißt es, und an der Wallstreet jeder Börsenmakler. »Töte mit einem geborgten Messer«, lautet das Strategem. Darunter kann man sich natürlich Verschiedenes vorstellen, je nachdem, ob man Schulkind oder Börsenmakler ist. Hier ist damit gemeint, dass man seinen Konkurrenten schädigt, ohne sich selbst die Hände schmutzig zu machen.

Die Spielidee
Niemand kommt beruflich voran, wenn seine Wettbewerber ein besseres Bild abgeben als er. Folglich muss man dafür sorgen, dass sie schlechter aussehen. Erfolge muss man verhindern, Blamagen muss man schaffen. Und auf ihre Schwächen muss man gleißende Punktstrahler richten. Es gibt nur ein Problem: Wer sich so verhält, macht sich allgemein unbeliebt. Er empfiehlt sich nicht als die bessere Alternative, sondern outet sich als Kollegenschwein, das auch Vorgesetzte nicht zu schätzen wissen. Daher bekommt ein Dritter die Stelle oder profitiert auf andere Weise von den miesen Machenschaften. Ein Dritter? Ganz richtig, denn eines hat das Kollegenschwein immerhin erreicht: Sein Opfer so sehr zu schädigen, dass dessen Karriere einen Knick bekommt. Und deshalb geht es beim Spiel des »geborgten Messers« genau darum: Selbst der Dritte zu sein, der in dieser Sache als Sieger hervorgeht.

Kollegen als geborgtes Messer
Die Herausforderung bei diesem Spiel besteht darin, ein geeignetes Messer aufzutreiben. Wer lässt sich denn einspannen – für so ein zweifelhaftes Manöver, bei dem man sich am Ende selbst schadet? Sicher niemand, der bei klarem Verstand ist. Es sind daher die natürlichen Feinde unter den Kollegen, die der Karrierespieler als Erstes im Visier hat. Die Feinde seines Konkurrenten, versteht sich. Gerade wenn der bis jetzt sehr erfolgreich durchs Berufsleben gegangen ist, wird man nicht lange nach Neidern suchen müssen. Die Frage ist nur, ob die überhaupt noch Schaden anrichten können. Immerhin ist ihr Neid weithin bekannt. Dass sie auf den Konkurrenten schimpfen, wird niemanden überraschen. Außerdem wird er so klug sein, sich vor denen in Acht zu nehmen. Daher hält sich der Karrierespieler eher an Kollegen, die den Konkurrenten zwar nicht mögen, doch ihre Abneigung darf auch nicht viel größer sein, als es allgemein unter guten Kollegen üblich ist.

Aus diesem kleinen Flämmchen gilt es ein Feuer zu entfachen. Und je besser der Karrierespieler das Messer kennt, umso eher wird ihm das gelingen. Er weiß, auf welche Informationen der andere besonders empfindlich reagiert. Hat sich der Konkurrent über den Kollegen lustig gemacht? Hat er seine Leistung heruntergeputzt, persönliche Schwächen aufs Korn genommen oder sich abfällig über Dinge geäußert, die dem Messer lieb und teuer sind? Dann wird damit nicht hinterm Berg gehalten. Allerdings muss der Spieler irgendeinen Anlass finden, warum er solche Dinge ausplaudert, sonst macht er sich verdächtig.

»Ich glaube, da führt jemand etwas gegen Sie im Schilde ...«, ist eine sehr gebräuchliche Begründung, um den Kollegen zu »warnen«. Andere Spieler drücken einfach nur ihre Missbilligung aus: »Also, dass die Kollegin Goldbach da so über Sie hergezogen hat, fand ich nicht in Ordnung.« Oder sie bestärken den anderen in seiner Abneigung, die sie ihm einfach unterstellen: »Also ehrlich, Herr Wimmer, das hat mich ja so gefreut, dass jemand mal den Mut hatte, der Goldbach so richtig eins reinzuwürgen. Kompliment.« Dabei hat Herr Wimmer seine Kollegin vielleicht nur ein wenig angeknurrt, was er eigentlich mit jedem macht, wenn er schlecht gelaunt ist. Jetzt bekommt er Lob und Anerkennung dafür. Vielleicht legt er deshalb beim nächsten Mal noch nach. Kollegin Goldbach wehrt sich – und schon haben sich die beiden in der Wolle.

Diese Manöver scheinen zwar alle ein wenig durchsichtig, aber sie zeigen ihre Wirkung, wenn der Spieler bei seinem Gegenüber nur den richtigen Nerv trifft. Wenn der sich tief gekränkt oder durch das Kompliment anerkannt fühlt, dann denkt er leider viel zu wenig darüber nach, warum ihm der andere das überhaupt erzählt.

Und doch gibt es auch raffiniertere Arten, das geborgte Messer zu wetzen: Etwa wenn der Spieler dem Kollegen eigentlich etwas ganz anderes berichtet und beiläufig auf eine Sache zu sprechen kommt, von der er weiß, dass sie den anderen zutiefst verletzt. »Was ist denn mit Ihnen los?«, fragt der Spieler. »Habe ich etwas Falsches gesagt?« Ebenfalls sehr durchtrieben ist die Methode, den Kollegen »zufällig« zum Zeugen seiner Demütigung zu machen, die natürlich von niemand anderem ausgeht als von dem Konkurrenten, den der Spieler schädigen will.

Kunden als geborgtes Messer
Variante zwei ist nicht weniger perfide und vermag eher einen noch größeren Schaden anzurichten. Deshalb sollten Sie gewappnet sein, um dieser miesen Nummer nicht zum Opfer zu fallen. Ihr Konkurrent ist dabei bestrebt, Kunden gegen Sie aufzubringen. Das funktioniert natürlich nur, wenn Sie beide denselben Kunden betreuen. Doch dann hat der andere vielfältige Möglichkeiten, gegen Sie zu arbeiten. Sein Ziel: Dass der Kunde sich über Sie beschwert, am besten bei Ihrem Vorgesetzten, der Sie sofort zur Rede stellt. Sie sind völlig überrumpelt und nicht in der Lage, den Vorfall gleich aufzuklären.

Ihr Konkurrent muss hingegen den Eindruck erwecken, als hätte er mit der ganzen Angelegenheit nichts zu tun. Ihn trifft keine Schuld. Vielleicht hat er sogar noch versucht, Ihre Ehre zu retten, er hat einen Teil der Verantwortung auf sich genommen – sagt er. Und er hat den Fehler vielleicht sogar noch ausbügeln können, weshalb der Kunde ihm auch besonders dankbar ist und Sie nicht mehr vor Augen sehen mag.

Natürlich sind die Gestaltungsmöglichkeiten dieses Spiels stark abhängig von den »Zonen der Ungewissheit« (→ Kapitel 5.2), die der Spieler kontrolliert. Sitzt er an der Schnittstelle zum Kunden und Sie nicht, ist es außerordentlich schwer, ihm das Handwerk zu legen. Er kann Ihnen und Ihrem Chef eine Komödie vorspielen. Und wenn ihm das richtig überzeugend gelingt, dann werden Sie vielleicht sogar geneigt sein, ihm zu glauben. Selbstverständlich lässt sich diese Variante auch mit Lieferanten und anderen Geschäftspartnern spielen, zu denen er unmittelbar Zugang hat.

Der Vorgesetzte als geborgtes Messer
Auch der Vorgesetzte kann bei diesem Spiel eingespannt werden. Nicht unbedingt als jemand, der gegen Sie als Opfer aufgehetzt wird, sondern als jemand, der Sie in Unannehmlichkeiten bringt – ohne dass er es merkt. Der Machtspieler hat vielleicht die Idee, Sie in eine Arbeitsgruppe mit schwierigen Charakteren und Ihren Lieblingsfeinden zu stecken, wofür es natürlich eine freundliche Begründung gibt. »Frau Dr. Goldbach hat doch bei der letzten Sit-

zung so interessante Vorschläge zu dem Thema gemacht. Die sollte unbedingt die Leitung der Projektgruppe übernehmen. Was meinen Sie?«

Oder der Spieler weiß es so einzurichten, dass Sie eine Aufgabe bekommen, bei der Sie nur schlecht aussehen können. Zum Beispiel weil Sie genau dort Ihre Schwächen haben, die Sie gegenüber Ihrem Chef aber leidlich überspielen können. Vielleicht schiebt der Spieler eine lästige Teilaufgabe an den Chef zurück (»Das kann ich nicht auch noch erledigen ...«) und macht gleich einen konstruktiven Vorschlag, wer die denn übernehmen könnte (»... Herr Wimmer könnte das doch machen, das ist doch unser Mann für solche Fälle ...«).

Untergebene als geborgtes Messer
Die Variante für den Vorgesetzten: Er setzt einen loyalen Mitarbeiter auf seinen Konkurrenten an. Als geborgtes Messer soll er ihn öffentlich kritisieren, vielleicht sogar angreifen, ihn mit kritischen Fragen in die Enge treiben. Auch kann das Messer diskrete Erkundigungen über den Konkurrenten seines Meisters einziehen, die gegen ihn verwendet werden sollen. Es kann Behauptungen in die Welt setzen, die nicht stimmen, aber schwer zu widerlegen sind. Es kann sich als wahre Dreckschleuder betätigen und den Konkurrenten in Erklärungsnöte bringen. Es kann ihn in die Enge treiben und so für den erwähnten Karriereknick sorgen.

Das Entscheidende aber ist: Der eigentlich Verantwortliche macht sich nicht die Hände schmutzig. Er kann sich heraushalten, ja, zu seinem »geborgten Messer« sogar ein wenig auf Distanz gehen, ihn auf der Vorderbühne ermahnen (nachdem er ihn auf der Hinterbühne ermuntert hat). Solange das geborgte Messer mitspielt, kann man ihm nichts anhaben. Fast nichts (siehe »Gegenstrategien«).

> **! Gefahren**
>
> Fliegt das Spiel auf, ist der Schaden verheerend. Der Spieler hat jedes Vertrauen, jede Reputation verloren. Sogar in einem Umfeld, in dem es nicht unüblich ist, geborgte Messer aufeinander anzusetzen, wird derjenige, der sich dabei erwischen lässt, schnell zur Unperson. Er ist der Intrigant und zieht die geballte Abneigung auf sich. So jemandem kann man ja nicht mehr über den Weg trauen. Wer sich noch mit ihm abgibt, setzt sich dem Verdacht aus, selbst solche krummen Touren zu drehen. Es ist geradezu eine Pflichtübung, sich über diesen Kollegen zu empören. Nachdenkliche Naturen bevorzugen die Variante, der eigenen Fassungslosigkeit Ausdruck zu geben: »Ich frage mich wirklich, wie jemand dazu kommt, sich so zu verhalten?« Doch auch wenn es so schlimm gar nicht kommt, kann es noch unangenehm genug werden. Das Spiel kann sich geradezu drehen, wenn das geborgte Messer anfängt, die Manöver zu durchschauen. Es kann dem Spieler eine Falle stellen und dann damit drohen, das Spiel auffliegen zu lassen.

> **Gegenstrategien**
>
> Liefern Sie dem Karrierespieler keine Munition und äußern Sie sich nicht abfällig über Kollegen. Rechnen Sie damit, dass man solche Bemerkungen dem anderen gerne hinterbringt. Natürlich schützt Sie das noch nicht ausreichend, denn der Spieler kann Ihnen auch das Wort im Mund umdrehen oder Äußerungen erfinden. Doch haben Sie weit schlechtere Karten, wenn sich herausstellt, dass der Spieler nur etwas weitererzählt, was Sie tatsächlich so gesagt haben.
> Ihre schärfste Waffe ist die Entlarvung: Wenn es Ihnen gelingt aufzudecken, wer hinter dem Spiel steckt, haben Sie schon fast gewonnen. Dabei genügt es nicht, dass Sie sich die Sache zusammenreimen. Wer eine möglichst durchschlagende Wirkung erzielen will, der lässt die Entlarvung auf der Vorderbühne geschehen. Besonders eindrucksvoll gelingt das, wenn Sie sozusagen das Messer umdrehen und der Kollege bezeugt, dass der Spieler ihn aufgehetzt hat.
> Aber zunächst einmal müssen Sie natürlich wissen, was überhaupt vor sich geht. Werden Sie unerwartet scharf angegriffen, ist es schon mal eine Überlegung wert, ob da nicht ein geborgtes Messer auf Sie angesetzt worden ist. Manchmal kann es helfen, wenn Sie den Kollegen zur Rede stellen und nachbohren. »Herr Wimmer, ich habe den Eindruck, Sie haben plötzlich etwas gegen mich. Sie sind doch sonst nicht so. Sagen Sie mir bitte, was dahinter steckt. Ich bin mir sicher, wir können die Sache schnell bereinigen.«
> Setzt der Spieler einen Untergebenen auf Sie an, geht es darum, die Verbindung zwischen dem Messer und dem Nutznießer aufzudecken. Geben Sie sich gar nicht näher mit dem Wadenbeißer ab, sondern lassen Sie jeden wissen, dass eigentlich sein Vorgesetzter hinter den Angriffen steckt. Zumindest können Sie diesen Verdacht äußern. Damit ziehen Sie ihn in die Sache hinein und setzen ihn unter Druck, Stellung zu beziehen. Hält er sich weiter heraus, verstärkt er nur den Verdacht, dass er die Angriffe zumindest billigt. Diese können ganz auf ihn zurückfallen, wenn deutlich wird, dass er es ist, der von den Angriffen profitiert.
> Darüber hinaus sollten Sie darauf Acht geben, nicht selbst als geborgtes Messer in ein Machtspiel hineingezogen zu werden. Wenn Ihnen jemand anvertraut, wie Kollegen über Sie geredet haben, sollten Sie überlegen: Hat derjenige nicht ein Interesse daran, dass Sie sich verfeinden? Fragen Sie ruhig nach: »Warum erzählen Sie mir das?« Und machen Sie sich klar: Jemand, der solche Spielchen treibt, hat Ihr Vertrauen nicht verdient.

7.2 Wir sind alle gute Freunde

Ein unverzichtbares Imagespiel für Karrierespieler, die nicht als eiskalte Karrieristen abgestempelt werden wollen. Und wer will das schon? Denn Karrieristen haben ein Imageproblem. Sie gelten als rücksichtslos, ja, unmoralisch, sie gehen über Leichen, wie man so sagt. Und Leichen haben sie auch in nennenswerter Anzahl im Keller. Kein Wunder, dass sie bei ihren Kollegen äußerst unbeliebt sind – ob die nun selbst Karrieristen sind oder eher nicht. Es erfüllt sie mit Genugtuung, wenn solch ein stahlharter Karrieremensch ins Stolpern gerät und in voller Rüstung am Boden liegen bleibt. So etwas kann die Stimmung in der ganzen Abteilung stärker heben als jedes Motivationsseminar mit seinen »Win-win-Lösungen«.

Und auch der Vorgesetzte mag es gar nicht, wenn sich da einer auf Kosten der andern profilieren will. Vielmehr sollen seine Leute ein Team bilden, sich gegenseitig unterstützen und sich gefälligst vertragen. Wenn sie das nicht tun und sich ein wüstes Hauen und Stechen liefern, fällt das auf den Chef zurück. Dann heißt es, er könne seinen Laden nicht zusammenhalten. Und das ist fast das Schlimmste, was man einem Chef nachsagen kann.

Auf diesem Nährboden gedeiht das Spiel »Wir sind alle gute Freunde«. Es ist ein heiteres Spiel für die Vorderbühne, bei dem Leichtigkeit und Humor gefragt sind. Sein Ziel: Alle sollen merken, wie gut man miteinander auskommt und wie sehr man den anderen schätzt – auch wenn man in Konkurrenz zu ihm steht. Das wirkt entlastend und es lässt die Beteiligten sympathisch und menschlich erscheinen. Darüber hinaus bekommen sie manchmal Material in die Hände gespielt, das sie nutzen können, wenn sie ihr Verhaltensprogramm wieder in den Konkurrenzmodus umgeschaltet haben.

Der Spielverlauf
Einer muss den Anfang machen. Er passt eine günstige Gelegenheit ab, um seinem Konkurrenten etwas Nettes, Lustiges oder allgemein Wertschätzendes zu sagen. Das kann bei einem Meeting sein, im Rahmen einer Diskussion, manche bevorzugen einen informellen Rahmen wie ein Betriebsfest oder eine Abendveranstaltung. Üblicherweise fallen die Worte in Anwesenheit von Dritten, die eine solche Äußerung nicht erwartet hätten. Die beiden sind doch verfeindet und kämpfen mit Haken und Ösen, meinen sie. Und jetzt solche Töne? Das ist doch eine Überraschung. Und Überraschungen sprechen sich bekanntlich schnell herum.

Nun liegt der Ball im Feld des Mitspielers. Lässt er sich auf das Spielchen ein? Dann erwidert er das Kompliment oder den harmlosen Scherz. Es folgt ein Geplänkel, das den Eindruck erweckt: Ach, was sind das für zwei nette Menschen und wie freundlich humorvoll gehen sie doch miteinander um. Beide Seiten lassen es kräftig menscheln, erzählen etwa aus ihrem Privatleben oder berichten von ihren (selbstverständlich völlig harmlosen) Schwächen: Der eine sammelt Spielzeugautos, der andere schwärmt für die vietnamesische Küche.

Der Mitspieler kann die Charme-Offensive natürlich auch zurückweisen. Nur wirkt das meist arg hölzern. Und es kostet Sympathien. Spieler Nummer eins ist der nette, sympathische, entspannte Kollege, Spieler Nummer zwei erscheint hingegen als verbissener, verbiesterter Karrierebolzen. Selbstverständlich kann er sich auf das Geplänkel einlassen, ohne auch nur die Spur von echter Sympathie für Spieler Nummer eins zu empfinden. Ja, im freundlich gelassenen Umgang mit seinem Rivalen zeigt sich eine Souveränität und Professionalität, die den versierten Machtspieler von dem vom Ehrgeiz zerfressenen Karrieristen unterscheidet.

Karrierefaktor Menschlichkeit
Es ist ja gar nicht so, dass jemand, der Menschlichkeit und Wärme ausstrahlt, ein Karrierehindernis hätte. Im Gegenteil, man mag ihn und gönnt es ihm, wenn er aufsteigt. Der Karrierespieler muss nur aufpassen, dass er sich nicht von seinen edlen Gefühlen davontragen lässt. Er darf nicht der gute Mensch sein wollen. Sonst hat er gegen erfahrene Karrierespieler keine Chance, die immer und immer wieder in diese offene Flanke hineinschlagen. Wer gut sein will, der ist eben besonders angreifbar – man kann ihm unentwegt vorwerfen, seinen eigenen Ansprüchen nicht gerecht zu werden. Denn in jeder Führungsposition muss man Kompromisse eingehen und taktische Rücksichten nehmen. Wenn man dann noch einem Trommelfeuer von Vorwürfen ausgesetzt ist, man würde seine Ideale mit Füßen treten, dann braucht man ein dickes Fell. Insoweit kommen Machtspieler gar nicht darum herum, Menschlichkeit im Zusammenhang mit Karriere eher strategisch zu betrachten. Und in diese strategische Betrachtung passt das Spiel »Wir sind alle gute Freunde« bestens hinein. Höflichkeit, Liebenswürdigkeit, Menschlichkeit – ja. Aber keiner der Beteiligten darf sich scheuen, am nächsten Tag wieder mit harten Bandagen weiterzukämpfen.

Zwar liegt der Verdacht nahe, das Spiel sei reine Manipulation, um Kollegen und Konkurrenten aufs Kreuz zu legen. Doch so ganz stimmt das nicht. »Wir sind alle gute Freunde« ist auch ein Spiel, mit dem man sich selbst versichert, dass man »im Grunde« mit allen Menschen gut auskommt – wenn man nur will. Und das ist vielleicht das Tröstlichste, was sich ein ambitionierter Machtspieler sagen kann.

Gefahren
Auch wenn das Spiel gar nicht darauf abzielt, kann es einem der Beteiligten unterlaufen, dass er sich vom unerwarteten Einvernehmen mitreißen lässt und irgendwelche persönlichen Dinge ausplaudert, die ihm später unangenehm sind. Dann muss er damit rechnen, dass sein Konkurrent diese vertraulichen Informationen gegen ihn ausspielt.

> **! Gegenstrategien**
>
> Wenn Sie das Spiel zu spielen verstehen, ist eine Gegenstrategie nicht erforderlich. Schließlich ist es kein Nachteil, wenn der Eindruck entsteht, dass Sie mit Ihrem Konkurrenten zurechtkommen. Ist Ihnen der andere allerdings menschlich derart zuwider, dass Sie sich nicht mit ihm abgeben wollen, dann brauchen Sie seine Ankumpelei keineswegs zu dulden. Geben Sie ihm zu verstehen, dass Sie kein Gespräch mit ihm wünschen. In aller Regel wird er das akzeptieren.

7.3 Der Materazzi

Endspiel der Fußballweltmeisterschaft 2006: Frankreich trifft auf Italien. Es ist das letzte Spiel des famosen Ballzauberers Zinedine Zidane, den viele für den besten Fußballer der Welt halten. Das Spiel soll der Höhepunkt seiner Karriere werden. Doch es kommt ganz anders. Denn er trifft auf einen Gegenspieler, der ihm seinen Abgang gründlich verderben wird: Marco Materazzi, Abwehrspieler von Inter Mailand.

Dabei beginnt es gut für Zidane: Er schlägt einen Elfmeter mit voller Wucht unter die Latte – 1:0 für Frankreich (das Foul hatte Materazzi verursacht). Kurz darauf können die Italiener ausgleichen (durch einen Kopfball von Materazzi). Das Spiel geht in die Verlängerung. Die italienische Mannschaft hat kaum noch Kraft, die Franzosen sind klar überlegen. Doch in der 109. Minute geschieht etwas Unerwartetes: Nach einem kurzen Wortwechsel befördert das Fußballidol Zinedine Zidane seinen Gegenspieler Marco Materazzi per Kopfstoß zu Boden. Eine rüde Attacke: Zidane wird vom Platz gestellt, den Franzosen fehlt ihr Spielmacher. In Unterzahl treffen sie nicht ins Tor. Es kommt zum Elfmeterschießen, und das gewinnen die Italiener. Auch weil einer wieder trifft: Marco Materazzi.

Die Kunst der Provokation

Was hat das mit Konkurrenz- und Karrierespielen zu tun? Nun, dem italienischen Innenverteidiger ist etwas gelungen, an dem sich auch viele Büromachiavellis versuchen: einen überlegenen Gegenspieler auszutricksen, indem man dafür sorgt, dass ihm die Sicherungen durchbrennen und er sich buchstäblich unmöglich macht. Es handelt sich um die etwas anrüchige Kunst der Provokation. Und weil sie der italienische Fußballer so anschaulich vorgeführt hat, haben wir dem Spiel seinen Namen gegeben.

Außer den eigentlichen Spielern brauchen Sie für »den Materazzi« eine Vorderbühne, eine Hinterbühne und ein Publikum (→ Kapitel 1 unter der Zwischenüberschrift »Spiele auf der Vorder- und der Hinterbühne«). Das Publikum entscheidet das Spiel, denn im richtigen Leben gibt es keinen Schiedsrichter, der nach einem bösen Foul die rote Karte zückt. Das Publikum aber fällt sein Urteil. Und das kann vernichtend sein – wie ein Platzverweis. Das Publikum kann aus mehreren Personen bestehen: Kollegen, Kunden, Öffentlichkeit. Oder es ist nur einer: Ihr Vorgesetzter zum Beispiel. Damit das Spiel gelingt, sollten Sie Ihren Gegenspieler recht gut kennen, was bei einem Konkurrenten ohnehin immer sehr hilfreich ist. »Den Materazzi« können Sie mit ihm natürlich nur machen, wenn Sie seine empfindlichen Punkte kennen und wenn Sie schon wissen, dass er gelegentlich etwas impulsiv reagiert. Besonnene Gegenspieler sind viel schwerer zu knacken, und bei Phlegmatikern ist der Materazzi völlig fehl am Platz. Aber wer befürchtet, dass ihm sein phlegmatischer Kollege auf der Karriereleiter enteilt, hat vermutlich noch ganz andere Probleme.

Das Spiel auf der Hinterbühne
Auf der Hinterbühne treffen Sie die Vorbereitungen: Sie sondieren das Gelände und fangen an, Ihren Gegenspieler dezent, aber spürbar zu piesacken, wenn es denn nötig ist. Denn das Auf-die-Nerven-Gehen dient nicht Ihrem Vergnügen, sondern einem klaren Ziel: Der Gegenspieler soll auf der Vorderbühne explodieren – mit möglichst großem Getöse.

Im Idealfall müssen Sie gar nicht viel tun, sondern nur eine günstige Gelegenheit abpassen. Wenn Ihr Gegenspieler schlecht gelaunt ins Büro kommt, seine Kollegen anblafft und seine Mitarbeiter herumscheucht, dann kann das Spiel bereits aufgehen, wenn Sie einfach Öffentlichkeit herstellen, also dafür sorgen, dass Ihr Publikum (zum Beispiel Kunde, Vorgesetzter) mitbekommt, wie überaus rücksichtslos sich Ihr Kollege an einem ganz normalen Tag aufführt. Sie müssen also nur die Hinterbühne im rechten Moment zur Vorderbühne machen, um Ihren Gegenspieler zu entlarven.

In andern Fällen – und das sind die bedenklichen, vor denen wir Sie nur warnen können – muss der Materazzi-Spieler schon entschiedener nachhelfen. Er zermürbt den anderen oder er fordert ihn heraus. Er tut Dinge, die ihm nicht zustehen, er greift in den Zuständigkeitsbereich seines Gegenspielers ein. Das alles arrangiert er so, dass es das Publikum nicht mitbekommt. Denn für die Zuschauer muss es so aussehen, als würde der Gegenspieler stark überreagieren oder fast grundlos in die Luft gehen. Wenn sie hingegen Zeuge werden, wie der Materazzi-Spieler den anderen immer mehr reizt, dann kehrt sich der Effekt um: Der Provokateur hat verloren und der Provozierte erntet sogar noch Zustimmung dafür, wenn er den Quälgeist abstraft.

Das Spiel auf der Vorderbühne

»Der Materazzi« ist ein Spiel, das ganz auf die Vorderbühne hin berechnet ist: Hier muss sich der Knalleffekt ereignen, sonst kann es für den Spieler sehr unangenehm werden. Sein Gegenspieler revanchiert sich auf der Hinterbühne und spielt vorne womöglich »Wir sind alle gute Freunde«.

Doch wieso sollte der Kontrahent dem Materazzi-Spieler überhaupt den Gefallen tun, sich auf der Vorderbühne unmöglich zu machen? Dafür gibt es zwei Gründe: Entweder glaubt er, dass er sich noch auf der Hinterbühne befindet, und er bemerkt das Publikum (noch) nicht. Oder aber er verliert einfach die Beherrschung, weil der Materazzi-Spieler ihm noch das entscheidende Tröpfchen einträufelt, das seine Wut überlaufen lässt.

In aller Regel wird das Publikum dieses Tröpfchen bemerken, also die Provokation, die beim Gegenspieler die Wut entzündet. Das kostet den Materazzi-Spieler häufig viele Sympathien (»Warum macht der auch so eine pampige Bemerkung?«), auf der anderen Seite liegt darin auch ein gewisser Vorteil. Denn das Publikum muss sich einen Reim darauf machen können, was es auf der Vorderbühne zu sehen bekommt. Gibt es gar keine Erklärung, dann reagiert es womöglich nicht empört, sondern ratlos. »Warum benimmt der sich so? Was muss bloß geschehen sein, dass er derartig die Fassung verliert?« Solche Fragen sollte sich das Publikum aus Sicht des Materazzi-Spielers besser nicht stellen. Und das Beispiel des echten Materazzis zeigt, dass sie die Gunst des geneigten Publikums stark beeinträchtigen können (es rätselte herum, was der wohl Monströses gesagt haben musste, dass ein sensibler Ballstreichler wie Zidane so ausrastete).

Alle Macht beginnt mit Selbstbeherrschung

Ob das Kalkül des Machtspielers nun aufgeht oder nicht, »der Materazzi« weist uns auf etwas Wichtiges hin: Macht setzt voraus, dass wir uns halbwegs im Griff haben. Es ist ja der eigene Wille, der durchgesetzt werden soll. Dieser Wille muss sich erst bilden – in einem manchmal etwas langwierigen Prozess des Abwägens. Und dann geht es an die Durchsetzung. Wenn ich jedoch »außer mir« bin, dann bin ich auch außerhalb meines Willens. Ich bin meiner Wut ausgeliefert und daher machtlos.

Wenn sich jemand nicht beherrschen kann, dann vertrauen wir ihm nur sehr ungern Macht an. Er disqualifiziert sich für eine Führungsposition. So ist es übrigens auch, wenn er sich von anderen starken Gefühlen überwältigen lässt. Das hat nun gerade nichts mit der viel beschworenen emotionalen Intelligenz zu tun, die geradewegs das Gegenteil meint: sich eben nicht den Gefühlen hinzugeben, sondern intelligent mit ihnen umzugehen.

Wie passt das aber mit der Beobachtung zusammen, dass es ja eher die Vorgesetzten sind, die Wutanfälle bekommen und ihre Mitarbeiter anbrüllen? Dafür gibt es zwei Erklärungen: Entweder findet der Wutausbruch im Rahmen des »Flegelspiels« statt (→ Kapitel 4.6), als Machtdemonstration: Mir kann keiner was. Oder aber er dient dazu, den Gegenspieler ganz bewusst einzuschüchtern. Unter mangelnder Selbstkontrolle leidet so jemand nun gerade nicht.

Der andere soll sein wahres Gesicht zeigen
Im Prinzip geht es beim »Materazzi« immer darum, dass der andere sich vor Zuschauern unmöglich macht. Er muss sich so sehr danebenbenehmen, dass er kaum noch tragbar erscheint. Sein Verhalten muss nach Möglichkeit unentschuldbar sein, sonst findet das Publikum Ausreden und Rechtfertigungen und dem Materazzi-Spieler geht es an den Kragen. Unentschuldbar ist das Verhalten des anderen aber vor allem dann, wenn es gelingt, dem Publikum zu vermitteln, dass er gerade sein wahres Gesicht zeigt. Endlich fällt die Maske. Der vermeintliche Kumpeltyp wird plötzlich zum hämischen Scheusal, die fröhliche Betriebsnudel spuckt Gift und Galle. Das Publikum sagt sich: Jetzt wissen wir erst, mit wem wir es zu tun haben.

Anders gesagt, der »Materazzi« hat vor allem dann Aussicht auf Erfolg, wenn der Spieler möglichst nahe bei der Wahrheit bleibt. Wenn sich sein Gegenüber tatsächlich selbst entlarvt und nicht etwa zu einer unbedachten Reaktion angestachelt wird. Dann könnte das Manöver nämlich sehr schnell auf den Spieler selbst zurückfallen.

> **Gefahren**
> Der Materazzi-Spieler muss unbedingt verhindern, dass er mit einem Mal als der Schuldige dasteht. Dazu sollte er seine vorbereitenden Aktivitäten auf der Hinterbühne möglichst verschleiern (und nicht wie der echte Materazzi auspacken; den Weltmeistertitel kann ihm zwar keiner mehr nehmen, aber seinen Ruf hat er ruiniert). Noch viel wichtiger ist: Sein Verhalten muss zu rechtfertigen sein – durch das Ausmaß der Überreaktion oder dadurch, dass er dem Publikum vorführt, wie sein Gegenspieler eigentlich ist.
> Aber selbst dann bleibt ein bisschen Schmutz an dem Provokateur hängen. Und schließlich muss er damit rechnen, dass sich sein Opfer revanchiert. Das Mindeste, was es tun wird: Seine Version der Vorfälle darstellen. Auch das sorgt dafür, dass ein Materazzi-Spieler selten eine weiße Weste behält.

> **Gegenstrategien**
> Verlieren Sie hin und wieder die Beherrschung, sollten Sie unbedingt dagegen angehen. Auch wenn Sie kein »Materazzi« reizt, ist mangelnde Selbstkontrolle ein schweres Karrierehindernis und im Umgang mit Macht äußerst nachteilig. Die Cho-

leriker auf den Chefsesseln sind nicht dort, weil sie cholerisch sind, sondern trotz ihrer unkontrollierten Wutausbrüche. Und es ist die Frage, wie lange sie sich dort halten. Vermeiden Sie, dass sich Ärger bei Ihnen anstaut. Schlucken Sie Ihren Groll nicht herunter, sondern stellen Sie diejenigen zur Rede, die Ihnen Ärger machen. Stellen Sie fest, dass es jemand darauf anlegt, Sie zu provozieren, können Sie genau diese Provokationen gegen ihn einsetzen. Sorgen Sie dafür, dass andere dies mitbekommen. Holen Sie die Provokationen auf die Vorderbühne – und dann ahnden Sie sie, maßvoll.

Das beste Mittel, das Sie vor Entlarvung schützt: Es gibt nichts zu entlarven. Sie treiben kein Doppelspiel, geben nicht den guten Kumpel, um die Kollegen später zu verpetzen. Sie buckeln nicht vor dem Chef, um ihn hinter seinem Rücken zum Gespött zu machen. Wenn Sie ärgerlich sind, dann hinterlassen Sie keine dauerhaften Spuren: also keine zornigen E-Mails schreiben, keine wütenden Anrufe, wenn Sie damit rechnen können, dass der Angesprochene einfach die Taste mit dem Lautsprecher betätigt, um die anderen mithören zu lassen, wie Sie mit ihm umgehen. Haben Sie sich doch einmal vergessen, dann hilft nur eines: Entschuldigen Sie sich.

7.4 Ein hohes Tier anschießen – ein Killerspiel

Es gibt Karrierespiele, die man nicht zur Nachahmung empfehlen möchte. Denn sie sind hochriskant und können Ihnen geradezu das Genick brechen. »Ein hohes Tier anschießen« ist so ein Spiel, das auf Außenstehende äußerst unvernünftig wirkt, aber seine eigene, zwingende Logik hat. Es erweckt den Anschein, als würde der Betreffende sich selbst schaden und seine Aufstiegschancen verbauen. Warum macht der das bloß, fragen sich seine vorsichtig taktierenden Kollegen und Konkurrenten irritiert. Immerhin handelt er sich zunächst einmal großen Ärger ein und schafft sich ohne Not mächtige Feinde. Doch wenn sein Kalkül aufgeht, wendet sich mit einem Mal das Blatt – und der Karrierespieler triumphiert auf ganzer Linie.

Wer hoch hinaus will, muss hoch zielen
Als Karrierespieler müssen Sie auf sich aufmerksam machen. Und Sie müssen unter Beweis stellen, dass Sie über die charakterliche Grundausstattung verfügen, die Sie befähigt aufzusteigen. Nun gibt es in unterschiedlichen Spielkulturen sehr verschiedene Vorstellungen darüber, wie diese Grundausstattung auszusehen hat. In einem stark wettbewerbsorientierten, kompetitiven Umfeld empfehlen Sie sich durch beherztes, zupackendes Vorgehen. Jemand, der Mut und Stärke ausstrahlt, kommt besser voran. Oder anders gesagt: Wer das nicht tut, bleibt auf der Strecke.

Zugleich aber braucht jeder, der in einer Organisation aufsteigen will, eine weitere Eigenschaft: Loyalität. Und zwar gleich zweifach: Sie müssen loyal zu den Zielen der Organisation stehen und loyal sein zu den »hohen Tieren«, die einen fördern und voranbringen sollen. Einzelkämpfer kommen nur schwer vorwärts und landen schnell im Abseits. Und so scheint es das Vernünftigste, sich mit möglichst allen gut zu stellen.

Doch gerade deshalb gibt es kaum eine zuverlässigere Methode, die Aufmerksamkeit auf sich zu ziehen, als jemanden anzugehen, der in der Hierarchie möglichst weit über einem steht. Dieses »Anschießen« besteht meist darin, vernehmbar auf irgendeiner Vorderbühne Kritik zu äußern, Vorschläge abzulehnen oder als einziger dagegen zu stimmen. Man riskiert Kopf und Kragen. Und beweist gleichzeitig Stärke und Mut. Ein solches Vorgehen hat jedoch nur dann Aussicht auf Erfolg, wenn das »hohe Tier« mit Bedacht ausgewählt wird und das »Anschießen« den »noch höheren Tieren« als berechtigt erscheint.

Hohe Tiere auf schwachen Füßen
Mit sicherem Gespür nimmt sich der Karrierespieler ein »hohes Tier« vor, das stärker scheint, als es ist. Führungskräfte, die schon noch Anerkennung genießen, deren beste Zeiten jedoch hinter ihnen liegen. Die sich auf ihren Erfolgen ausruhen und zur Selbstzufriedenheit neigen. Die sich sicher fühlen, aber weit weniger Rückhalt haben, als sie glauben. Allerdings muss es sich keineswegs um Personen handeln. Auch Konzepte, Gewohnheiten, altersschwache »heilige Kühe« der Organisation kommen für das »Anschießen« in Frage – sofern sie auf schwachen Füßen stehen, also keine mächtigen Fürsprecher haben.

Beim »Anschießen« ist darauf zu achten, dass die Kritik klar, leicht überzogen, vielleicht sogar provokant ist. Doch muss sie für die oberen Etagen immer schlüssig und berechtigt erscheinen. Im Idealfall denken die Zuhörer: Endlich sagt es mal jemand. Und doch braucht es immer ein provokatives Element. Der Karrierespieler muss Mut beweisen und nicht einfach nur konstruktive Vorschläge machen. Dann empfiehlt er sich für höhere Aufgaben.

Karriere als Killerspiel
Das »Anschießen« kann mehr oder weniger scharf ausfallen. Ja, es kann regelrecht vernichtend sein. Es gibt Organisationen, da stellen sich Karrierespieler mit solchen Äußerungen ins Abseits. Andernorts katapultieren sie sich damit weit nach oben. Denn sie haben unter Beweis gestellt, dass sie über eine Eigenschaft verfügen, die man dort dringend benötigt, um zu bestehen: den Killerinstinkt.

Killerinstinkt bedeutet zweierlei: Ein sicheres Gespür für Ängstlichkeit und verborgene Schwächen, auch wenn die sich als Stärke tarnen. Und die kalte

Entschlossenheit, jede dieser Schwächen auszunutzen. Ein »Killer« bringt nicht nur die Bereitschaft mit, »über Leichen zu gehen«. Er wählt auch seine Opfer mit Bedacht. Uns erscheint das abstoßend. So jemanden möchte man weder als Kollegen noch als Vorgesetzte haben. Das ändert aber nichts daran, dass solche abgebrühten »Killer« gerade in sehr machtorientierten Organisationen steil aufsteigen. Nicht zuletzt weil Vorgesetzte, die selbst so gestrickt sind, eine starke Neigung haben, Kollegen mit »Killerinstinkt« zu fördern.

Aber es gibt eine noch tollkühnere Variante, die jedoch deutlich sozialverträglicher daherkommt: Dabei wird nicht ein »hohes Tier« vom Sockel geschossen, sondern der Chef oder die Chefin selbst sind das Ziel der Kritik. Dabei geht es nicht darum, denen zu schaden. Im Gegenteil, das »Anschießen« ist konstruktiv gemeint und stets verbunden mit Zeichen großer Loyalität. Die Botschaft soll einfach lauten: Ich bin kein Leisetreter und Jasager, ich nehme mir heraus, auch die Chefin zu kritisieren. In der Hoffnung, dass die das honoriert. Das Risiko ist hoch, denn auch diejenigen, die verkünden, Kritik sei willkommen, fühlen sich am Ende doch getroffen. Sogar wenn sie guten Willens sind. Und doch klappt es manchmal: Wenn nämlich die Anerkennung die Kritik bei weitem übersteigt und die Kritik nicht unabsichtlich einen wunden Punkt trifft.

> **! Gefahren**
>
> Dieses Karrierespiel erfordert sehr viel Geschick. Das Risiko, dass Sie sich selbst »ins Bein schießen«, keine Unterstützung finden, sondern sich Feinde machen und ins Abseits stellen, ist nicht unerheblich. Aber es ist nun einmal die Bereitschaft, dieses Risiko einzugehen, die diesem Machtspiel zugrunde liegt.
> Eine weitere Gefahr sollte nicht übersehen werden: Es stärkt nicht gerade den Zusammenhalt der Organisation, wenn bestimmte Mitglieder »angeschossen« werden, weil sich andere davon Vorteile für ihre Karriere versprechen. Und schließlich entwickelt sich Ihre Persönlichkeit nicht gerade zum Positiven, sollten Sie Ihren »Killerinstinkt« kultivieren.

> **! Gegenstrategien**
>
> Hinter solchen Angriffen steckt zunächst einmal nur der Wunsch, persönlich voranzukommen. Womöglich hält sich der Schaden für Sie in Grenzen. Zumal wenn Sie konstruktiv reagieren und der Frage nachgehen, was hinter der Kritik steckt und ob sie in einzelnen Punkten nicht berechtigt ist. Dann können Sie aus so einem »Schuss« sogar noch Nutzen ziehen. Denn er trägt dazu bei, dass Sie sich nicht in Bequemlichkeit und Selbstzufriedenheit einrichten.
> Vielleicht verbirgt sich in dem Angriff aber auch mehr: Der Karrierespieler will sich auf Ihre Kosten profilieren, Ihren guten Ruf schädigen und Sie ins Abseits drängen. Dann sollten Sie reagieren, sich Verbündete suchen und die Manöver Ihres Gegenspielers durchkreuzen. Womöglich kommt es zum Machtkampf, und da können Sie jede Unterstützung gebrauchen. Womöglich können Sie dem Karrierespieler auch

ausweichen, wenn er sich nämlich auf anderen Feldern betätigen kann und Ihnen nicht mehr in die Quere kommt.
Ganz allgemein aber gilt der Hinweis: Mitarbeiter, die zu solchen Manövern greifen, sollten Sie gut im Auge behalten. Auch wenn der Angriff gar nicht Ihnen gegolten hat, sondern beispielsweise einer Kollegin. Sie können davon ausgehen, dass so jemand in der Wahl seiner Mittel nicht zimperlich ist.

7.5 Der innere Kreis

Wer in einer Organisation Karriere machen möchte, sollte mit dem Spiel »Der innere Kreis« vertraut sein. Dabei dreht sich alles um das weit verbreitete Phänomen, dass es in einer Organisation Mitglieder gibt, die irgendwie stärker dazugehören als andere – unabhängig von ihrem Rang und ihrer offiziellen Position. Sie bekommen Informationen, die an anderen vorbeifließen. Sie genießen Sonderrechte, ohne dass ein Wort darüber verloren wird. Sie haben Zugang zu Personen, an die ihre Kollegen nicht herankommen. Sie gehören zum »inneren Kreis«.

Andere wiederum sind vom Informationsfluss abgeschnitten. Sie erfahren nur das Nötigste. Neuigkeiten bekommen sie als letzte mit, auch wenn sie direkt davon betroffen sind. Was sie äußern, wird weitgehend ignoriert. Ihre Arbeit wird nicht gelobt, was sie leisten, wird kommentarlos hingenommen. Der persönliche Umgang mit den Vorgesetzten und den Mitgliedern des inneren Kreises beschränkt sich auf das Allernötigste. Wer zu dieser Gruppe gehört, bildet die mehr oder weniger dicke Randschicht. Die Angehörigen der Randschicht bringen in der Organisation kein Bein auf die Erde. Da können sie fachlich so gut sein, wie sie wollen.

Die Einteilung der Schäfchen
Ob jemand in den inneren Kreis vordringt, das hängt von vielen Faktoren ab. Maßgeblichen Einfluss hat jedoch der Vorgesetzte. Er teilt seine Schäfchen ein, in schwarze und weiße. Die weißen gehören in den inneren Kreis, die schwarzen bleiben draußen. Wie eine Untersuchung der Managementexperten Jean-François Manzoni und Jean-Louis Barsoux, Dozenten an der renommierten Wirtschaftshochschule INSEAD, gezeigt hat, treffen die Chefs diese Entscheidung recht schnell. Im Durchschnitt wissen sie nach fünf Tagen, ob sie einen neuen Mitarbeiter zu den weißen oder zu den schwarzen Schafen zählen (manche brauchen auch nur fünf Minuten). Die weißen behandeln sie fast als Gleichberechtigte, die schwarzen sehen sie als Hilfskräfte an, mit denen sie sich nicht weiter befassen.

Das wichtigste Ergebnis der Studie von Manzoni und Barsoux: Die Chefs geben sich keine übertriebene Mühe, ihre Mitarbeiter einzuteilen. Sie urteilen sehr oberflächlich und bleiben hartnäckig bei ihrer Einschätzung. Ein kleiner Patzer genügt, eine unbedachte Äußerung, eine »seltsame« Reaktion auf die Idee des Vorgesetzten – und es wird nichts mehr mit dem inneren Kreis. Auch eine abfällige Bemerkung einer anderen Führungskraft kann den Neuen erledigen, ein lapidarer Kommentar, der gar nicht näher begründet werden muss. Hauptsache, die Botschaft lautet: Der taugt nichts.

Die Herde übersichtlicher machen
Für die Betroffenen ist das natürlich ärgerlich. Und auch die Organisation könnte davon profitieren, wenn die Vorgesetzten ihre Mitarbeiter weniger schnell zum »Versager« abstempeln, meinen Manzoni und Barsoux, die ihrer Studie den Titel »Das Versager-Syndrom« gegeben haben. Denn dadurch, dass ein Vorgesetzter bestimmte Mitarbeiter in die »Randschichten« abschiebt, verhindert er zuverlässig, dass sie eine gute Leistung erbringen. Sie können kaum anders, als zu den Versagern zu werden, zu denen sie ihr Chef gestempelt hat. Und das bestärkt nun wiederum ihren Chef darin, sich auf seine »ausgezeichnete Menschenkenntnis« verlassen zu können.

Dieses Spielchen kann man beklagen, doch ist es außerordentlich weit verbreitet, wie auch andere Untersuchungen belegen, die dafür den Begriff »Labeling« geprägt haben: Der Chef klebt jedem sein Etikett, sein Label, auf. Dass es so beliebt ist, liegt einfach auch daran, dass es für die Beteiligten enorme Vorteile mit sich bringt: Durch die Einteilung der Schäfchen wird die Herde für den Vorgesetzten wesentlich übersichtlicher. Das macht es einfacher, sie zu führen. Es gibt nur einige wenige, an die er sich halten muss, und den Rest kann er, sagen wir, eher summarisch im Auge behalten. Je mehr Mitarbeiter ihm untergeordnet sind, desto nahe liegender ist es, so vorzugehen. Er hat gar nicht die Zeit, sich mit jedem einzelnen zu befassen, über seine Vorschläge nachzudenken und vieles mehr. So gesehen ist der Vorgesetzte dankbar für jeden, den er ohne viel Federlesens in die Randschichten abschieben kann, solange genügend andere im inneren Kreis seine Aufmerksamkeit beanspruchen.

Aber auch für die Mitarbeiter wird es einfacher, sich unter den Kollegen zurechtzufinden, wenn sie wissen, wer zum inneren Kreis gehört, wer den Randschichten zuzurechnen ist und wer irgendwo dazwischen steht. Sie können sich selbst einordnen und ihre Handlungen entsprechend darauf abstimmen. Und genau das geschieht auch: Es ist nicht allein der Vorgesetzte, der dafür sorgt, dass der innere Kreis und die Randschichten aufrechterhalten werden. Vielmehr wirken die Mitarbeiter selbst tatkräftig daran mit.

Nützliche Versager in den Randschichten
Die Zughörigkeit zum inneren Kreis ist vor allem dann erstrebenswert, wenn möglichst viele draußen gehalten werden können. Je mehr Kollegen für die Rolle der Versager vorgesehen sind, umso stärker dürfen Sie sich aufgewertet fühlen, wenn Sie zu dem exklusiven inneren Kreis gehören. Die Informationen, an die Sie herankommen, sind ja vor allem deshalb etwas wert, weil die anderen davon ausgeschlossen sind. Dass der Chef Sie nach Ihrer Meinung fragt, werden Sie besonders hochschätzen, wenn er nicht jedem zuhört.

Und auch der Chef braucht die Randschichten: einmal um seine Belegschaft zu strukturieren, dann aber auch um ehemals Begünstigte, die in Ungnade fallen, dahin abschieben zu können. Bereits die Aussicht für jemanden, der zum inneren Kreis gehört, zu einem Normalsterblichen oder gar zu einem Versager degradiert zu werden, wirkt außerordentlich disziplinierend. Umgekehrt kann der Chef im Bedarfsfall jemanden aus den Randschichten behutsam ins Zentrum vorrücken lassen, auch wenn dies nicht so oft geschieht. Und schließlich nutzen die vermeintlichen Versager dem Vorgesetzten auch noch, weil sie ihn in seiner Sicht der Dinge bestätigen: Sie bringen nichts zustande, die Leistungsträger, denen er vertraut, gehören alle zum inneren Kreis. Damit die Versager auch wirklich versagen, müssen sie unter den Bedingungen arbeiten, die wir angesprochen haben: Sie genießen kein Vertrauen, sie werden von wichtigen Informationen abgeschnitten, der Vorgesetzte nimmt sie an die kurze Leine und lässt sie spüren, dass er sie gering schätzt.

Die unscharfen Grenzen des inneren Kreises
Es zeichnet den inneren Kreis aus, dass seine Grenzen nicht ganz scharf gezogen sind. Zwar meint jeder zu wissen, wer dazugehört, aber nicht immer sind sich die Betroffenen einig. Das macht das Spiel erst doppelbödig und spannend. Es gibt ja keine Mitgliedschaft und keine eindeutigen Erkennungszeichen, sondern jeder macht sich so seinen Reim darauf, wer momentan hoch im Kurs steht, wer mit wem irgendetwas ausheckt, wer übergangen wird, wer überall seine Finger im Spiel hat. Diese Beobachtungen und Mutmaßungen bilden so etwas wie den persönlichen Spielplan, den jeder Mitspieler in der Hand hält, um sich zu orientieren. Und diese Spielpläne können schon ein wenig voneinander abweichen: So zählt sich vielleicht jemand selbst zum inneren Kreis, der nach Einschätzung seiner Kollegen oft überspielt wird und das gar nicht bemerkt. Ein anderer hingegen »fliegt ständig unter dem Radarschirm seiner Konkurrenten hindurch«, wie das einer meiner Gesprächspartner formulierte. Unbemerkt und diskret baut er sich sein Netz von wichtigen Kontakten zusammen, ehe er eines Tages aus der Deckung tritt.

Der entscheidende Punkt ist: Ob jemand zum inneren Kreis gehört, das bleibt immer ein wenig diffus und unsicher. Es ist ja nirgendwo festgelegt, es gibt nur Anzeichen dafür. Und diese Anzeichen müssen Sie deuten. Natürlich wird kaum jemand einen Mitarbeiter aus den Randschichten zum inneren Kreis rechnen. Aber bei anderen ist gar nicht so sicher, ob sie tatsächlich dazugehören. Und sie selbst wissen es manchmal auch nicht so genau.

Tarnen und Täuschen
Mit dieser Ungewissheit zu spielen, darum geht es hier. Wenn Sie in den inneren Kreis hinein möchten, haben Sie mit zwei gegenläufigen Tendenzen zu tun: Einerseits sollten die anderen schon annehmen, dass Sie Einfluss haben und über wichtige Informationen verfügen, die sie nicht haben. Dadurch werden Sie für die anderen erst interessant. Sie suchen Ihre Nähe und wollen sich mit Ihnen verbünden. Ihr Einfluss wächst, weil die Kollegen Sie für einflussreich halten.

Doch zugleich können Sie nur dann im inneren Kreis Ihre Fäden ziehen, wenn Sie Ihren Einfluss verschleiern. Sie treffen geheime Absprachen und umgeben sich mit dem Schein der Harmlosigkeit. Sie wissen vor allen anderen Bescheid und geben sich überrascht. Sobald es wirklich handfest wird, spielen Sie Ihren Einfluss herunter. Genau dadurch sichern Sie Ihre Position ab. Denn dass Sie bei wichtigen Entscheidungen mitmischen, weckt bei Ihren Kollegen nicht nur den Wunsch, sich mit Ihnen zusammenzutun, sondern mindestens ebenso sehr erregt es ihren Argwohn und ihren Widerstand. Sie empfinden es als demütigend, wenn ein Kollege etwas mit ausgekocht hat, das sie jetzt einfach nur schlucken sollen. Sie haben keinerlei Interesse, zum Gelingen dieses Plans beizutragen und damit ihre eigene Machtlosigkeit zu zementieren. Vielmehr werden sie alles tun, damit er scheitert (→ In den Graben fahren, Kapitel 5.2).

Oder sie tun sich zusammen und wenden sich an den Vorgesetzten, um über die »Ungleichbehandlung« zu klagen. Der könnte leicht in Erklärungsnot geraten und den Einfluss seines allzu regen Mitarbeiters zurückstutzen, um sich weiteren Ärger zu ersparen. Kurzum, wer zum inneren Kreis gehört, der darf das nicht zu deutlich zeigen, und zwar gerade dann nicht, wenn er tatsächlich Einfluss nimmt.

Dieser Zusammenhang ist allerdings halbwegs erfahrenen Machtspielern durchaus bewusst. Wenn sich ein ambitionierter Kollege betont harmlos gibt, versetzt sie gerade das in Alarmbereitschaft. Sie vermuten, dass sich da etwas zusammenbraut, und beobachten seine Aktivitäten mit besonderem Misstrauen. Dagegen wirkt derjenige, der ganz offen über seine »ausgezeichneten Beziehungen« spricht, wie ein Aufschneider. Denn wer wirklich über so gute Verbindungen verfügt, der prahlt nicht damit, sondern der nutzt sie.

Den Chef überspielen
Wir haben es erwähnt: In aller Regel nimmt der Vorgesetzte gewaltigen Einfluss darauf, wer in den inneren Kreis vorrücken darf. Er fördert die betreffenden Mitarbeiter, lässt ihnen die nötigen Freiheiten, und wenn er es besonders gut mit ihnen meint, schirmt er sie auch gegen die neidischen Kollegen ab. »Lassen Sie uns mal überlegen, wie wir das den anderen gegenüber verkaufen ...«, sinniert der Chef und den Mitarbeiter überkommt das wohlige Gefühl, Teil einer Verschwörung zu sein, einer Verschwörung für die gute Sache: seine Karriere.

Der Vorgesetzte ist es auch, der den Mitarbeitern signalisiert, welche Wertschätzung sie genießen, und zwar nicht nur dadurch, dass er sie ausdrücklich vor den andern lobt (→ Das Spiel des Lobens, Kapitel 3.3), sondern indem er ihnen demonstrativ seine Aufmerksamkeit schenkt. Mitarbeiter registrieren sehr genau, wer wie lange mit dem Chef plaudert, wer ohne Probleme einen Termin bei ihm bekommt, wer bei einer Abendveranstaltung an seinem Tisch sitzen darf und so weiter. Der Vorgesetzte kann auch zum Ausdruck bringen, dass Sie nicht mehr zu den Auserwählten gehören: Er entzieht Ihnen die Vergünstigungen, die Sie genossen haben. Er richtet nicht mehr das Wort an Sie, er reagiert nicht mehr auf Ihre Bemerkungen. Ihre Kollegen wissen nun, dass Ihr Stern gesunken ist. Wer zum inneren Kreis gehört, wird nicht zögern, Sie aus der Runde auszuschließen. Sie bekommen keine Informationen mehr, über Ihre Scherze wird nicht mehr gelacht und sogar der Praktikant traut sich, Ihre Vorschläge zu kritisieren.

Und doch besteht die eigentliche Krönung dieses Spiels darin, den Chef auch einmal zu überspielen. Denn natürlich wächst den Mitgliedern des inneren Kreises erhebliche Macht zu. Sie kontrollieren die Zonen der Ungewissheit in weit höherem Maße als ihre Kollegen aus den Randschichten. Wenn sie sich miteinander verbünden, können sie sich auch gegenüber ihrem Chef behaupten. Solange sie es nicht auf einen offenen Machtkampf ankommen lassen, sondern ihn eher außen vor lassen, haben sie gute Aussichten, zum eigentlichen Machtzentrum in der Abteilung zu werden.

> **Gefahren** !
>
> Dass einige Mitarbeiter zum »inneren Kreis« gehören und andere ausgeschlossen sind, sorgt nicht gerade für besonderen Zusammenhalt. Diejenigen, die nicht dazugehören, fühlen sich machtlos und ungerecht behandelt. Sie resignieren, werden verbittert oder zynisch. Oder sie versuchen, sich an ihren privilegierten Kollegen zu rächen. Wenn der Mitarbeiter einem aus undurchsichtigen Gründen vorgezogen wird, kann das regelrecht Hass säen. Aus diesem Grund ist es auch für den Machtspieler selbst nicht unbedingt positiv, zum inneren Kreis gerechnet zu werden. Er zieht den Neid und Argwohn seiner Kollegen auf sich. Sie unterstützen ihn nicht,

sondern machen ihm das Leben schwer. Und auch der Vorgesetzte kann sich veranlasst sehen, den anderen Mitarbeitern deutlich zu machen, dass hier niemand zum inneren Kreis gehört. Und deswegen wirft er dem Spieler schon einmal den Knüppel zwischen die Beine.

> **!** **Gegenstrategien**
>
> Es ist nicht ganz einfach, dieses Spiel zu durchkreuzen. Sie könnten etwa die »Rebellenstrategie« wählen und die Ungerechtigkeit anprangern, dass einige Kollegen Sonderrechte genießen und Entscheidungen unter sich auskungeln. Sie verbünden sich mit einigen Leidensgenossen und versuchen, Gegendruck aufzubauen. Sie präsentieren sich als Opfer (→ Das Opferspiel, Kapitel 3.6) und stellen Forderungen. Vielleicht gelingt es Ihnen, etwas mehr Transparenz und Beteiligung zu erreichen. Und doch ist der Erfolg dieser Strategie begrenzt. Denken Sie an das Beispiel der Liegestühle (→ Kapitel 7 unter der Zwischenüberschrift »Die Macht der Gruppen«). Auch da sind die Aussichten, wieder zu einer gleichen Verteilung der Nutzungsrechte zu kommen, nicht gut. Aber Zugeständnisse könnten Sie schon herausholen, vor allem wenn offiziell der Grundsatz der Gleichbehandlung hochgehalten wird. Dabei sollten Sie sich über die Risiken der »Rebellenstrategie« im Klaren sein: Sie exponieren sich als Gegenspieler. Entweder versuchen die anderen, Sie mit allen Mitteln kleinzukriegen. Oder wenn das nicht geht, könnten die andern versuchen, Sie zu vereinnahmen, nach der Devise: Wenn du deinen Gegner nicht besiegen kannst, versuche, ihn zu korrumpieren. Aber vielleicht kommt Ihnen das ja gar nicht ungelegen. Eine zweite Möglichkeit wäre denn auch die »Helferstrategie«. Sie versuchen, sich mit dem einen oder anderen aus dem inneren Kreis zu verbünden. Dazu müssen Sie denen natürlich etwas zu bieten haben. Und Sie müssen aufpassen, dass Sie nicht einfach nur ausgenutzt werden. Doch wie wir gesehen haben, führt der Weg zu mehr Einfluss erst einmal durch das Tal, das da heißt: Mache dich für den anderen unentbehrlich. Erst wenn der Sie – und zwar gerade Sie – braucht, dann können Sie allmählich Gegenleistungen einfordern.

7.6 Der Heuschreckenkrebs und andere Kampfspiele

»Das Geheimnis jeder Macht besteht darin zu wissen, dass andere noch feiger sind als wir«, bemerkt der Schriftsteller Ludwig Börne. Wer sich im Konkurrenzkampf behaupten will, der darf nicht konfliktscheu sein. Auf der anderen Seite wäre es jedoch verheerend, sich in jede Auseinandersetzung hineinziehen zu lassen. Denn solche Konfrontationen kosten Kraft. Auch wenn man sie gerade noch für sich entscheidet, zu viele davon laugen einen aus. Daher ist ein kluger Karrierespieler bestrebt, die Anzahl der Auseinandersetzungen zu begrenzen und dafür zu sorgen, dass ihn seine Konkurrenten gar nicht erst herausfordern, entweder weil sie ihn für zu harmlos halten (unterschätzt zu werden kann im Spiel um die Macht ein großer Vorteil sein) oder weil sie damit rechnen, dass sie bei dieser Angelegenheit ohnehin den Kürzeren ziehen.

Der Heuschreckenkrebs und andere Kampfspiele

Wie stark der andere wirklich ist, welchen Einsatz er wagt, das zeigt sich erst, wenn es schon zu spät ist, wenn wir uns nämlich schon mitten in der Auseinandersetzung befinden. Daher versuchen wir vorher abzuschätzen, wie gut unsere Chancen stehen. Bei dieser Kalkulation spielt eine ganz entscheidende Rolle, wie selbstbewusst unser Gegenspieler uns entgegentritt. Genau das versucht jemand für sich auszunutzen, wenn er den »Heuschreckenkrebs« mit uns spielt. Das Pfiffige dabei ist, dass der Heuschreckenkrebs gerade dann besonders einschüchternd auftritt, wenn er die Auseinandersetzung auf jeden Fall verlieren würde. Aber eben dazu kommt es gar nicht erst, und genau das ist der Trick.

Die Spielidee
Vom Heuschreckenkrebs lernen heißt bluffen lernen. Dieser Gliederfüßer vom Stamme der Hoplocarida ist ein Raubtier, das in Korallenriffen lebt und dort in einer Wohnröhre auf der Lauer liegt, um Muscheln, Schnecken und Krabben zu jagen. Es besitzt Furcht erregende, hammerartige Klauen, mit denen es schon einmal das Sicherheitsglas eines Aquariums zertrümmert haben soll. Was die Wohnröhren im Riff betrifft, so ist ihre Anzahl begrenzt. Daher konkurrieren zahlreiche Tiere darum. Wer eine Röhre in Besitz nehmen möchte, begibt sich vor deren Eingang. Nach kurzer Zeit erscheint der Bewohner. Ist er deutlich kleiner und dem Eindringling körperlich unterlegen, so räumt er freiwillig das Feld. Im umgekehrten Fall schwimmt der Eindringling weiter. Sind die Verhältnisse unklar, kann es auch zum Kampf kommen.

Nun ist der Heuschreckenkrebs ein sehr starker und unangenehmer Gegner, denn er macht rücksichtslos von seiner Hammerklaue Gebrauch. Doch gibt es in seinem Leben eine kritische Phase, in der er extrem empfindlich und verletzlich ist: Wenn er nämlich so stark gewachsen ist, dass er seinen Panzer abwerfen muss. Bis sich die darunter liegende weiche Haut wieder zum Panzer verhärtet, dauert es eine Weile. Eigentlich würde man erwarten, dass er in dieser Zeit keinen Kampf riskiert, weil er den ja nur verlieren kann, zumindest gegenüber seinen Artgenossen. Doch das Gegenteil ist der Fall: Bekommt der empfindliche Krebs von einem Konkurrenten Besuch, dann schießt er aus seiner Höhle heraus und demonstriert sofort höchste Kampfbereitschaft. Sein Gegenüber hat gar keine Zeit, die Kräfte näher zu taxieren. Für ihn stellt sich nur die Frage: Kämpfen oder abziehen? Fast immer ergreift der Eindringling die Flucht.

Die süßen Siege im Konkurrenzkampf
Im Büroalltag muss zwar niemand seine Wohnröhre verteidigen, doch kommt es immer wieder vor, dass zwei Rivalen aneinander geraten. Anlässe dafür gibt es viele: Bei einer Besprechung macht der eine den Vorschlag des anderen madig. Der muss sich verteidigen und geht vielleicht zum Gegenangriff über. Oder der eine stellt Forderungen an den Kollegen, die dieser zurückweist.

Oder es winkt eine reizvolle Aufgabe und beide möchten sie übernehmen. Oder der eine stürmt in das Büro des anderen, um ihn zur Rede zu stellen, weil er etwas verbockt hat.

Ein Gutteil dieser Auseinandersetzungen sind Scheingefechte in dem Sinne, dass es gar nicht um die Sache geht, sondern darum, den anderen schlecht aussehen zu lassen und selbst Recht zu behalten. Man möchte siegen, egal in welcher Disziplin. Und siegen heißt, den Mitspieler zu besiegen: welch ein Triumph, wenn der Rivale mit hochrotem Kopf in Erklärungsnot gerät, Wissenslücken offenbart oder machtlos mit ansehen muss, wie der Chef Sie zu dem Kongress fahren lässt, an dem doch Ihr Gegenspieler so gerne teilgenommen hätte.

Nun stellen sich Unbeteiligte oft die Frage: Warum machen die das? In den seltensten Fällen ergeben sich irgendwelche greifbaren Vorteile. Könnten die sich nicht auf eine »Win-win-Lösung« einigen, wie es so viele Trainer und Berater empfehlen? Natürlich nicht. Die ominöse Formel »Win-win« ist die Umschreibung für ein Unentschieden. Und wer spielt im Konkurrenzkampf schon auf Unentschieden? Bestimmt nicht derjenige, der sich später durchsetzt.

Wie wir aus der experimentellen Psychologie wissen, sind solche kleinen Siege außerordentlich hilfreich. Sie stärken unser Selbstbewusstsein, wir trauen uns mehr zu und gehen mit höherer Wahrscheinlichkeit auch bei der nächsten Auseinandersetzung als Sieger hervor – wenn es zur Abwechslung mal um etwas geht. Der Verlierer jedoch fühlt sich geschwächt. Seine Chancen stehen schlecht. Für den Karrierespieler heißt das: Bringe deinem Konkurrenten möglichst viele kleine Niederlagen bei. Und lasse dich nicht auf eine Auseinandersetzung ein, die du verlierst. Anders gewendet: Führe nur solche Kämpfe, die du auch gewinnen kannst.

Auf der Suche nach den Schwachpunkten
Ein Karrierespieler wird sich daher nicht die Chance entgehen lassen, dort anzusetzen, wo er bei seinem Konkurrenten einen Schwachpunkt vermutet. Das kann der Konkurrent natürlich nutzen und ihn durch gespielte Ahnungslosigkeit in eine Falle locken. Der Karrierespieler greift an und holt sich eine blutige Nase, weil ihm sein Konkurrent gerade hier turmhoch überlegen ist. Das wäre dann gewissermaßen ein umgedrehter Heuschreckenkrebs: Stärken als Schwächen zu tarnen, um den anderen in einen Konflikt hineinzuziehen. Doch bei unserem Ausgangsspiel findet eben das Gegenteil statt: Die Schwachpunkte werden durch ein überbordendes Selbstbewusstsein bemäntelt.

Im Allgemeinen zeigen wir ja nur dann Selbstbewusstsein, wenn wir uns einer Sache sicher sind. Menschen, die uns selbstbewusst gegenübertreten, billigen wir eine hohe Kompetenz zu, häufig zu Recht. Aber es gibt eben auch Menschen, die uns mit diesem kleinen Trick bluffen. Sie geben sich kompetent, stark, gefährlich – und sind vollkommen blank. Sie lassen uns glauben, sie hätten starke Verbündete im Rücken, und sind gerade jetzt mit denen zerstritten. Und weil wir uns unter diesen Umständen nicht auf eine Konfrontation einlassen wollen, fallen wir auf diese Heuschreckenkrebse herein.

Stärke maskiert Schwäche
Das Spiel funktioniert jedoch nur, solange der Heuschreckenkrebs glaubwürdig erscheint. Sein Gegenspieler muss ihm diese Stärke zutrauen. Und das tut er am ehesten, wenn der Heuschreckenkrebs seine Qualitäten schon einmal unter Beweis gestellt hat – so wie der echte Krebs, der unter normalen Bedingungen durchaus wehrhaft, ja gefährlich ist. Aufgeblasene Hochstapler haben bei diesem Spiel keine Chance, weil sie früher oder später auffliegen und als Großsprecher entlarvt sind. Dann wird sich niemand mehr von ihrem Imponiergehabe beeindrucken lassen. Erfahrene Machtspieler wissen deshalb: Erfolgreich betrügen kann auf Dauer nur der Ehrliche.

Und noch etwas ist in diesem Zusammenhang wichtig: Der Heuschreckenkrebs schlägt seinen Herausforderer auch deshalb in die Flucht, weil er die Bereitschaft zeigt, mit höchstem Einsatz zu kämpfen. Eine Strategie des »Schauen wir mal, dann sehn wir schon« ist unter diesen Umständen nicht möglich. Dem Herausforderer wird hingegen klar: Wenn ich mich auf diesen Kampf einlasse, dann wird es auf jeden Fall eine ernste, unangenehme Sache.

Die Meerschweinchenstrategie
Da wir gerade beim Thema Kampfbereitschaft sind, müssen wir von den Meerschweinchen reden. Unter diesen geselligen Rudeltieren gibt es ausgesprochene Kämpfernaturen, wahrhafte Kampfschweine, die keiner Auseinandersetzung aus dem Weg gehen, um sich an die Spitze zu setzen. Ihnen stehen äußerst harmoniebedürftige Artgenossen gegenüber, die von vornherein jede Konfrontation scheuen und widerstandslos das Feld räumen, sogar wenn sie ihrem Gegner körperlich überlegen sind.

Nicht weiter überraschend ist, dass sich die Kämpfernaturen mit ihrem selbstbewussten Auftreten bis zum Rang des Alphatiers durchbeißen können, auch wenn sie gar nicht das stärkste Tier sind. Ein Grund dafür ist, dass die Rangkämpfe unter Meerschweinchen nicht so blutig ablaufen wie bei anderen Tieren, weil sich die Nager in Ermangelung scharfer Klauen und Reißzähne kaum ernsthaft verletzen. Das klingt ganz sympathisch, hat jedoch den Nachteil, dass sich die Verlierer von gestern wieder hochrappeln können, um heute Revanche zu üben. Und wenn es heute nicht klappt, dann morgen.

Moment mal, hatten wir nicht gesagt, der erfolgreiche Karrierespieler sollte sich gerade nicht in zahlreiche Kämpfe stürzen, weil ihn das auslaugt? Und hatten wir nicht behauptet, dass Niederlagen uns für weitere Niederlagen bereit machen? Nun, das bleibt nach wie vor gültig. Die Meerschweinchenstrategie funktioniert unter diesen Bedingungen sogar besonders gut. Ihr Erfolg erklärt sich aus dem besonderen Naturell des Kampfschweins, das allzeit kampfbereit ist: Weil die ewigen Auseinandersetzungen mit dem Kampfschwein so kräftezehrend sind, haben seine Konkurrenten irgendwann keine Lust mehr dagegenzuhalten. Sie geben nach – und das Kampfschwein triumphiert, ohne zu kämpfen.

Vielleicht haben Sie es selbst einmal erlebt, wie ein einziger Mitarbeiter eine ganze Abteilung tyrannisiert, weil er grundsätzlich widerspricht, nachbohrt, bis es wehtut, Unterstellungen abfeuert, Vorschläge niedermacht und Kollegen kritisiert. Nicht immer wird so jemand befördert, denn es ist keine Freude, mit ihm zusammenzuarbeiten. Aber in vielen Fällen kommt er eben doch voran, weil ihn einfach nichts umwirft. Darüber sind seine ehemaligen Kollegen gar nicht so unglücklich, denn auf diese Weise sind sie ihn immerhin losgeworden und können in Ruhe ihrer Arbeit nachgehen.

Zwei und drei gegen eins
Eine unerwartete Wendung können solche Auseinandersetzungen nehmen, wenn sich mehrere gegen einen verbünden. Tritt dieser Fall ein, haben Kampfschweine eher schlechte Karten. Sie polarisieren zu stark, wobei an dem einen Pol das Kampfschwein steht und an dem anderen alle übrigen. Aber auch andere Kandidaten geraten in Schwierigkeiten, und zwar paradoxerweise dann, wenn sie eigentlich die Stärksten sind. Denn nun machen sie es für ihre Konkurrenten besonders attraktiv, sich zu verbünden. Von sich aus braucht der Stärkste keinen Bündnispartner. Aber wenn sich die Nummer zwei mit der Nummer drei zusammentut, haben sie gute Chancen, den Stärksten zu »entthronen« und alle anderen in Schach zu halten.

> **!** **Gefahren**
>
> Sagen wir es kurz und knapp: Eine Abteilung, in der die Mitarbeiter vollauf damit beschäftigt sind, ihre Kollegen zu belauern und zu bekämpfen, droht, arbeitsunfähig zu werden. Und die Mitarbeiter, die noch die eigentliche Arbeit erledigen, denen es nur um die Sache geht, werden zum Beiwerk oder zum bloßen Störfaktor. Für den Kampfspieler kann es unangenehm werden, wenn er seinen Kollegen mit seinem Dominanzgehabe nur noch auf die Nerven geht und sie sich gegen ihn zusammenschließen. Dann landet er schnell im Abseits und muss sich erst wieder als konstruktiver Kollege bei den anderen beliebt machen.

Der Heuschreckenkrebs und andere Kampfspiele 7

Gegenstrategien

Wird der Heuschreckenkrebs überzeugend dargeboten, haben Sie kaum eine Chance, das Spiel zu durchkreuzen. Ja, Sie werden den Bluff nicht einmal bemerken. Denn Ihr Gegenspieler wird sich hüten, im Nachhinein sein kleines Geheimnis zu lüften und seine Glaubwürdigkeit zu beschädigen. Das Einzige, was Sie tun können: Seien Sie skeptisch, wenn jemand allzu selbstbewusst auftritt. Gerade der Tick zu viel kann den Bluff verraten. Und rechnen Sie damit, dass gerade scheinbar starke Konkurrenten ihre Schwächen haben, die sie hinter einer Wand aus Selbstbewusstsein verbergen.

Fordert Sie jemand heraus, können Sie nicht untätig bleiben und sich überspielen lassen. Weichen Sie Konflikten nicht aus. Lassen Sie sich nicht herabsetzen, sondern halten Sie selbstbewusst dagegen. Sorgen Sie dafür, dass es unangenehm wird, sich mit Ihnen anzulegen. In manchen Fällen können Sie Angriffe auch ins Leere laufen lassen – einfach indem Sie deutlich machen, dass der Angriff Sie überhaupt nicht berührt (»Sie fanden meinen Vorschlag lächerlich? Tja, da kann man wohl nichts machen ...«). So etwas kann den anderen vielleicht in Rage bringen, aber das ist »nun wirklich sein Problem«, wie Sie ihn mit feinem Lächeln wissen lassen.

Werden Sie ständig zur Zielscheibe von Attacken, ist das auf Dauer zermürbend. Es hilft Ihnen nicht viel, wenn Sie solch eine Auseinandersetzung auch einmal gewinnen, wenn am nächsten Tag drei neue Konflikte auf Sie zukommen. In solchen Fällen kann es helfen, wenn Sie sich mit anderen verbünden, die es ebenfalls leid sind, ständig kämpfen zu müssen. Auch können Sie Ihren Vorgesetzten bitten, in dieser Angelegenheit ein Machtwort zu sprechen, denn immerhin leidet Ihre Arbeitsfähigkeit darunter.

Schließlich gibt es noch die »Strategie des lachenden Dritten«. Aus den Konkurrenzkämpfen halten Sie sich heraus; Sie lassen keine Ambitionen erkennen und hoffen darauf, dass sich Ihre Rivalen gegenseitig bekämpfen und schwächen, ganz im Sinne des indianischen Sprichworts: »Setz dich an den nächsten Fluss und warte, bis die Leiche deines Feindes vorbeischwimmt.« Sie genießen das Privileg, dass man Sie unterschätzt und keiner Sie auf der Rechnung hat. Aber es führt kein Weg daran vorbei: Irgendwann müssen Sie aus der Deckung, beherzt zugreifen und wohl auch Härte zeigen. Denn spätestens wenn Sie an den anderen vorbeiziehen, ist die Schonfrist vorbei.

8 Organisationsspiele

> *Je sorgfältiger Insektenforscher die feinen Details der Organisationsform einer Kolonie untersuchten, desto umfangreichere und komplexere Konflikte kamen zum Vorschein. Wenn man sich näher mit der Beziehung zwischen bestimmten Individuen beschäftigt, dann ist es so, als ob man in eine nach außen hin friedliche Stadt zieht und nach einer Weile feststellt, dass an diesem Ort Familienstreitigkeiten, Diebstahl, Straßenüberfälle und sogar Mord an der Tagesordnung sind.*
> Bert Hölldobler, Edward O. Wilson: Ameisen

Machtspiele und Organisation gehören zusammen. Wo es eine Organisation gibt, da werden auch Machtspiele betrieben. Ja, für manche wie die Organisationsforscher Crozier und Friedberg bestehen Organisationen aus nichts anderem als aus Machtspielen. So gut wie alle Spiele, die in diesem Buch vorkommen, werden in Organisationen gespielt. Mit Ausnahme der »Grundspiele« und der »Verhandlungsspiele«, die Ihnen in den unterschiedlichsten menschlichen Beziehungen begegnen können, erfordern die anderen Machtspiele geradezu die Organisation – als Spielfeld sozusagen.

Warum also ein eigenes Kapitel über Organisationsspiele? Weil es in diesem Kapitel um die Aspekte von Macht geht, die in den anderen Abschnitten nicht vorkommen. Es geht nicht um Konkurrenz und Karriere, nicht um das Verhältnis von Chef und Mitarbeitern. Es geht um die Entscheidungsfindung in der Organisation (»Das Mülleimerspiel«), die Segnungen der Wirkungslosigkeit (»Der Scheinhäuptling«), die Paradoxien der Beförderung (»Der Flaschenzug«) und die Machtspiele innerhalb der Organisation (»Abteilungskampf«). Diese Spiele sollen Ihnen helfen, die manchmal etwas rätselhaften Vorgänge in einer Organisation besser zu verstehen.

8.1 Der Scheinhäuptling

Die Anzahl seiner Spieler soll in den vergangenen Jahren stark zurückgegangen sein. Denn viele Organisationen sind »schlank« geworden und haben ihre Prozesse »optimiert«, was dem Scheinhäuptling eigentlich die Lebensgrundlage entziehen müsste. Doch ist der Scheinhäuptling für eine Organisation viel zu wichtig, als dass man ihn einfach so abschaffen könnte. Daher taucht er manchmal unvermutet auch in einem runderneuerten Unternehmen wieder auf, als externer Scheinhäuptling. Allerdings hat ein outgesourcter Scheinhäuptling ein sehr viel härteres Los als sein Inhouse-Kollege, der noch zum Stamm gehört.

Die Spielidee

Das Spiel geht auf Beobachtungen zurück, die der britische Ethnologe Martin Page vor rund vierzig Jahren bei den Akwaaba gemacht hat, einem westafrikanischen Volk, dessen Organisationsstruktur Page mit modernen, und vor allem erfolgreichen Unternehmen verglich. Selbstredend stieß er auf zahlreiche Entsprechungen und bekam allerlei Anregungen, die er in seinem Buch »Managen wie die Wilden« zusammengetragen hat.

Bei den Akwaaba gibt es demnach einen Palasthäuptling, der »Nana« genannt wird. In der Sprache der Akwaaba heißt das »Chef«. »Die Unbestimmtheit des Titels ist beabsichtigt«, schreibt Page, »und sein Anschein von Macht reiner Schwindel. Der Nana hält lästige Besucher vom Obersten Häuptling und allen anderen verantwortlichen Personen im Palast fern.« Er soll gegenüber den Besuchern den Eindruck erwecken, als sei er der Ranghöchste, den sie für ihr Anliegen sprechen können. Er hört sich alles geduldig an, was sie zu sagen haben, und verspricht, sich um den Fall zu kümmern, Informationen weiterzuleiten und so fort. Doch wird er nur in den seltensten Fällen aktiv. Denn seine Aufgabe ist das Abschirmen, nicht das Weiterleiten. Das klingt nach einer ziemlich dubiosen Rolle, die eine seriöse Organisation besser nicht besetzen sollte. Doch diese Schlussfolgerung wäre ein Fehler. Ohne »Nana«, ohne »Scheinhäuptling« würde das Chaos ausbrechen – in unseren »zivilisierten« Organisationen mit ihrem Informationsüberschuss noch viel eher als bei den Akwaaba. Denn mindestens genauso wichtig wie die Weitergabe von Informationen ist die Abschirmung davon.

Die drei Funktionen des Scheinhäuptlings

Das zeigt sich übrigens auch in unserem Gehirn: Damit wir das Wunderwerk des Denkens vollbringen können, brauchen wir nicht nur die Billionen von Neuronen, die über ihre Synapsen Impulse weitergeben. Wir brauchen auch die sogenannten Gliazellen, die die Neurone voneinander trennen und dafür sorgen, dass sich die Nervenimpulse nicht dorthin ausbreiten, wo sie nicht hingehören. Sind unsere Gliazellen geschädigt, können wir keinen klaren Gedanken mehr fassen. Es liegt auf der Hand: Was die Gliazellen im Hirn leisten, das vollbringt der Scheinhäuptling für die Organisation.

Der Scheinhäuptling treibt ein Spiel. Er gibt vor, Einfluss zu haben, dabei ist er weitgehend machtlos. Er erweckt den Anschein, als könnte er etwas bewirken, dabei sorgt er dafür, dass gerade nichts bewirkt wird. In dieser Rolle erfüllt der Scheinhäuptling drei Funktionen:
- für den eigentlichen Häuptling: Er hält ihm den Rücken frei und sorgt dafür, dass er mit unwesentlichen Dingen gar nicht erst in Berührung kommt.

- für diejenigen, die sich an ihn wenden: Er sorgt dafür, dass sie einen Ansprechpartner haben und sich wichtig und ernst genommen fühlen, obwohl ihr Anliegen für die Organisation eigentlich belanglos ist.
- für die Organisation: Die Position des Scheinhäuptlings ist mit einem hohen Status verbunden, ohne dass er Einfluss nehmen muss; dadurch stabilisiert und beruhigt er die Organisation.

Die Häuptlinge entlasten
Allein für diesen Zweck braucht eine Organisation ihre Scheinhäuptlinge: damit die echten Häuptlinge ihre Arbeit tun können, damit sie sich den Dingen zuwenden können, die sie für wichtig halten. Ohne Scheinhäuptlinge ist das viel schwieriger. Da gibt es wichtige Kunden, die würden es als kränkend auffassen, wenn sie es nicht mit einer hochrangigen Führungskraft zu tun bekämen. Sie fordern keine kniffligen Entscheidungen, wollen keine schwierigen Verhandlungen führen, sie möchten im Wesentlichen eines: Aufmerksamkeit. Für solche Aufgaben ist keiner so geeignet wie ein Scheinhäuptling. Auch wenn die persönliche Anwesenheit einer hochrangigen Führungskraft erforderlich ist, etwa bei einer Kundenveranstaltung, oder bei einem Kongress, bietet es sich an, den »Betriebsnana« zu schicken. Der wertet die Sache auf und kann keinen Schaden anrichten, wenn sich jemand an ihn hängt, um mit ihm in diesem privaten Rahmen irgendwelche Absprachen zu treffen.

Außerdem kann der Scheinhäuptling auch dazu benutzt werden, Projekte aufzuwerten. Vielleicht muss sich die Organisation um Dinge kümmern, um die sie sich eigentlich gar nicht (mehr) kümmern will, aber das kann sie nicht zeigen. Oder sie will es nicht, weil sie sich nicht von der Konkurrenz in die Karten schauen lassen möchte. Dann schlägt die Stunde des Scheinhäuptlings, der das betreffende Projekt an sich zieht und damit zur Chefsache macht: Die neue Ausbildungsoffensive, die Vereinbarkeit von Familie und Beruf, die Qualifikation älterer Arbeitnehmer, die soziale Verantwortung des Unternehmens, ethische Fragen, all das sind hochinteressante Themen, um die sich allerdings niemand kümmern kann, doch will die Organisation sie auf keinen Fall demonstrativ missachten. Und deshalb braucht man einen Scheinhäuptling, der sich des Themas »auf höchster Ebene« annimmt.

Bedeutung verleihen
Es ist schon angeklungen: Ohne Scheinhäuptling müsste die Organisation bestimmte Besucher mit ihren Fragen und Problemen einfach abweisen oder einen rangniederen Mitarbeiter darauf ansetzen. Das wäre nicht gerade ein Zeichen von Wertschätzung. Hinzukommt, dass viele dieser Besucher gar kein schwer wiegendes Problem haben, das die Entscheidung des Chefs erfordert. Sie wollen einfach nur ernst genommen werden. Allein dass sie ihr Anliegen

dem Chef vortragen, dass sie vielleicht sogar mit ihm verhandeln, wertet sie ungemein auf. Sie können gar nicht anders, als sich für einflussreich zu halten. Das macht sie glücklich und zufrieden. Und glückliche Besucher sind für jede Organisation ungemein wichtig, egal, ob es sich um Kunden, Geschäftspartner oder die eigene Belegschaft handelt, denen man mit dem Scheinhäuptling eine Bedeutung verleiht, die sie im Moment leider nicht haben, die sie aber durchaus wieder bekommen könnten. In diesem Zusammenhang darf der Hinweis nicht fehlen, dass die Akwaaba sich rühmen, dass in den zwanziger Jahren die Verhandlungen mit dem Vertreter der britischen Kolonialregierung von ihrem Nana abgewickelt wurden. Drei Jahre lang regelte der Distriktsbeamte alle Angelegenheiten mit dem Nana, »ohne dessen wahre Funktion zu entdecken«, wie Martin Page schreibt.

Das Heilmittel der Wirkungslosigkeit
Schon Mitarbeiter werden mit der Frage gelöchert, was sie für ihre Organisation bewirkt hätten, ja, was sie heute bewirkt hätten, gerade so als sei Wirkung an sich schon etwas Positives. Im Ergebnis führt dieses Denken zu Hektik und Aufgeregtheit (»Haben Sie heute schon gewirkt, Frau Goldbach?«). Und wenn gleich mehrere Häuptlinge darum konkurrieren, Wirkung zu entfalten, kann dies nur in einem heillosen Durcheinander enden. In einer solchen Situation kann der dämpfende, sedierende Einfluss eines Scheinhäuptlings der Organisation gut tun.

Auch wenn alle das Gegenteil beteuern und Ergebnisse sehen wollen, so sind sie doch froh, dass nicht alle wie ein offenes Messer durch die Organisation stürmen, um Wirkung zu erzielen. Der Scheinhäuptling und seine Mitarbeiter bewirken sehr wenig, was nicht heißt, dass sie nichts dafür tun. Im Gegenteil, sie arbeiten manchmal mit äußerster Anstrengung, um die angestrebte Wirkungslosigkeit zu erzielen. Denn die Wirkungslosigkeit des Scheinhäuptlings ist natürlich keine offensichtliche, sondern eine, die aussieht wie ernsthafte Arbeit, wie ein anspruchsvolles Projekt mit einer Fülle von anregenden bis zukunftsweisenden Ergebnissen. Nur dann können alle damit zufrieden sein und müssen sich nicht beklagen, dass nichts dabei herausgekommen ist.

Das Aufgabengebiet des Scheinhäuptlings
Die entscheidende Frage für jede Organisation: Wie kommt der Scheinhäuptling an die richtigen Fälle? Es wäre wenig hilfreich, wenn er sich mit Problemen herumschlagen müsste, die eigentlich einen echten Häuptling erfordern. Ebenso wäre es unpraktisch, wenn die echten Häuptlinge nicht den einen oder anderen Fall dem Nana überlassen könnten. Doch wie könnte das geschehen? Der Scheinhäuptling ist ja keine offizielle Position. Vielmehr kann er seine Aufgabe nur erfüllen, wenn er von außen als ungemein einflussreich

angesehen wird. Aber wofür soll dann der Scheinhäuptling offiziell zuständig sein? Wo liegt sein Aufgabengebiet? Die Akwaaba haben das Problem gelöst, indem sie die Aufgabenbeschreibung ihres Nana bewusst unscharf gehalten haben. Er ist für alles zuständig und für gar nichts. Erinnern wir uns: »Nana« bedeutet einfach »der Chef«.

Gefahren !

Der Scheinhäuptling kann seine eigentliche Leistung nur erbringen, solange der Schein gewahrt bleibt, er also als einflussreich und mächtig gilt und doch nichts bewirkt. Daher droht Gefahr von zwei Seiten: Der Nana könnte auffliegen; die Besucher nehmen ihn nicht mehr ernst, sie fühlen sich getäuscht. Oder aber der Scheinhäuptling, der ja nach außen schon mächtig scheint, möchte es auch tatsächlich sein und versucht, Einfluss zu nehmen. Er schirmt nicht ab und hält hin, sondern trifft Entscheidungen, mit denen andere in der Organisation erst einmal zurechtkommen müssen. Darüber hinaus könnte der Scheinhäuptling insgeheim eine eigene Machtbasis aufbauen und somit den Einfluss der echten Häuptlinge unterhöhlen.

Gegenstrategien !

Gegen einen geschickt agierenden Scheinhäuptling anzukommen, ist außerordentlich schwierig. Denn er ist ja gerade nicht als Scheinhäuptling zu erkennen, sondern spielt sehr überzeugend die Rolle des einflussreichen Verhandlungspartners. Das einzige Mittel, das Sie haben: Versuchen Sie herauszufinden, ob sich etwas effektiv verändert oder die Gegenseite Sie nur hinhält. Wenn das so ist, sollten Sie mit dem Abbruch der Verhandlungen drohen. Allerdings ist es gar nicht immer in Ihrem Sinne, dass der Scheinhäuptling auffliegt. Häufig wirkt er ja moderierend, beruhigend, ausgleichend. Und es liegt ja auch eine gewisse Anerkennung darin, wenn die Organisation für Sie ihren Nana in Bewegung setzt. Die Organisation opfert kostbare Ressourcen für Sie, damit schließlich nichts dabei herauskommt – aber ein Nichts, mit dem im Idealfall alle zufrieden sind, denn es ist hart darüber verhandelt worden. An einem solchen Anspruch würde ein echter Häuptling in aller Regel dramatisch scheitern. Deshalb brauchen Organisationen gute Scheinhäuptlinge, die ihr Spiel zu spielen verstehen.

8.2   Das Mülleimerspiel

Wer Macht hat, darf und muss Entscheidungen treffen. Doch Entscheidungen kommen in Organisationen manchmal auf unerwartete Art und Weise zustande, jedenfalls ganz und gar nicht so, wie es die klassische Theorie der rationalen Entscheidung nahe legt: straff und konsequent auf präzise Ziele hin, die erreicht werden sollen. Das ist nur eine Fassade, die aufrechterhalten wird, weil wir das so von einer gut geführten Organisation erwarten. Tatsächlich gibt es weder Straffheit noch Konsequenz, und die »präzisen Ziele« verschwimmen im Laufe der Zeit oder werden durch neue ersetzt. Die Pointe dabei ist, dass dies nicht etwa ein schwerer Mangel ist, den man korrigieren müsste. Sondern im Gegenteil: Die Inkonsequenz, die Biegsamkeit, die Unschärfe helfen der Organisation überhaupt erst, in einer Welt zu bestehen, die sich ständig wandelt.

Das alles ist keine völlig neue Erkenntnis, sondern vor allem durch die Forschungsarbeiten von James G. March und Nobelpreisträger Herbert Simon seit mehr als dreißig Jahren gründlich belegt. March, bis vor kurzem Managementprofessor an der Stanford Universität, entwickelte darauf aufbauend zusammen mit seinen Kollegen Michael D. Cohen und Johan P. Olson das »Mülleimer-Modell der Organisation«, einen Klassiker der Organisationsforschung, der so gut zu unserem Thema passt, dass wir zumindest einen Seitenblick darauf werfen wollen.

Die Spielidee
Wie Entscheidungen ausfallen, das hängt von zahlreichen Faktoren ab, die nichts mit dem sachlichen Hintergrund des Themas zu tun haben. Einer dieser Faktoren ist die »Entscheidungsgelegenheit«, also der Zeitpunkt, zu dem entschieden wird. Die wohl häufigste Entscheidungsgelegenheit sind Besprechungen – in allen Variationen. Die Beteiligten treffen zusammen und stimmen sich ab. Die einen engagieren sich mehr, die anderen weniger. Wer nicht direkt betroffen ist, hält sich meist heraus und stimmt dem Vorschlag zu, auf den sich die Betroffenen geeinigt haben. Oder aber er unterstützt denjenigen, der zum Ausgleich ihn in seinem Anliegen unterstützt. Auch gibt es Verbündete, die grundsätzlich zusammenarbeiten, und Gegner, die grundsätzlich aufeinander losgehen.

Die Entscheidungsgelegenheiten sind gewissermaßen die Gefäße für Entscheidungen. Und weil der Ausdruck »Gefäß« zu sehr an einen geordneten Inhalt denken lässt, haben Cohen, March und Olson die Entscheidungsgelegenheiten als »Mülleimer« bezeichnet, in den alles Mögliche hineingekippt wird, was zur Entscheidung ansteht. Für die Spieler kommt es darauf an, den Mülleimer im geeigneten Moment zu befüllen, um eine Entscheidung in ihrem Sinne herbeizuführen.

Was ist im Mülleimer?
Nicht jeder darf den Entscheidungsmülleimer füllen. Und nicht jeder darf ihn in gleichem Maße voll packen. Eine nicht unerhebliche Macht besteht nämlich in der Kontrolle darüber, was in den Mülleimer hinein darf, worüber also entschieden wird. Machtlosere Spieler können den Mülleimer indirekt befüllen,

indem sie einem Befüllungsberechtigten mitteilen: Es gibt da ein Problem. »Drei in unserer Abteilung haben schon einen Bandscheibenvorfall gehabt«, erklärt der Sachbearbeiter. »Wann bekommen wir endlich neue Büromöbel?« – und die Büromöbel kommen in den Mülleimer, den Entscheidungsmülleimer vorerst. Denn Probleme und Krisen schaffen Entscheidungsbedarf.

Lösungen im Mülleimer
Eine wichtige Entdeckung von March und seinen Mitarbeitern bestand darin, dass Entscheidungen vielfach gar nicht die Lösung eines Problems sind, sondern dass zu einer Lösung das passende Problem gesucht wird. Es schwirren Mittel, Verfahren, Ideen und bestimmte Fähigkeiten herum, jemand greift sie auf und begibt sich nun auf die Suche nach einem Problem, das er damit lösen kann. Viele neue Ideen müssen auf diese Art durchgesetzt werden. Videotext, SMS oder das Abonnement von Handyklingeltönen beispielsweise waren keine Lösungen für vorhandene Probleme, sondern die Möglichkeiten einer vorhandenen Technik wurden für etwas Neues genutzt, von dem niemand ahnte, dass es jemand gebrauchen könnte. Erst nachdem die Probleme gefunden waren, die sich damit lösen lassen – etwa beim Videotext aktuelle Sportergebnisse abrufen, während man fernsieht –, zeigte sich, dass wir nicht mehr auf diese Lösungen verzichten möchten. Und dieses Vorgehen lässt sich auch auf alltägliche Entscheidungen übertragen. Sie haben eine brillante Idee, verfügen über irgendeine außergewöhnliche Fähigkeit und suchen das Problem, das sich damit lösen lässt.

Wer darf mitreden?
Gerade in größeren Organisationen sind es keineswegs immer wieder dieselben, die sich über den Entscheidungsmülleimer beugen. Vielmehr ändert sich die Zusammensetzung der Gruppe – denn fast alle Angehörigen der Organisation haben ständig mit Problemen und Lösungen zu tun, von ihren eigentlichen Aufgaben ganz zu schweigen. Daher können sie nicht überall dabei sein, wenn eine Entscheidung fällt, die sie betrifft. Und das können versierte Mülleimerspieler für sich ausnutzen. Sie bringen ein Problem dann zur Entscheidung, wenn die Konstellation günstig ist und der geschätzte Kollege, mit dem noch eine Rechnung offen ist, vielleicht etwas anderes zu tun hat.

Den Mülleimer umfüllen
Üblicherweise stecken so viele Entscheidungsprobleme im Mülleimer, dass sie gar nicht alle abgearbeitet werden. Dann kommt es zum üblichen Umfüllen. Was noch nicht abschließend entschieden wurde, schütten die Spieler in den Mülleimer für die nächste Sitzung. Dabei ist häufig noch nicht klar, wer sich dann mit dem »Müllgemisch«, wie es March und seine Kollegen nennen, beschäftigen muss. Es liegt auf der Hand, dass durch dieses Schüttverfahren vor

allem komplexe, weit reichende Entscheidungen von Mülleimer zu Mülleimer wandern. Stets ist die Organisation an diesem Thema dran, aber nie trifft sie eine Entscheidung. »Davon ist doch auch Herr Wimmer betroffen. Sollten wir ihn nicht noch anhören, ehe wir hier über seinen Kopf hinweg entscheiden?« So vergeht die Zeit, bis sich die Entscheidung nicht mehr aufschieben lässt und in aller Hektik eine Behelfslösung zusammengeflickt wird.

Taktiken für den Mülleimer
Wer verstanden hat, wie das Mülleimerspiel in seiner Organisation abläuft, der hat einen enormen Vorteil. Er kann die Entscheidungen wesentlich wirksamer in seinem Sinne beeinflussen, als wenn er ganz naiv in solche Mülleimersituationen hineingeht oder rein rational argumentiert. Nichts gegen rationale Argumente, nur müssen sie in den Zusammenhang passen. Ansonsten gehen Sie damit unter. Wenn die Voraussetzungen stimmen, kann es durchaus sein, dass »die dümmste Lösung« gewinnt. In Anlehnung an March und Olson möchte ich Ihnen ein paar Hinweise geben, worauf beim Mülleimerspiel zu achten ist:

- Der Kontext entscheidet mit: Welche Fragen werden sonst noch entschieden? Wie ist die allgemeine Stimmung? Vermeiden Sie, dass unter ungünstigen Bedingungen über Ihr Problem entschieden wird.
- Überlasten Sie das System: Bringen Sie viele Projekte ein, dann ist Ihre Chance größer, dass wenigstens ein paar entschieden (und nicht umgefüllt) werden.
- Respektieren Sie die Platzhirsche: Sprechen Sie mit den wichtigsten Teilnehmern, bevor im Mülleimer entschieden wird. Sonst fühlen die sich übergangen und Sie riskieren eine Ablehnung.
- Status schlägt Sachargument: Es ist vollkommen gleichgültig, ob Sie die besseren Argumente haben – wenn es einem Statushöheren nicht passt, was Sie vorhaben, werden Sie nicht damit durchkommen.
- Auf das Timing kommt es an: Sie können eine Entscheidung durchbringen, wenn kein Aufschub mehr möglich ist und die anderen keine Lust haben, sich mit dem Problem näher zu befassen.
- Rechnen Sie mit Ausgleichszahlungen: Vielfach ist es üblich, jemandem, der in einer Sache eine Niederlage einstecken musste, in einer anderen Angelegenheit entgegenzukommen – auch wenn es sachlich dafür keine Gründe gibt. Spielen Sie also gelegentlich die beleidigte Leberwurst.
- Deuten Sie vergangene Entscheidungen in Ihrem Sinne: Leiten Sie daraus Regeln und Präzedenzfälle ab und berufen Sie sich darauf (»Damals haben wir so entschieden. Wieso sollten wir jetzt anders entscheiden? Dieser Zickzack-Kurs ist mit mir nicht zu machen.«): Tradition schlägt Sachargument.

> **Gefahren** !
>
> Wenn das Mülleimerspiel ausufert, kann das für die Organisation unangenehme Folgen haben. Sachargumente bleiben auf der Strecke, es wird nur noch taktisch und politisch gedacht. Weit reichende Entscheidungen werden vertagt. Die Organisation wird behäbig und das große Ganze, der Sinn und Zweck der Organisation, gerät aus dem Blick.

> **Gegenstrategien** !
>
> Sie werden das Mülleimerspiel nicht durchkreuzen können. Sie müssen es einfach mitspielen, Ihre Taktiken verfeinern und geschickter agieren als Ihre Konkurrenten. Auch wenn das natürlich keine Garantie dafür ist, dass Sie sich tatsächlich durchsetzen. Denn das Mülleimerspiel lebt sehr stark vom Zufall, von überraschenden Wendungen und bloßer Willkür. Darin liegt aber auch ein gewisser Trost. Es muss nicht an Ihnen liegen, wenn Sie nicht durchdringen. Und wenn es um eine Angelegenheit geht, die Ihnen wirklich am Herzen liegt, brauchen Sie einen langen Atem. Irgendwann kann sich das Blatt auch zu Ihren Gunsten wenden. Sie müssen nur bereit sein, in solchen Momenten den Mülleimer wieder zu befüllen.

8.3 Der Flaschenzug

Wer steigt in einer Organisation eigentlich auf? Darüber gehen die Ansichten weit auseinander. Je nachdem, ob man selbst zu der Organisation gehört. Und wenn ja: an welcher Stelle man sich dort befindet. Oben, unten oder halb draußen. Manche Insider behaupten: Bei uns steigen die Fähigsten auf. Andere Insider meinen: Es sind die Machtbewussten. Eine dritte Gruppe gibt sich pragmatisch und ist überzeugt: Bei uns steigen diejenigen auf, die am besten »auf die jeweilige Stelle passen«. Ganz so, als stünde in der Organisation eine aufsteigende Reihe von unbequemen Chefsesseln herum, die man nach der besonderen Form des Gesäßes der Kandidaten »besetzen« will.

Zusammenfassend lässt sich feststellen, dass ganz unterschiedliche Leute aus ganz unterschiedlichen Gründen in ganz unterschiedlichen Organisationen »aufsteigen«. Was für die Betreffenden nicht immer ein Segen sein muss. Lang ist die Liste derer, die nach einer Beförderung insgeheim ihrer alten Stelle nachtrauern. Auf der hatten sie sich eingerichtet, sie wurden von allen geschätzt und leisteten gute Arbeit. Das ist nun aus und vorbei. Aber was soll man tun? Sogar wenn man ahnt, dass die neue, höhere Position gar nicht so vorteilhaft ist, so muss man sie doch annehmen, und das sogar hocherfreut. Sonst kann es einem passieren, dass man auch auf seiner alten Stelle nicht mehr ernstgenommen wird.

Die Folgen hat der kanadische Organisationsexperte Lawrence J. Peter beschrieben. Das nach ihm benannte, längst zum Klassiker avancierte Peter-Prinzip besagt: In einer Hierarchie neigt jeder Beschäftige dazu, so lange befördert zu werden, bis er die Stufe seiner »absoluten Unfähigkeit« erreicht hat. In Peters Worten: »Nach einer gewissen Zeit wird jede Position von einem Mitarbeiter besetzt, der unfähig ist, seine Aufgabe zu erfüllen.« Dann endet der Aufstieg oder wird in einer »seitlichen Arabeske« fortgesetzt, wo der Betreffende keinen oder nur noch wenig Schaden anrichten kann.

Jenseits des Peter-Prinzips

Nun stammt das Peter-Prinzip aus einer Zeit, da sich Organisationen aufblähten und Bürokratien wucherten wie Wurzelunkraut. Heute gilt es nur noch sehr eingeschränkt. Es wird längst nicht mehr jeder befördert, zumindest nicht nach oben. Vielmehr »atmen« Organisationen und stoßen hin und wieder ganze Betriebsteile mit ihren überqualifizierten Belegschaften aus. Wird eine höhere Position frei, so wird sie erst mal provisorisch oder am besten gar nicht besetzt. Vor allem im mittleren Management werden verdiente Mitarbeiter gerne durch die Lücke, die sie hinterlassen, ersetzt. Die Karten der Inkompetenz müssen dann jeweils neu gemischt, das heißt, die herrenlosen Aufgaben neu verteilt werden. Wer sie übernehmen muss, dem droht ebenfalls das Schicksal, sich als inkompetent zu erweisen – ganz ohne beruflichen Aufstieg.

Zweite Einschränkung des Peter-Prinzips: Viele Organisationen sind stark vom Wandel betroffen. Sie müssen in einem turbulenten Umfeld zurechtkommen und sich ständig »neu erfinden«, wie es heißt. Gerade in solchen Organisationen empfiehlt man sich längst nicht mehr durch gute Arbeit in der Vergangenheit für »höhere Aufgaben«. Vielmehr kommt es darauf an, die Verantwortlichen davon zu überzeugen, dass man den »neuen Herausforderungen« gewachsen ist. Positionen werden nicht mehr durch Beförderungen besetzt, sondern durch mehr oder weniger interne Stellenausschreibungen. Auf die müssen sich die Mitarbeiter bewerben und sich mitunter auch gegen Konkurrenten von außen behaupten. Der Druck wächst. Und genau das ist der geeignete Nährboden für unser Machtspiel, bei dem die Beteiligten bemüht sind, den Grundgedanken des Peter-Prinzips ins 21. Jahrhundert zu übersetzen.

Die Spielidee

Wer eine höhere Position einnehmen soll, das ist in jeder Organisation eine Machtfrage. Es können sich ganz ungeahnte Folgen und Machtverschiebungen ergeben. Deshalb tun Führungskräfte gut daran, sich sehr genau anzuschauen, wer ihnen da künftig im Rücken sitzt. Beim »Flaschenzug« sind sie in erster Linie bestrebt, solche Kandidaten auszusondern, die ihnen gefährlich werden könnten. Weil sie überambitioniert auftreten, weil sie für Unruhe sorgen, weil sie Wissen haben, das man auch haben müsste, aber nicht hat. Eigentlich ein Grund, den Bewerber zu nehmen. Doch dann wächst eben auch die Gefahr, dass offenbar wird, wie wenig Ahnung man selbst hat, im Vergleich zu seinem Mitarbeiter. Auch allzu gewandtes Auftreten kann ein Nachteil sein, wenn der Vorgesetzte Sorge hat, er könnte gegenüber dem Neuen blass und unbeholfen wirken.

In solchen Fällen entscheidet man sich für den schlechteren Bewerber, jenen, der einem gewiss niemals die Show stehlen wird, der einen nicht bloßstellen kann, weil er mehr weiß, und bei dem sicher ist, dass er sein Umfeld nicht durch neue Ideen durcheinanderwirbelt. Natürlich will man niemanden haben, der inkompetent ist, aber er oder sie darf auch nicht offensichtlich kompetenter sein als ihre Vorgesetzten. Es gilt der Grundsatz: Bei gleicher Eignung wird der Unqualifiziertere bevorzugt. Das ist natürlich niemals die offizielle Version. Da werden Gründe gebraucht, den Unqualifizierteren auszuwählen. Das verlangt von den Beteiligten einiges Geschick und gelingt nur, wenn ihnen ausreichend Ermessensspielraum zugestanden wird. Ansonsten bekommen sie den überlegenen Kandidaten aufs Auge gedrückt und müssen versuchen, ihn auf andere Art loszuwerden.

Es liegt auf der Hand, dass der »Flaschenzug« bevorzugt von Führungskräften gespielt wird, die sich selbst – um es mit Lawrence J. Peter zu sagen – dem Stadium der »absoluten Unfähigkeit« bedenklich nahe fühlen. Jeder, der mit frischen Ideen und/oder Kompetenz hinter ihnen auftaucht, bedeutet eine Bedrohung. Er könnte an ihnen vorbeiziehen, ja, sie ins Abseits drängen. Boshaft gesagt handelt es sich bei diesen Führungskräften um »Flaschen«, die dafür sorgen, dass weitere »Flaschen« aufsteigen, das heißt, in der Hierarchie mehr »hochgezogen« werden als aus eigener Kraft vorankommen. Daher der Name »Flaschenzug«.

Der Haifischzug
Nicht weniger weit verbreitet und nicht weniger bedenklich ist die entgegengesetzte Variante: Eine machtbewusste Führungskraft zieht weitere Führungskräfte nach, die genauso ticken. Anstelle der »Flaschen« haben wir es dann mit »Haifischen« zu tun, die sich gegenseitig fördern und schließlich die gesamte Organisation in einen »Haifischteich« verwandeln. Nach der Logik des »Flaschenzugs« scheint das erst mal widersinnig: Warum sollte sich ein machtbewusster »Haifisch« einen weiteren heranziehen? Von dem ist doch zu befürchten, dass er genauso skrupellos ist wie er selbst. Sobald sich die Gelegenheit ergibt, wird der ihn ausschalten. Seine Loyalität ist pure Taktik, er will nach oben, alles andere interessiert ihn nicht. Doch das beunruhigt den vorgesetzten »Haifisch« nicht im Geringsten. Im Gegenteil, in dieser Konstel-

lation fühlt er sich wohl. Er weiß genau, wie er diesen Mitarbeiter zu nehmen hat. Er wird schon dafür sorgen, dass der ihm nicht gefährlich werden kann. Gemeinsam können sie eine ganze Abteilung umkrempeln und dafür sorgen, dass nach ihren Regeln gespielt wird. In der Folge rücken weitere »Haifische« nach.

! Gefahren

Es ist ein weit verbreitetes Phänomen, dass Führungskräfte am liebsten ihresgleichen einstellen und fördern. Daraus erwachsen der Organisation mehrere Probleme. Die innere Vielfalt geht verloren. Manche Kompetenzen sind nicht mehr gefragt, abweichende Perspektiven kommen nicht mehr zum Zug. Es macht sich eine gewisse Monokultur breit. Und das tut einer Organisation selten gut. Sie ist weniger leistungsfähig und flexibel.
Besonders ungünstig sind aber die beiden genannten Fälle: Führungskräfte, die sorgsam darauf achten, dass niemand ihren Status bedroht, lähmen die Organisation. Sie verhindern, dass ehrgeizige, kompetente und auch mal unbequeme Mitarbeiter in der Organisation vorankommen. Auf diese Weise vertreiben sie solche Kräfte – womöglich zur Konkurrenz, wo sie sich besser entfalten können. Deshalb kann so ein »Flaschenzug« verheerende Auswirkungen haben und langfristig sogar die Existenz der Organisation bedrohen.
Aber auch wenn sich die Machtmenschen in der Organisation ausbreiten, hat das sehr bedenkliche Folgen. Das Arbeitsklima verschlechtert sich, Mitarbeiter, die nicht machtstrategisch denken, werden an den Rand oder aus der Organisation gedrängt. Das sind jedoch meist diejenigen, die fachlich besonders gut sind und auf die die Organisation am wenigsten verzichten kann. Daher kann auch ein »Haifischzug« eine Organisation zugrunde richten.

! Gegenstrategien

Zum »Flaschenzug«: Am wirksamsten wäre es natürlich, dafür zu sorgen, dass gar keine »Flaschen« auf die Führungspositionen gelangen. Doch das sagt sich leicht. Gerade in unseren Zeiten des beschleunigten Wandels kommt es häufiger vor, dass Kompetenzen, die gerade noch wichtig waren, mit einem Mal nichts mehr zählen. Darüber hinaus fühlen sich viele Führungskräfte durch die immer weiter wachsende Komplexität längst überfordert. Wer da nicht gelegentlich auf seine Inkompetenz stößt, der ist vielleicht niemals kompetent gewesen.
Auch wenn uns der »Flaschenzug« ziemlich kläglich, ja, jämmerlich vorkommt, so liegt ihm doch ein grundsätzliches Problem zugrunde: Kaum jemand wird einen anderen fördern, wenn er sich dadurch Nachteile einhandelt. Daher werden erfahrene Machtspieler zwar ihre Kompetenz herausstellen, jedoch niemals kompetenter erscheinen als derjenige, der über die Besetzung der Stelle entscheiden soll. Erst wenn sie sich schon eine Weile auf der Position bewährt haben, können sie allmählich zeigen, was alles in der vermeintlichen »Flasche« steckt.
Gegen »Haifischzüge« und andere Bestrebungen von Vorgesetzten, bevorzugt ihresgleichen zu fördern, sollte die Organisation gezielt angehen. Auch dafür gibt

> es keine einfache Lösung. Denn es ist ja durchaus sinnvoll, dass der direkte Vorgesetzte ein Wörtchen bei der Besetzung einer Stelle mitredet. Er weiß besser als die Personalabteilung, über welche Fähigkeiten ein Stelleninhaber verfügen sollte. Und schließlich sollte ja auch die Chemie stimmen. Gleichzeitig muss die Organisation aber darauf achten, dass keine Monokultur entsteht, dass ihre Führungskräfte auch Leute fördern, die über ganz andere Qualitäten verfügen und einen anderen Hintergrund haben als sie selbst.

8.4 Der Abteilungskampf

Zum Abschluss dieses Kapitels darf dieser Klassiker der Organisationsspiele nicht fehlen. Sobald eine Organisation eine gewisse Größe und Komplexität erreicht hat, muss sie sich in verschiedene Teile untergliedern, um noch zu funktionieren. Die Teile kümmern sich jeweils um verschiedene Aufgaben. Sie entlasten sich gegenseitig, und davon profitiert am Ende die ganze Organisation. Zugleich aber führen die Teile, die »Abteilungen« von Anfang an ein Eigenleben. Je selbstständiger sie agieren können, desto stärker entlasten sie die Gesamtorganisation, aber desto ausgeprägter wird auch ihr Eigenleben. Sie haben eigene Interessen, und die unterscheiden sich stark von denen der anderen Abteilungen und auch von denen der Gesamtorganisation.

Konkurrenten und Verbündete
Eigentlich müssen die unterschiedlichen Abteilungen Hand in Hand arbeiten, zum Wohle des Ganzen. Dazu sind sie da, das ist ihre Existenzgrundlage. Und doch entsteht sehr schnell auch ein Konkurrenzverhältnis. Dafür gibt es zwei Ursachen: Die Psychologie der Gruppe und die überbordende Komplexität, mit der die Organisation zurechtkommen muss.

Was die Psychologie der Gruppe betrifft: Gruppen neigen dazu, ihre eigene Identität herauszubilden. Dazu gehören eigene Regeln, eigene Ziele und klare Grenzen: Entweder gehört jemand dazu oder nicht. Eine Gruppe grenzt sich ab. Gegenüber anderen Gruppen, aber auch gegenüber dem großen Ganzen. Das macht sie stabil und stärkt ihren Zusammenhalt. Die Mitglieder fühlen sich ihr zugehörig, sind loyal und arbeiten vertrauensvoll zusammen. Das heißt, gerade Abteilungen, die sich abgrenzen, sind imstande, besonders viel zu leisten. Die Frage ist eben nur: Was? Die Antwort gibt nicht die Organisation, sondern die Gruppe.

Zweite Ursache ist die überbordende Komplexität. Es ist unmöglich geworden, alles zu überblicken, was die Organisation bewältigen muss. Daher sind die verschiedenen Aufgaben ja in die Abteilungen verlegt worden. Die sollen sich darum kümmern. Und dann gibt es noch eine oder mehrere Abteilungen für das große Ganze. Die teilen die Ressourcen zu und fällen Entscheidungen, die alle betreffen.

Jede Abteilung muss sich daher gegenüber den anderen behaupten und die eigene Existenzgrundlage sichern. Manche haben da einen natürlichen Startvorteil, weil sie nahe am Kerngeschäft der Organisation operieren. Andere erfüllen zwar nur eine unterstützende Funktion. Doch gerade sie sind aufgerufen, sich unverzichtbar zu machen. Sie müssen Wissen und Fähigkeiten aufbauen, auf die ihre Organisation angewiesen ist. Sie brauchen eine Daseinsberechtigung. Sonst kommt jemand noch auf die Idee, die Abteilung herunterzufahren oder ganz zu schließen und die Leistungen extern einzukaufen.

Im Ergebnis führt das dazu, dass sich die Abteilungen einerseits unterstützen, andererseits bekämpfen und einander das Leben schwer machen. Denn sie konkurrieren eben auch gegeneinander. Um Ressourcen, um Bedeutung, um Aufmerksamkeit. Und da ist es gar nicht schlecht, wenn die Kollegen vom andern Stockwerk nicht so gut dastehen wie man selbst. Jede Abteilung hat ihre ganz eigene Denke und ist fest davon überzeugt, dass alle anderen keine Ahnung haben, worauf es wirklich ankommt.

Die Spielidee
Beim »Abteilungskampf« richten wir unsere Aufmerksamkeit auf die Aktivitäten, die dazu dienen, andere Abteilungen schlecht aussehen zu lassen, auszustechen oder ihnen das Leben schwer zu machen. Eigentlich soll ja genau das Gegenteil passieren: Jeder hilft dem andern. Doch das geschieht nur, solange es den eigenen Interessen dient. Die eigene Abteilung soll glänzen. Und wenn das auf Kosten von anderen geht, so macht das gar nichts. Das Problem ist nur, dass sich die anderen Abteilungen bei Gelegenheit gerne revanchieren, was eine neue Runde im Abteilungskampf einläutet.

Abteilungskämpfe treten besonders häufig in Organisationen auf, denen ein gemeinsamer »Gegner« fehlt, zum Beispiel Konkurrenzunternehmen oder der politische Gegner. Monopolisten, Platzhirsche und Behörden sind besonders gefährdet, vornehmlich mit sich selbst beschäftigt zu sein. Dann sitzen die Gegner fast zwangsläufig in den eigenen Reihen. Außenstehende sind manchmal überrascht, mit welcher Leidenschaft Abteilungskämpfe geführt werden. Zeitweise drängen sie die eigentlichen Aufgaben in den Hintergrund und entwickeln eine bedenkliche Eigendynamik. Diese Tendenz wird stark begünstigt, wenn das Führungspersonal der kämpfenden Abteilungen miteinander verfeindet ist, sodass jede Demütigung der Gegenseite als Triumph empfunden wird. Das muss allerdings gut bemäntelt werden. Überhaupt finden Abteilungskämpfe möglichst im Verborgenen statt, wo sie lange vor sich hin schwelen können. Und sie brauchen immer eine »offizielle« Begründung und müssen nach außen verharmlost werden. Diese Doppelbödigkeit macht den Abteilungskampf ja erst zu einem Machtspiel. Beliebt sind die folgenden Spielzüge:

- Abteilung A macht einem wichtigen Kunden Zusagen, die Abteilung B einhalten muss, aber kaum dazu in der Lage ist. Klassisches Beispiel: Der Vertrieb verkauft ein Produkt und garantiert einen Kundendienst, den die Serviceabteilung an den Rand der Verzweiflung bringt.
- Abteilung A hält die Zusagen nicht ein, die Abteilung B gegeben hat. Dabei wäre Abteilung A sehr wohl in der Lage dazu. Glauben zumindest alle in Abteilung B. Wichtig: Dass die Zusage nicht eingehalten wird, fällt auf Abteilung B zurück. Klassisches Beispiel: B ist Key Account Manager, A jede andere Abteilung ohne Kundenkontakt, zum Beispiel die Buchhaltung.
- Abteilung A hält wichtige Informationen vor Abteilung B zurück.
- Abteilung A überhäuft Abteilung B mit unstrukturierten Informationen, durch die sich Abteilung B mühsam durcharbeiten muss.
- Abteilung A bearbeitet alle Anfragen von Abteilung B erst, wenn umständliche Formalitäten peinlich genau eingehalten werden.
- Abteilung A bearbeitet die unwichtigen Anfragen von Abteilung B zuerst. Alles, was dringlich ist, bleibt erst mal liegen oder geht verloren.
- Abteilung A hält Abteilung B mit unnötigen Anfragen auf Trab.
- Abteilung A stellt die Aufträge von Abteilung B zurück, um sich ganz auf die Aufträge von Abteilung C zu konzentrieren.
- Abteilung A schwärzt Abteilung B beim gemeinsamen Vorgesetzten an.

Gefahren !

Abteilungskämpfe schwächen die Organisation. Aber sie schlagen auch auf die Beteiligten zurück. Letztlich schaden die sich selbst, denn sie sind auf die anderen angewiesen. Rational ist das auch jedem klar. Und doch hält es viele nicht davon ab, wenigstens von Zeit zu Zeit der anderen Abteilung eine Lektion zu erteilen. Schließlich haben die anderen ja angefangen. Immer. Jede Abteilung stellt sich die Frage: Verstehen die uns nicht? Oder wollen die uns nicht verstehen?

Gegenstrategien !

Kämpfe und Konflikte zwischen den Abteilungen lassen sich nie völlig unterbinden. Und bis zu einem Grad haben sie sogar einen gewissen Nutzen. Sie stärken das Zusammengehörigkeitsgefühl innerhalb der Abteilung, die sich gegenüber den anderen behaupten muss. Vor allem aber stehen hinter den Konflikten oftmals sehr reale widerstreitende Interessen. Die dürfen nicht unter den Teppich gekehrt werden, sondern drängen auf einen Ausgleich. Entweder raufen sich die Abteilungen zusammen und treffen eine Vereinbarung. Oder die übergeordnete Führungsebene muss hier eingreifen.

Verschiedene Abteilungen haben nun einmal ganz grundsätzlich verschiedene Blickwinkel und Interessen. Dieses Dilemma lässt sich nicht auflösen. Zwar hat es immer wieder Versuche gegeben, den Egoismus der Abteilungen und ihr »Silodenken« aufzubrechen: Gemischte Teams, übergreifendes Prozessmanagement, die Matrixorganisation. Doch haben alle diese Maßnahmen ihre Nachteile. Denn wer Abteilungen »aufbricht«, der beschädigt eben auch ihre besondere Stärke: Die Konzentration auf klar definierte Aufgaben, ihre Eigenständigkeit und die größere Loyalität der Mitarbeiter. Wenn die sich nämlich nicht mehr einer Abteilung zugehörig fühlen, sondern gleich mehreren und/oder nur dem großen Ganzen, dann nimmt ihre Bindung an die Organisation ab.

Und doch ist es sinnvoll, die Abteilungen in die Pflicht zu nehmen, die gemeinsamen Interessen herauszustellen und das Verständnis füreinander zu fördern. Wenn sich Abteilungskämpfe auch nicht ganz verhindern lassen, so dürfen sie auf keinen Fall ausufern.

9 Soft-Power-Spiele

> *Was du zusammendrücken willst, das musst du erst richtig sich ausdehnen lassen. Was du schwächen willst, das musst du erst richtig stark werden lassen. Wem du nehmen willst, dem musst du erst richtig geben. Das Weiche siegt über das Harte. Das Schwache siegt über das Starke.*
>
> Lao Tse: Tao te King

Macht und Weichheit, im abendländischen Denken reimt sich das noch nicht so recht zusammen. Dabei gibt es auch bei uns eine reiche Tradition von höchst wirksamen »Soft-Power-Spielen«, die einige irrtümlich für das Kontrastprogramm zu den sonst üblichen Machtspielen halten, bei denen ja eher Härte und Rücksichtslosigkeit gefragt sind. Doch manchmal geht es eben auch ohne Härte, wenn man seinen Willen durchsetzen möchte. Unter Umständen, über die noch zu reden sein wird, kommen Sie auf die weiche Tour sogar eher zum Ziel. Aber Ihr Gegenspieler eben auch.

Daher möchte ich in diesem Kapitel Ihren Blick für die Soft-Power-Spiele schärfen, die durchaus nicht immer so lieb und menschenfreundlich sind, wie sie daherkommen. Sie lernen vier typische Spiele kennen, die Führungskräfte mit ihren Mitarbeitern treiben: Die »Eigenverantwortung«, das »Stühle wechseln«, »Ein Auge zudrücken« und das »Enttäuschungsspiel«.

Der Nährboden für die weiche Macht
Soft-Power-Spiele setzen ein bestimmtes Umfeld voraus, in Organisationen eine bestimmte Unternehmens- oder Spielkultur. Allzu dominantes, bosshaftes Auftreten steht dort zumindest offiziell nicht hoch im Kurs. Mitarbeiter sollen dort keine Befehlsempfänger sein, sondern sie sollen partizipieren, sich einbringen, mitentscheiden oder zumindest einverstanden sein mit dem, was geschieht (was häufig auf ein und dasselbe hinausläuft). In einem Umfeld, in dem rauere Sitten herrschen, wären Soft-Power-Spiele völlig fehl am Platz. Eine Führungskraft, die es damit versucht, würde sich unter Umständen lächerlich machen. Auf der anderen Seite scheint es aber durchaus möglich, die weichen Spiele durch härtere Varianten anzureichern oder ganz ins harte Rollenfach überzuwechseln.

9.1 Eigenverantwortung

Eines der beliebtesten Soft-Power-Spiele heißt »Eigenverantwortung«. Dabei geht es natürlich nicht um echte Eigenverantwortung (sonst wäre es ja kein Spiel), sondern darum, dass der Mitarbeiter die Verantwortung dafür zugeschoben bekommt, das zu tun, was die Führungskraft will. Das ist etwas verkürzt gesagt, denn was die Führungskraft will, ist ebenfalls in hohem Maße davon abhängig, was andere wollen – der eigene Chef, die Kunden, die Lieferanten, die Investoren, die Öffentlichkeit oder irgendwelche anderen Personen, von denen Sie und ich nichts ahnen.

Doch verwässern wir nicht die Grundidee, die wieder auf unsere vertraute Machtspielregel hinausläuft: Wer Macht sucht, muss Verantwortung loswerden (→ Kapitel 1 unter der Zwischenüberschrift »Macht und Verantwortung«). Der Mitarbeiter soll sich selbst darum kümmern, ein bestimmtes Ziel zu erreichen. Wie er das fertig bringt, ist seine Sache. Hier hat er »freie Hand« – und das ist gut so, denn in dem »Wie« liegt eine ganze Menge an Unannehmlichkeiten und Zumutungen, um die sich die Führungskraft nun nicht mehr kümmern muss. Die Probleme hat erst einmal der Mitarbeiter an den Hacken. Und das Wort »Probleme« existiert im Wortschatz eines versierten Eigenverantwortungsspielers nur in Verbindung mit dem Wort »Lösungen«.

Das Ziel ist das Ziel
Nun ist das bestimmte Ziel, das der Mitarbeiter eigenverantwortlich ansteuert, natürlich ziemlich genau das, was sein Vorgesetzter erreichen möchte. Ein anderes Ziel würde der gar nicht zulassen. Dass er sein Ziel zum Ziel des Mitarbeiters macht, ist schon der ganze Trick bei der Sache. Es ist der Weg, den er ihm freistellt. Aber der Weg ist dem Chef auch herzlich egal. Er ahnt nur, dass er beschwerlich ist, also nichts, mit dem man sich gerne abgibt. Nehmen Sie hingegen einen autoritären Chef, der seinen Mitarbeiter an die kurze Leine nimmt und ihm vorschreibt, was er zu tun hat: Weg und Ziel zugleich. Da gibt es eine klare Trennung zwischen dem, was der Chef, und dem, was der Mitarbeiter will. Auch das hat seine Vorteile, denn es erlaubt dem Mitarbeiter, Dinge zu tun, die er von sich aus nie tun würde, die er aber erledigt, weil ein anderer dafür die Verantwortung trägt.

Beim Spiel »Eigenverantwortung« muss der Chef auf solche Sonderwünsche verzichten. Doch dafür hat er etwas viel Wichtigeres erreicht: Er hat den Mitarbeiter darauf verpflichtet, seinen Willen als Ziel zu übernehmen. Erinnern wir uns:

Macht besteht darin, gegenüber anderen seinen Willen durchzusetzen – auch gegen Widerstreben, wie Max Weber sagt. Nun, hier entfällt das Widerstreben. Denn der Mitarbeiter brennt förmlich darauf zu tun, was sein Chef von ihm verlangt.

Gute Mitarbeiter setzen sich ehrgeizige Ziele

Versierte Eigenverantwortungsspieler geben den Mitarbeitern nicht einfach ihre Ziele vor, um dann zu behaupten, dies seien deren eigene Ziele. Das wäre plump, ein halbwegs intelligenter Mitarbeiter würde sich vielleicht auf diese Komödie einlassen, aber nur, um den Schein zu wahren. Nein, das Eigenverantwortungsspiel geht so weit, dass sich die Mitarbeiter ihre Ziele selbst setzen. Anders gesagt, als Mitarbeiter fällt es in Ihre Verantwortung, worauf Sie sich verpflichten. Niemand schreibt Ihnen das vor.

Alle Macht dem Mitarbeiter, könnte man nun annehmen. Aber das ist damit gerade nicht bezweckt. Vielmehr geht es darum, dass der Mitarbeiter für seine Ziele Verantwortung übernimmt. Setzt er sich zu mickrige Ziele, fällt das auf ihn zurück. Sein Chef wird ihn sanft dazu bewegen, sich mehr zuzutrauen, was nichts anderes heißt als: mehr zu leisten. Mit diesem Argument wird er auf besonders offene Ohren stoßen, wenn der Mitarbeiter mit anderen im Wettbewerb steht, deren ehrgeizige Ziele er möglichst zu übertreffen versucht. Dabei sorgt der Vorgesetzte dafür, die Ziele in die richtigen Bahnen zu lenken und aufeinander abzustimmen. Denn wenn sich jeder ohne jede Koordination seine Ziele setzen würde – und seien sie noch so hoch angesetzt –, bräche das Chaos aus.

Ziele und Interessen

Und wo ist jetzt der Haken bei diesem Spiel? Warum ist es gar nicht so lieb und menschenfreundlich? Eigenverantwortung ist doch eine gute Sache, oder nicht? Im Prinzip schon. Solange sie nicht in einem Machtspiel gegen denjenigen eingesetzt wird, der sie übernehmen soll. Dann gibt es nämlich gleich zwei mehr oder weniger große Haken, an denen der »Eigenverantwortungsnehmer« über den Tisch gezogen wird:

- Der Mitarbeiter legt seine Ziele in einem Rahmen fest, der es gar nicht erlaubt, eigene Interessen ins Spiel zu bringen. Er kann sich nur entscheiden, mehr oder weniger Leistung in eng begrenzten Feldern zu erbringen – um damit bei seinem Vorgesetzten Punkte zu sammeln.
- Die Verantwortung für den Weg wird dem Mitarbeiter nur überlassen, weil ihm so viel abverlangt wird, dass der Vorgesetzte den Weg nicht verantworten kann. Wenn der Mitarbeiter sich kaputt macht, ist das seine Sache.

Echte Eigenverantwortung setzt zwingend voraus, dass ich meine Interessen wahren kann. In dem Augenblick, in dem ich von ihnen absehen muss, ja gezwungen bin, gegen sie zu handeln, kann von Eigenverantwortung keine Rede mehr sein. Und genau das geschieht in diesem Spiel: Bestimmte Interessen, die ich als Mitarbeiter habe, genauer: alles, was außerhalb der Interessen der Organisation liegt, kann ich gar nicht geltend machen, wenn ich mich nicht lächerlich machen will. Denn es geht nur darum, ein möglichst hohes Leistungsversprechen abzugeben, um sich gegenüber seinem Chef auszuzeichnen.

Der Weg ist der Weg
Wenn mir als Mitarbeiter überlassen bleibt, wie ich mein Ziel erreiche, dann wirkt das erst einmal sehr sympathisch: mehr Freiheit und Gestaltungsmöglichkeiten. Doch löst sich diese Freiheit augenblicklich in Luft auf, wenn ich Mühe habe, den eingegangenen Verpflichtungen hinterherzuhetzen. Meinen Chef kann ich dafür nicht verantwortlich machen, denn ich habe mich selbst dazu verpflichtet. Freiwillig. Habe ich die eigenen Fähigkeiten am Ende überschätzt? Zerknirscht wende ich mich an meinen Chef, der entweder verständnislos und panisch reagiert (»Wie können Sie uns so hängen lassen?!«) oder aber freundlich und hilfsbereit (immerhin bewegen wir uns auf der Ebene der Soft-Power-Spiele). Gemeinsam finden wir eine Lösung. Oder sagen wir besser: Wir spielen das Spiel »Wir finden eine Lösung«, denn wieder achtet der Chef darauf, dass alles ganz eigenverantwortlich geschieht, er sich also nicht die Hände mit der lästigen Verantwortung schmutzig macht. Und ich bin ihm auch noch unendlich dankbar dafür, dass er mich nicht hängen lässt, sondern mich auch noch dabei unterstützt, wenn ich tue, was er will.

! **Gefahren**

Auch wenn es im Allgemeinen harmlos bleibt und sich die Mitarbeiter an die spezielle Form der »Eigenverantwortung« gewöhnen, so kann das Spiel auch zerstörerische Folgen haben. Mitarbeiter reiben sich auf und sind dabei der Ansicht, sie würden die Dinge steuern. Eine Gesprächspartnerin für dieses Buch, die dem »Eigenverantwortungsspiel« auf den Leim gegangen war, betonte, dass sie in ihrer Firma »kommen und gehen« könne, wann sie wolle. Was in ihrem Fall hieß: Niemand konnte sie hindern, extrem früh zu kommen und extrem spät wieder zu gehen – und am Wochenende noch Arbeit mitzunehmen.
Aber auch für den Machtspieler kann das Spiel unangenehme Konsequenzen haben: Wenn die Mitarbeiter durchschauen, wer hier wem die Ziele setzt und wer sich für wen aufreibt, fühlen sie sich ausgenutzt und werden das Spiel hintertreiben. Darüber hinaus hinterlässt das Spiel verbrannte Erde. Der eigentlich ganz sympathische Gedanke der Eigenverantwortung wird durch solche Spielchen in Verruf gebracht.

! **Gegenstrategien**

Das Spiel »Eigenverantwortung« ist schwerer zu durchkreuzen, als man meint. Denn Sie stellen sich selbst ins Abseits, wenn Sie nicht mitspielen, sich keine ehrgeizigen Ziele vornehmen und auch die Verantwortung dafür nicht übernehmen wollen. Sie setzen sich dem unangenehmen Verdacht aus, dass Sie zu jenen unreifen Persönlichkeiten gehören, denen man immer alles vorschreiben muss, die keinen Biss haben und die unfähig sind, Verantwortung für sich zu übernehmen. Auch als Aufklärer in Sachen »echter Eigenverantwortung« werden Sie sich nicht gerade beliebt machen. Es hilft also nichts: Sie werden das Spiel mitspielen müssen. Da Sie immerhin wissen, wie der Hase läuft, können Sie versuchen, das Beste daraus zu machen. Das heißt: Lassen Sie sich niemals auf unrealistische Ziele festnageln. Nutzen Sie die Freiheiten und Gestaltungsspielräume, die Sie haben. Und wenn es keine gibt, fordern Sie sie ein oder nehmen Sie sich die Freiheiten einfach. Und schließlich: Schlagen Sie Alarm, wenn es Schwierigkeiten gibt. Es sei denn, Sie können das Problem tatsächlich »eigenverantwortlich« lösen. Ansonsten aber gilt: Holen Sie Ihren Chef mit ins Boot, wenn Sie ihn brauchen. Fordern Sie, dass er Sie unterstützt, denn selbstverständlich bleibt er mitverantwortlich.

9.2 Stühle wechseln

Führungskräfte müssen hin und wieder Entscheidungen treffen, die bei ihren Mitarbeitern gar nicht gut ankommen. Womöglich formiert sich Widerstand, es gibt Gegenforderungen oder es wird sogar ein Ultimatum gestellt mit dem Ziel, dass die Entscheidung zurückgenommen wird. Um solche unerfreulichen Entwicklungen gar nicht erst aufkommen zu lassen, spielen manche Vorgesetzte das Spiel »Stühle wechseln«. Dabei geht es darum, dass die Mitarbeiter sich in die schwierige Lage ihres Chefs hineinversetzen, um zu erkennen, dass der mal wieder die bestmögliche Entscheidung getroffen hat.

Für wen geeignet?
Das Spiel eignet sich für Vorgesetzte, die ihren Mitarbeitern einen unerfreulichen Beschluss verkaufen müssen, egal, ob sie einem einzelnen Mitarbeiter die betrübliche Mitteilung machen müssen, dass nicht er, sondern sein unsympathischer Konkurrent die Projektleitung übernimmt, oder ob sie der gesamten Belegschaft zu erklären haben, dass sich irgendeine Regelung verschärft hat, eine Vergünstigung wegfällt oder das Geld wieder einmal knapp ist. Auch wenn sich in jüngster Zeit in den Führungsetagen der Organisation einige unerfreuliche Vorfälle abgespielt haben, die erklärungsbedürftig sind, kommt hin und wieder das »Stühle wechseln« zum Einsatz.

Der Spielverlauf
Das Spiel beginnt damit, dass der Vorgesetzte seinen Mitarbeitern die fragliche Entscheidung mitteilt und ihnen die näheren Hintergründe erläutert. Und während die Gesichter immer länger werden, vollzieht er den zweiten Spielzug: Er wechselt den Stuhl. Geistig, versteht sich. Das heißt, er versetzt sich in die Situation seiner Mitarbeiter, die, so wie die Dinge nun einmal liegen, ziemlich unerfreulich ist. Er sagt Sätze wie: »Ich kann verstehen, wenn Sie jetzt bedrückt sind.« Oder: »Ich an Ihrer Stelle wäre jetzt auch enttäuscht. Nach der ganzen Arbeit, die Sie in dieses Projekt investiert haben.« Oder: »Ich

weiß, dass Ihnen das völlig unverständlich erscheint und Sie wütend auf mich sind. Ich an Ihrer Stelle wäre es auch.«

Daraufhin folgt Spielzug Nummer drei: Ein Satz, der fast immer mit dem Wörtchen »aber« beginnt und der den Perspektivenwechsel vollendet: Die Zuhörer sollen auch Sie, den Chef, verstehen. Unter den aktuellen Umständen hätten Sie gar keine andere Wahl gehabt, als diese Entscheidung zu treffen. Es folgen noch ein, zwei Erläuterungen, die deutlich machen: Es hätte ja noch viel schlimmer kommen können. Ja, eigentlich waren noch ganz andere Maßnahmen in der Diskussion, die Sie aber abwenden konnten. Daran schließt sich häufig, aber nicht zwingend, die klassische Frage an: Wenn jemand von den Mitarbeitern eine bessere Lösung in dieser Frage wüsste, dann, bitte sehr, sind Sie dankbar, sie zu erfahren.

Da im Normalfall niemand eine bessere Lösung aus dem Hut zaubert, kann das Spiel damit sein Bewenden haben. Es ist aber auch möglich, das Spiel noch ein Weilchen weiter zu treiben. Der Chef bleibt geistig auf dem Stuhl der Mitarbeiter und versucht umgekehrt, seine Mitarbeiter ständig auf seinen Stuhl zu zwingen. Je nach dem Härtegrad seiner Zumutung kann er auf Verständnis hoffen. Oder auch nicht. Das ist aber auch kein Drama, denn der Chef »versteht« auch das »vollkommen«. Womöglich beschließt er seine Erklärungen mit folgenden Sätzen: »Ich erwarte nicht, dass Sie diese Entscheidung gutheißen. Doch bitte ich Sie: Denken Sie einmal über die Sache nach. Und wenn Sie Anregungen oder Vorschläge haben, bitte, meine Tür steht immer offen ...«

Und wenn durch die offene Tür tatsächlich ein Mitarbeiter mit einem Vorschlag oder einer Anregung kommt, wird er nicht etwa zurückgewiesen. Nein, gleichgültig, wie weltfremd, utopisch oder unbrauchbar der Vorschlag ist, der Vorgesetzte ist »dankbar«. Denn mit seinem Vorschlag dokumentiert der Mitarbeiter, dass er sich auf das Spiel eingelassen hat: Er nimmt den Platz seines Vorgesetzten ein, steht vor den gleichen Problemen, unterliegt den gleichen Sachzwängen und verfügt doch nicht annähernd über die gleichen Informationen. Geradezu ideal verläuft der Stuhlwechsel, wenn sich der Vorgesetzte irgendein unwesentliches Detail herausgreifen kann, das er berücksichtigen wird. Denn damit kann er gegenüber den Mitarbeitern immer darauf hinweisen, dass die Entscheidung »auf Ihren Wunsch« noch verändert wurde.

Die Mitarbeiter ins Boot holen
Selbstredend verwendet nicht jeder Vorgesetzte so viel Mühe auf den Stuhlwechsel, und nicht immer wird so viel Mühe aufzuwenden sein. Denn das hängt ganz von der Schwere des Falles ab. Das Ziel ist aber immer gleich: Die Mitarbeiter sollen die Entscheidung akzeptieren, sie sollen sie zumindest

hinnehmen. Und dazu ist der Perspektivenwechsel das geeignete Mittel. Dass sich der Vorgesetzte seinerseits in die Rolle des Mitarbeiters versetzt, macht ihn in dieser Situation kaum angreifbar. Er kann ja alles verstehen – aus Mitarbeiterperspektive. Dass sich daraus leider keine nennenswerten Konsequenzen ergeben, ist eben Teil des Spiels.

> **Gefahren** !
>
> Wird das Manöver als reine Showveranstaltung empfunden, schafft es nicht gerade Vertrauen. Außerdem nutzt sich die Sache durch mehrmaligen Gebrauch ab. Wer sich immer wieder anhören muss, dass ihn sein Chef ja so gut verstehen kann, der fühlt sich irgendwann verschaukelt.

> **Gegenstrategien** !
>
> Wenn es nur darum geht, dass Ihr Chef Ihnen schonend etwas beibringen will, das Sie ohnehin akzeptieren müssen (Kollege bekommt Projektleitung), brauchen Sie keine Gegenstrategie. Ihre Interessen decken sich ja: Ihr Chef möchte die Beziehung zu Ihnen nicht belasten. Das möchten Sie ganz sicher auch nicht. Anders verhält es sich, wenn Sie dazu gebracht werden sollen, irgendeine Kröte zu schlucken, die Ihr Vorgesetzter oder die Geschäftsleitung ausgebrütet hat. Sie müssen sich keineswegs auf den Stuhlwechsel einlassen. Sie sind ja gerade nicht der Vorgesetzte. Artikulieren Sie Ihre Interessen. Vielleicht lassen sich daraus konkrete Forderungen ableiten. Und vielleicht verfügen Sie über das eine oder andere Druckmittel (zum Beispiel Dienst nach Vorschrift machen, Öffentlichkeit herstellen, Arbeit niederlegen), mit dem Sie Ihren Forderungen Nachdruck verleihen können.

9.3 Ein Auge zudrücken

In jeder Organisation gibt es Vorschriften, Anweisungen, Verfahrensregeln, die offiziell eingehalten werden müssen. Im praktischen Leben weichen die Mitarbeiter jedoch davon ab. Sie vereinfachen sich die Sache, halten Dienstwege nicht ein, unterlaufen umständliche Sicherheitsbestimmungen, verwenden leichteres, billigeres oder offiziell nicht zugelassenes Material, kürzen vorgeschriebene Prozeduren ab. Dadurch erleichtern sie sich die Arbeit, werden schneller fertig und/oder erzielen bessere Ergebnisse. Darüber freut sich natürlich auch der Chef, zumal wenn er mit diesen besseren Ergebnissen seine Vorgaben bequem erreicht und/oder seine Konkurrenten ausstechen kann.

Auf der anderen Seite schafft dieses Abweichen vom offiziellen Kurs natürlich auch ein gravierendes Problem: Denn der Vorgesetzte ist nicht nur dafür zuständig, dass seine Mitarbeiter eine möglichst gute Leistung erbringen, sondern auch dafür, dass alles mit rechten Dingen zugeht, also so, wie es vorgeschrieben ist. Werden Vorschriften übertreten, so müsste er das eigentlich unterbinden. Besonders dringlich ist das natürlich, wenn Sicherheitsbestimmungen verletzt oder irgendwelche krummen Sachen gedreht werden. Schreitet er hier nicht ein, so fällt das auf ihn zurück.

Das ist der Hintergrund für das Spiel »ein Auge zudrücken«. Dabei duldet der Vorgesetzte bestimmte Praktiken, die offiziell nicht erlaubt sind. Er tut das aber nur, solange er sie (scheinbar) nicht bemerkt. Dann würde er nämlich sofort einschreiten und den Verstoß ahnden. Doch er drückt ein Auge zu: einmal als verschwörerisches Augenzwinkern, vor allem aber, um die Abweichungen nicht mitzubekommen.

Vorschriften unterlaufen lassen
Das Spiel kann sich auf einem ganz harmlosen Niveau abspielen: Der Vorgesetzte sieht es nicht so eng, wenn sein Mitarbeiter sich die Arbeit einfacher macht, indem er die Regeln übertritt. Manche Vorschriften sind alte Zöpfe, die sich niemand abzuschneiden traut. Sie scheinen nur den Sinn zu haben, alles umständlicher zu machen. Sie sind einfach nicht praxistauglich, sondern nur lästig. Sie sind von Leuten erdacht, die keine Ahnung haben, wie der normale Arbeitsalltag abläuft. Das meinen zumindest die Praktiker, die sich diese Vorschriften nach ihren Bedürfnissen zurechtschneidern oder sie völlig umgehen.

Dafür können sie bei ihrem Vorgesetzten auf volles Verständnis rechnen. Ja, es ist sogar möglich, dass es von den Mitarbeitern erwartet wird, die Vorschriften zu umgehen. Weil es alle hier so halten – und noch keinem etwas passiert ist. Und weil es gar nicht möglich ist, auf geradem Wege die Vorgaben einzuhalten (→ In den Graben fahren, Kapitel 5.2). Die Verstöße werden inoffiziell toleriert, aber natürlich nur unter der Voraussetzung, dass sie nicht im Gesichtskreis des Vorgesetzten stattfinden.

Wer sich erwischen lässt, wird bestraft
Mitarbeiter, die mit dem Spiel noch nicht vertraut sind, begehen manchmal den Fehler, ihren Vorgesetzten den Regelverstoß merken zu lassen. Sie gehen davon aus, dass der doch ohnehin Bescheid weiß und über die Sache hinweggehen wird. Allerdings tut er das nicht, sondern ahndet den Verstoß, mitunter sogar recht streng. Der Mitarbeiter fühlt sich ungerecht behandelt, weil sich in seiner Abteilung doch alle so verhalten und ungestraft davonkommen. Erfahrene Kollegen erklären ihm milde lächelnd: »Du darfst dich eben nicht erwischen lassen.«

Unter Umständen führt der Vorgesetzte sogar Kontrollen durch, allerdings so, dass alle vorbereitet sind, mögliche Spuren verwischen können und sich nur der Dümmste erwischen lässt, um den es niemandem leidtut. Geht es um etwas schwerere Verstöße, kann er auch eine unabhängige Kontrollinstanz beauftragen, deren Aufgabe darin besteht, nichts Nennenswertes zu entdecken. Um die Kontrollinstanz bei dieser schwierigen Aufgabe zu unterstützen, sind alle betroffenen Mitarbeiter aufgerufen, sich vorzusehen und sich keinesfalls erwischen zu lassen. Damit jedoch unter diesen erschwerten Bedingungen Normverstöße noch weiter möglich sind, wird zeitnah ein Frühwarnsystem eingerichtet, das die Arbeit der Kontrollinstanz aufmerksam begleitet und in gewissem Sinne ja auch unterstützt. Denn wer der Kontrollinstanz jetzt noch ins Netz geht, ist entweder dumm, tollkühn oder fühlt sich unangreifbar – alles keine Eigenschaften, mit denen man sich für die Organisation empfiehlt.

Vergünstigungen entziehen
Dass dieses Spiel auch dazu dient, kriminelle Machenschaften zu decken, sollte Ihnen nicht den Blick dafür verstellen, dass es häufig um ganz harmlose Dinge geht, um simple Abweichungen vom vorgeschriebenen Weg, um Tricks, inoffizielle Arbeitserleichterungen, die auch der Mitarbeiter selbst ins Spiel bringt. So berichtete mir ein Angestellter, dass es ihm inoffiziell gestattet war, eine bestimme Software zu nutzen, weil er mit der Firmensoftware nicht zurechtkam. Jeder wusste davon, doch hätte er das nie offen aussprechen dürfen. Er musste den Schein wahren, und alle anderen auch.

Weil sie den Mitarbeitern zugute kommen, eignen sich diese inoffiziellen Vergünstigungen auch als Druckmittel. Wollen die Mitarbeiter nicht so, wie der Vorgesetzte will, kündigt er an: »Ich werde es nicht länger hinnehmen, dass sich hier keiner an die Regeln hält. Jeder glaubt, er kann tun, was er will. So geht es nicht!« Er droht mit Sanktionen und macht zum Erstaunen seiner Mitarbeiter zeitweise sogar ernst damit, bis sich das Verhältnis wieder entspannt und alle wieder harmonisch zusammenarbeiten.

Den Vorgesetzten trifft keine Schuld
Der Hauptnutzen dieses Spiels besteht wieder einmal darin, Verantwortung loszuwerden. Natürlich gilt der Vorgesetzte als der Verantwortliche für alles, was in seiner Abteilung passiert. Aber was sich hinter seinem Rücken abspielt, dafür wird er nicht im Ernst zur Rechenschaft gezogen. Es sei denn, ihm wird im Zuge des »Schuldschiebens« (→ Kapitel 3.4) die Verantwortung aufgeladen. Ansonsten kann er sich immer darauf berufen, von allem nichts gewusst zu haben. Wenn das glaubhaft ist, geht es allenfalls um die Frage, ob er von den Vorfällen »hätte wissen müssen« – was schon sehr viel vager klingt und viel Spielraum lässt, den Vorgesetzten zu entlasten – wenn man will. Und meist will man. Denn für jede Organisation bedeutet es eine eklatante Schwächung, wenn sie ständig ihr Führungspersonal auswechseln muss. Abgesehen da-

von würden die Verantwortlichen nur noch extrem defensiv agieren, wenn sie wirklich für alles zur Verantwortung gezogen würden, was hinter ihrem Rücken passiert.

Nun muss es keineswegs so sein, dass in Wahrheit den Vorgesetzten die Schuld trifft, nicht nur, weil es oft die Mitarbeiter sind, die sich unter dem Zwang der Verhältnisse ihre Arbeit vereinfacht haben. Manche Abweichung vom offiziellen Weg hat sich im Laufe der Jahre eingeschliffen und bewährt. Der Vorgesetzte könnte den Kampf gegen diese Missstände aufnehmen, doch ist die Chance sehr hoch, dass er damit scheitert (→ In den Graben fahren, Kapitel 5.2). Daher ist es ein Gebot politischer Klugheit, bei den kleinen Abweichungen tatsächlich ein Auge zuzudrücken und das Spiel so zu spielen, wie ich es hier geschildert habe.

Der Vorgesetzte gerät jedoch schnell auf vermintes Gelände, wenn die Abweichungen nicht mehr so harmlos sind, wenn es sich um die bereits erwähnten krummen Dinger dreht. Man würde natürlich erwarten, dass ein halbwegs integrer Vorgesetzter da einschreitet, dass er aufräumt und gegebenenfalls den Sumpf trockenlegt. Doch das scheint sehr viel leichter gesagt als getan zu sein. Gehören solche Machenschaften wie etwa Korruption zu den üblichen Gepflogenheiten, so bringen offenbar nur wenige Vorgesetzte den Mut auf, dagegen anzugehen. Vielmehr scheinen sie in diesem Fall gleich beide Augen zuzudrücken.

Augen zu – von oben nach unten
Das Spiel kann in großem Stil angelegt sein und die ganze Organisation durchziehen. Die oberste Führungsebene hat keine Ahnung, welche schmutzigen Geschäfte an der Basis laufen. Dabei werden Vorgaben gemacht, die sich nur durch mehr oder weniger regelkonforme Abkürzungen einhalten lassen. Solange die Sache gut geht, will niemand so genau hinschauen. Das Gleiche gilt auch für den Umgang mit Zulieferern oder Geschäftspartnern. Es werden Aufträge ausgeschrieben, die sich realistischerweise nur erfüllen lassen, wenn an der einen oder anderen Stelle nachgeholfen wird. Fliegen diese Praktiken auf, so gibt sich der Auftraggeber entsetzt. Davon habe man nichts gewusst, man sei von seinem Geschäftspartner getäuscht worden. Und dieser Geschäftspartner hat natürlich auch eine Erklärung für seine Machenschaften: Auf andere Weise hätte er den Auftrag gar nicht bekommen. Und überhaupt sei das in der Branche üblich.

> **Gefahren** !
>
> Das »Augenzudrücken« macht die Organisation geschmeidiger, doch ist es irritierend, wenn für die Mitarbeiter nicht klar ist, welche Maßstäbe denn nun gelten. Und erst recht zerstört es das Vertrauen, wenn der Vorgesetzte seine Leute im Regen stehen lässt und sich ahnungslos gibt. Die Mitarbeiter müssen verstehen, wie das Spiel läuft, welche Abkürzungen sie nehmen dürfen und unter welchen Bedingungen. Extrem gefährlich wird es, wenn der Vorgesetzte krumme Touren duldet. Möglicherweise wird er dadurch erpressbar. Und wenn die Sache auffliegt, ist fraglich, ob er sich wirklich aus der Verantwortung stehlen kann. Etwas wird gewiss an ihm kleben bleiben.

> **Gegenstrategien** !
>
> Solange das Spiel für Sie durchschaubar bleibt und es nur um die kleinen Abkürzungen geht, können Sie es mitspielen. Es haben ja alle etwas davon. Unter Umständen bleibt Ihnen auch gar keine andere Wahl, weil Sie Ihre Leistung gar nicht erbringen können, wenn Sie sich an den offiziellen Weg halten. In diesem Fall könnten Sie schon versuchen, den Vorgesetzten ein wenig festzunageln – sofern es sich nicht gerade um irgendwelche persönlichen Vorlieben handelt (wie bei dem Beispiel mit der Software). Es ist nämlich nicht in Ordnung, dass Sie Ihre Arbeit nur dann erledigen können, wenn Sie von dem offiziellen Weg abweichen und dann für die Abweichungen bestraft werden. Wenn möglich, sollten Sie Ihren Chef über Ihr Dilemma informieren. Es geht darum, dass Sie ihn ins Boot holen, dass Sie sich absichern und vermeiden, dass der Regelverstoß, von dem auch Ihr Vorgesetzter profitiert, an Ihnen hängen bleibt. Und was die krummen Dinger betrifft, so gibt es nur eine Gegenstrategie: Lassen Sie die Finger davon.

9.4 Das »Sei-kein-Arschloch«-Spiel

Unser Selbstwertgefühl beruht nicht nur darauf, dass wir viel leisten und wirksam sind. Mindestens ebenso wichtig ist es, dass wir meinen: Im Großen und Ganzen sind wir moralisch in Ordnung, loyal und vertrauenswürdig. In der Welt würde es besser zugehen, wenn sich unsere Mitmenschen genauso anständig verhalten würden wie wir. Kaum jemand meint von sich, dass er wirklich unmoralisch ist.

Kommt es doch mal vor, dass wir nicht nach unseren eigenen Maßstäben handeln, dann machen wir die Umstände dafür verantwortlich. Wir konnten nicht anders. Oder wir waren nicht ganz bei uns. Eine absolute Ausnahme. Wer hingegen gewohnheitsmäßig Normen bricht, der hat nicht selten einen strengen »Ehrencodex«. Dass der eingehalten wird, gleicht die Dinge wieder aus – und sorgt dafür, dass man sich für einen besonders »anständigen« Menschen halten kann. Danach streben wir alle. Denn nur dann fühlen wir uns gut, mit uns selbst im Reinen. Gewissensbisse und Schuldgefühle sind belastend beim Spiel um die Macht.

Genau an dieser Stelle setzt ein ausgesprochen softes und defensives Machtspiel an. Der Gegenspieler soll davon abgehalten werden, seine Machtposition auszunutzen. Und zwar einzig und allein dadurch, dass man ihm zu verstehen gibt: Wenn Sie das tun, dann verhalten Sie sich unfair, unmoralisch, niederträchtig.

Das mag als sehr schwaches Druckmittel erscheinen. Doch sollten Sie es nicht unterschätzen. Wenn es frühzeitig ins Spiel gebracht wird, kann es außerordentlich wirksam sein. Und zwar nicht nur wenn die Möglichkeit besteht, die fragwürdigen Manöver des Gegenspielers auf die Vorderbühne zu bringen. Manchmal ist es ausreichend, ihm gewissermaßen vorauseilend den Spiegel vorzuhalten, um ihn von seinem Tun abzuhalten. Er soll erkennen: Wenn ich so handle, mache ich mich zum Bösewicht. Nicht nur in den Augen der anderen, sondern auch in meinen eigenen.

Nur die besten Absichten unterstellen
Das »Sei kein Arschloch«-Spiel hat vor allem dann Aussicht auf Erfolg, wenn der Anschein gewahrt bleibt, der Gegenspieler habe sich selbst entschieden, seine Machtposition nicht auszunutzen. Er ist ein so fairer, anständiger Mensch, dass er es »nicht nötig« hat, Sie zu schädigen. Er kommt Ihnen sogar noch entgegen. Sie belohnen ihn dafür mit dem angenehmen Gefühl, ein guter Mensch zu sein.

Das heißt, Sie dürfen den andern nicht merken lassen, dass Sie ihm unterstellen, er könnte auch anders. Nein, Sie lassen ihn spüren, dass Sie davon ausgehen, er werde sich anständig verhalten. Gleichzeitig müssen Sie ihm vor Augen führen, was für schlechte Menschen das sind, die rücksichtslos ihren eigenen Vorteil durchsetzen und ihre Mitmenschen schädigen. Im Idealfall halten Sie ihn nicht nur davon ab, sich so zu verhalten. Sie bringen ihn auch noch dazu, diejenigen zu verurteilen, die sich über die moralischen Skrupel hinwegsetzen.

Ein Hinweis noch: Das »Sei kein Arschloch«-Spiel funktioniert nur in einem Umfeld, in dem zumindest die Illusion aufrechterhalten wird, dass man anständig miteinander umgeht.

> **! Gefahren**
> Dieses Spiel können Sie nahezu gefahrlos betreiben. Allenfalls riskieren Sie, dass man an Ihr eigenes Verhalten ähnliche Maßstäbe anlegt. Dann sehen Sie sich heftiger Kritik ausgesetzt, wenn sich das Blatt wendet und Sie selbst nicht zögern, Ihre Machtposition auszuschöpfen. Doch das ist ein ganz neuer Fall. Und hohe Ansprüche an das Verhalten anderer haben noch niemanden davon abgehalten, sich selbst allerlei Freiheiten herauszunehmen.

> **Gegenstrategien** !
> Wir haben es bereits angesprochen: Das »Sei kein Arschloch«-Spiel ist sehr defensiv ausgerichtet und hat eigentlich nur Aussicht auf Erfolg, wenn Sie sich von den Fairplay-Appellen erreichen lassen. Ist das so, dann brauchen Sie keine Gegenstrategie. Sie folgen ja nur ihren ethischen Grundsätzen.
> Versierte Machtspieler lassen sich von diesem Spiel wenig beeindrucken. Sie durchschauen sofort, auf welchem Register die anderen spielen. Und sie haben keinerlei Scheu, sich bei den andern unbeliebt zu machen. Das ist ja ohnehin eine Grundvoraussetzung, um dauerhaft eine Machtposition einzunehmen. Man darf sich nicht allzu sehr davon beeindrucken lassen, dass andere Menschen einen ablehnen. Doch nun möchten auch und gerade diejenigen, die sich im Machtgefüge recht weit oben befinden, gute Menschen sein, die sich nichts vorzuwerfen haben. Dies lässt sich auf zweifache Art erreichen: Die (ohnehin etwas feingesponnenen) Einwände nimmt man gar nicht wahr. Oder man wertet diejenigen ab, die sie vorbringen. Es lässt sich sehr leicht behaupten: Die verfolgen ihre eigenen fragwürdigen Interessen, denen man entschieden entgegentreten muss.

9.5 Das Enttäuschungsspiel

Unser kleines Kabinett von Soft-Power-Spielen wäre unvollständig, wenn wir nicht wenigstens einen Vertreter der Kategorie »Spiele auf der Klaviatur der Gefühle« vorstellen würden. Das »Enttäuschungsspiel« nimmt hier einen herausragenden Platz ein – vergleichbar etwa mit dem »Opferspiel« (→ Kapitel 3.6), das jedoch eher von unten nach oben gespielt wird, während mit dem Enttäuschungsspiel vornehmlich der Vorgesetzte einzelne Mitarbeiter unter Druck setzen kann. Aber – das gilt sowohl für das Opfer-, wie für das Enttäuschungsspiel – beide können auch in der Gegenrichtung gespielt werden: Der Vorgesetzte kann sich als beklagenswertes Opfer ins Spiel bringen (erst recht im Rahmen eines Soft-Power-Spiels) und der Mitarbeiter kann seinen Vorgesetzten mit der scharfen Waffe der Enttäuschung quälen.

Für wen geeignet?
Zwingend erforderlich ist ein intaktes persönliches Verhältnis zwischen dem enttäuschten Vorgesetzten und seinem enttäuschenden Mitarbeiter. Das Spiel kommt vor allem für, sagen wir: hochwertige Beziehungen in Frage. Von Mitarbeitern, an denen Ihnen nichts liegt, sollten Sie nicht einmal im Spiel enttäuscht sein. Denn Sie entwerten Ihre Enttäuschung, wenn Sie über alles und jedes enttäuscht sind. Enttäuschung ist etwas Kostbares, das Sie nicht an jeden verschwenden sollten, der sich Ihrem Willen widersetzt. Enttäuschung will verdient sein. Und noch etwas sollten Sie im Auge behalten: Gefühlskalte Karrieremenschen werden Sie mit dem Enttäuschungsspiel nicht erreichen, womöglich werden Sie bei denen eher Erheiterung auslösen.

Spielverlauf
Wie beim Opferspiel geht es auch beim Enttäuschungsspiel um emotionale Verstrickung. Auch hier müssen Sie zunächst einmal eine gute Beziehung zu Ihrem Gegenspieler aufbauen. Als Vorgesetzter sind Sie in einer privilegierten Situation. Im Normalfall versuchen Mitarbeiter, ihrem Vorgesetzten zu gefallen, seine Anerkennung zu bekommen (→ Das Spiel des Lobens, Kapitel 3.3). Denn sie sind von ihm abhängig, wie sie nur allzu gut wissen. Wenn ihr Vorgesetzter wollte, dann könnte er etwas für sie tun, ihre Arbeit erleichtern, ihnen interessante Aufgaben geben, lästige Kollegen vom Hals halten und vieles mehr. Wenn er sie hingegen nicht mag ... Einer aktuellen Studie zufolge ist ein schlechtes Verhältnis zum Chef Kündigungsgrund Nummer eins. Kaum jemand hält es länger aus, wenn der Chef gegen ihn ist.

Umgekehrt heißt das: Wenn Sie eine gute Beziehung aufbauen wollen, werden Sie offene Türen einrennen. Dabei greift eins ins andere, da Sie als Chef den Mitarbeiter ja tatsächlich schätzen. Darum wollen Sie ja überhaupt Macht über ihn. Und dazu müssen Sie ihn erst einmal emotional an sich binden. Als Vorgesetzter, versteht sich. Sie geben ihm Anerkennung, Sie fördern ihn – und Sie fordern ihn.

Hier liegt bereits das Scharnier, an dem das eher freundliche Spiel, das bis hierher dem Spiel des Lobens so ähnlich scheint, umklappt in das grausame Enttäuschungsspiel. Denn Sie fordern den andern nicht nur, Sie überfordern ihn allmählich – nicht allzu sehr, aber doch immerhin genug, um enttäuscht zu sein, dass er das, was Sie sich von ihm versprochen haben, nicht erreicht hat. Und wenn Sie bis hierher alles richtig gemacht haben, wird dies Ihren Gegenspieler entsetzlich wurmen.

Im Folgenden setzen Sie ihn immer wieder unter Enttäuschungsdruck: Wenn er nicht das tut, was Sie wollen, sind Sie enttäuscht. Wenn er sich eine Aufgabe nicht zutraut, sind Sie enttäuscht. Wenn er für Ihr Anliegen gerade keine Zeit hat ... Sie haben das Prinzip begriffen. Dabei ist es unabdingbar, den Mitarbeiter immer wieder aufzubauen, ihm einzuhämmern, dass Sie an ihn glauben. Aber er muss wissen: Wenn er nicht spurt, setzt es den Peitschenhieb der Enttäuschung.

Der Spieler macht sich abhängig, um zu kontrollieren
Vielleicht halten Sie das Enttäuschungsspiel nur für die schwarze Schwester des weißen Spiels des Lobens. Doch gibt es einen wichtigen Unterschied: Während beim Loben der Vorgesetzte über der ganzen Angelegenheit schwebt und seine Lobportionen austeilt, ist er hier regelrecht verstrickt. Er macht überhaupt gar keinen Hehl daraus, dass er auf den Mitarbeiter angewiesen ist. Im Gegenteil, er übertreibt diese Abhängigkeit, bis es dem Mitarbeiter im Ge-

wissen schmerzt. »Ich brauche Sie«, lautet die Botschaft (→ »Verdammt, ich brauch Sie, ich brauch Sie nicht!«, Kapitel 6.6), »Sie dürfen mich einfach nicht hängen lassen.« Er plant den Mitarbeiter einfach nach seinen Vorstellungen ein, er rechnet fest mit ihm, weil sonst das ganze Projekt kippt. »Ich weiß, Sie schaffen das, Frau Goldbach«, verkündet der Chef – und droht unterschwellig mit maßloser Enttäuschung, wenn seine Mitarbeiterin die Erwartungen nicht erfüllt. Daher wird Frau Goldbach alles tun, dem Vertrauen ihres Chefs gerecht zu werden. Und danach wartet dann der nächste dicke Fisch, der ebenfalls gefangen und zerlegt werden muss.

Es gehört zum Enttäuschungsspiel dazu, dass mit der Enttäuschung nicht nur gedroht wird, sondern dass der Mitarbeiter sie auch hin und wieder zu schmecken bekommt. Irgendetwas lässt sich immer finden, was nicht gut gelaufen ist, erst recht, wenn der Mitarbeiter überlastet ist. An dem Grad seiner Zerknirschung kann der Vorgesetzte ablesen, wie viel Macht er aktuell noch über seine Spitzenkraft besitzt.

Glänzende Aussichten
Das Enttäuschungsspiel wird gerne in Verbindung mit dem Spiel »glänzende Aussichten« gespielt. Denn auch die sind es, mit denen der Vorgesetzte seinen Mitarbeiter antreibt, und nicht nur mit Lob und Anerkennung. Die glänzenden Aussichten bleiben häufig unbestimmt oder werden halb im Scherz geäußert, außerdem lassen sie sich mit dem Enttäuschungsspiel wieder in weite Ferne rücken.

Das Spiel mit Gefühlen
Oberflächlich betrachtet geht bei dem Enttäuschungsspiel alles mit rechten Dingen zu. Es ist nur allzu verständlich, dass ein Vorgesetzter gedämpft reagiert, wenn ein Mitarbeiter die Hoffnung, die er in ihn setzt, nicht erfüllt. Das wenig Menschenfreundliche bei diesem Spiel liegt denn auch gar nicht darin, dass sich der Vorgesetzte über seinen Mitarbeiter ärgert und von ihm enttäuscht ist. Das Bedenkliche, ja Abstoßende ist vielmehr, dass seine Gefühle nicht echt sind, dass sie ein Mittel sind, um den Mitarbeiter zu gängeln. Seine Enttäuschung ist nicht angemessen. Um Druck auszuüben, reagiert der Vorgesetzte enttäuschter, als es ihm eigentlich zusteht.

> **Gefahren** !
> Spielt der Chef allzu oft auf dem Enttäuschungsregister, nutzt sich der Effekt allmählich ab. Der Mitarbeiter nimmt die Sache nicht mehr ganz so ernst. Und wenn er das Spiel durchschaut und die Absicht bemerkt, ist der Schaden beträchtlich. Das Vertrauensverhältnis, auf dem das Enttäuschungsspiel ja letztlich aufbaut, wird durch solche Manöver zerstört.

> **Gegenstrategien**
>
> Der erste Schritt besteht darin, dass Sie als Mitarbeiter das Spiel überhaupt durchschauen. Das ist häufig schwer genug, denn schließlich entwickelt es sich ja aus einem guten persönlichen Verhältnis heraus. Sie fühlen sich von Ihrem Chef anerkannt und hoch geschätzt – die Enttäuschung ist ja nur die Kehrseite davon. Dass er Sie vereinnahmt, können Sie ihm eigentlich nicht vorwerfen. Er fordert Sie und verlangt Ihnen Höchstleistungen ab – das ist doch eigentlich etwas Positives. Solange sich das Spiel auf diesem Niveau bewegt, können Sie durchaus mitspielen – sogar wenn Sie vermuten, dass die Enttäuschung von Ihrem Chef manchmal überdramatisiert ist. Bedenklich wird es jedoch, wenn Sie ausgenutzt werden. Wenn Sie sich aufreiben und diese Leistung nicht Ihnen zugute kommt, sondern ausschließlich Ihrem Chef. Dann wird es höchste Zeit, dass Sie sich aus dieser emotionalen Verstrickung lösen. Zeigen Sie Ihrem Chef, dass er mit seiner Enttäuschungsnummer keine Macht über Sie hat. Haben Sie den Mut, seine Enttäuschung einfach an sich abprallen zu lassen. Sie werden feststellen, wie Ihnen plötzlich wieder Macht zuwächst.

10 Foulspiele – und wie man sich dagegen wehrt

> Der Wahlkampf um die US-Präsidentschaft 2016 war geprägt von Verleumdungen, Unwahrheiten und maßlosen Anschuldigungen. Nach seinem unerwarteten Triumph wurde Donald Trump vom Wall Street Journal gefragt, ob er in seiner Rhetorik nicht zu weit gegangen sei. Seine Antwort: »Nein, ich habe ja gewonnen.«

Zum Nachteil der Beherrschten und zum Vorteil der Herrschenden ist der Mensch aber so beschaffen, dass man ihm, solange er lebt, immer noch etwas antun kann.
Alexander Solschenizyn

Die Machtspiele der vorangegangenen Kapitel waren mitunter schon schlimm genug. Als verschärfte Variante scheint nahezu jedes Spiel geeignet, seine Mitmenschen zu misshandeln. Ob als »Knicktest«, »Niedrigstrom-Provokation« oder beim »Ein Auge zudrücken«, die Folgen für die Gegenspieler können verheerend sein. Bei all diesen Spielen gibt es eine Grenze, die man nicht überschreiten darf, sonst werden sie zerstörerisch. Geht es darum, den anderen zu erniedrigen, ihm seine Menschenwürde zu nehmen, ihn buchstäblich auszuschalten, dann sind solche Spiele durch nichts zu rechtfertigen. Haben solche Machenschaften Erfolg, vergiften sie ganze Abteilungen und Organisationen. Sie zerstören das Grundvertrauen, ohne das keine menschliche Gemeinschaft auskommt. Die einen resignieren, die anderen greifen mit dem Ausdruck tiefsten Bedauerns ebenfalls zu solchen abstoßenden Mitteln.

Von solchen »Foulspielen« soll in diesem letzten Kapitel die Rede sein. Dabei versteht sich von selbst, dass es niemals darum gehen kann mitzuspielen. Sie müssen sich zur Wehr setzen, das Spiel durchkreuzen oder zumindest einen Weg finden, sich durch solche Manöver nicht kaputtmachen zu lassen. Denn in manchen Fällen wird es einfach nicht möglich sein, dem Foulspieler das Handwerk zu legen. Er ist zu mächtig, Sie können sich seinem Zugriff (noch) nicht entziehen oder er hat Sie aus irgendeinem Grund in der Hand. Aber selbst dann gibt es Möglichkeiten, noch etwas für sich zu erreichen. Außerdem erfahren Sie, worauf Sie achten sollten, damit Sie gar nicht erst in manche Foulspiele verstrickt werden.

10.1 Die Normfalle

»Je weniger die Leute davon wissen, wie Würste und Gesetze gemacht werden, desto besser schlafen sie«, soll der »eiserne Kanzler« Otto von Bismarck gesagt haben. Wir dürfen vermuten, dass diese Aussage nicht nur für das Fleisch verarbeitende und Gesetze produzierende Gewerbe zutrifft, sondern für alle Branchen: Was sich hinter den Kulissen, auf der Hinterbühne abspielt, ist für diejenigen, die nicht dazugehören, immer ein wenig schockierend. Allein wie untereinander geredet, wie gelästert wird, vom medizinischen Personal, in Zeitungsredaktionen, in Restaurantküchen, in Anwaltskanzleien, in Werbeagenturen, in Büros, das würde diejenigen, die nur die »Vorderbühne« sehen, vermutlich erschrecken.

Das ist jedoch kein Grund, unruhig zu schlafen. Die Lästereien und geschmacklosen Scherze dienen nicht nur der »Entlastung«, wie die Psychologen sagen. Wer sich so abgebrüht äußert, der zeigt einfach, dass er dazugehört. Er weiß, dass solche schnodderigen Bemerkungen nicht die Ernsthaftigkeit in Frage stellen, mit der er oder seine Kollegen zu Werke gehen. Und weil alle das wissen, auf der Hinterbühne, bestätigen sie sich gegenseitig: Wir kennen uns aus, wir sind die Profis. Neulinge erkennt man hingegen daran, dass sie noch nicht mitlästern können.

Die kleinen Tricks
Nur einen Schritt weiter entfernt sind die kleinen Tricks, die man sich aneignet und die sich außerhalb der eigenen Gruppe (hoffentlich) noch nicht herumgesprochen haben. Mit diesen kleinen Tricks kann man sich seine Arbeit vereinfachen, den Chef oder den Auftraggeber beeindrucken und sich vor allem als Profi zu erkennen geben. Wer bestimmte branchenübliche Tricks nicht kennt, wird von seinen Kollegen schief angeschaut: Weiß der überhaupt Bescheid? Manche dieser Tricks gehen schon ein wenig in Richtung Mogelei. Was der Vorgesetzte oder der Kunde später zu sehen bekommt, täuscht mehr Mühe, Sorgfalt und Aufwand vor, als tatsächlich hineingesteckt wurde.

Die üblichen Normverletzungen
Schon auf etwas abschüssiges Gelände geraten wir, wenn wir von den kleinen zu den etwas größeren Mogeleien übergehen. Damit sind Normverletzungen gemeint, die zwar weit verbreitet sind, die uns aber diskreditieren, wenn sie auffliegen. Anders gesagt: Auf der Hinterbühne weiß jeder Bescheid, dass solche krummen Sachen laufen, es regt sich niemand darüber auf, weil sie so weit verbreitet scheinen, dass sie nicht länger als Normverletzung empfunden werden. Sie gelten vielmehr als Arbeitserleichterung, als Ausgleich für all die Nachteile, die man erdulden muss, oder als Schmerzensgeld, wenn sie mit finanziellen

Vorteilen verbunden sind. Dazu zählen etwa großzügige Spesenabrechnungen, die private Nutzung von Firmeneigentum, Zuwendungen von dritter Seite und vieles mehr, was auf der Vorderbühne als unanständig verrufen ist.

Es spielt keine Rolle, ob wir uns unsere Arbeit auf diese Art und Weise erleichtern oder privat Nutznießer sind. Die Bereitschaft, sich auf solche Unanständigkeiten einzulassen, ist offenbar grenzenlos, wenn der Eindruck entsteht: So machen es ohnehin alle – und wenn die Chance sehr gering erscheint, dass die Sache auffliegt. Beide Eindrücke scheinen sich gegenseitig zu verstärken – und schon ist man dabei: nicht zuletzt auch, weil man nicht der Dumme sein will, der auf die Vergünstigungen verzichtet, während sich alle anderen die Taschen vollstopfen.

Die Normfalle schnappt zu
Wer sich auf die üblichen Normverletzungen einlässt, hat häufig eines nicht bedacht: Ab jetzt ist er erpressbar. Zumindest hängt er mit allen anderen Normverletzern im Sumpf und könnte es schwer haben, gegen sie etwas zu unternehmen. Zum Beispiel wenn die Kollegen noch schlimmere Sachen drehen, könnte er in die Verlegenheit kommen, sie decken zu müssen. Weil sie ihn sonst nämlich mit in die Sache hineinziehen, schließlich hat er ja auch Dreck am Stecken.

Sehr versierte Machtspieler schaffen es sogar, ihre unbedarften Kollegen hochgehen zu lassen, während sie selbst unbehelligt bleiben. Dazu bedienen sie sich in der Regel eines »geborgten Messers« (→ Kapitel 7.1). Sie geben jemandem einen Tipp, es kommt zu einer Kontrolle und der Kollege fliegt auf. Es ist bemerkenswert, dass in so einem Fall der ertappte Sünder sehr oft nicht etwa auspackt und seine Kollegen belastet, sondern lieber schweigt. Oder er versucht, die Sache zu vertuschen. Schließlich will er nicht als Verräter dastehen. Lieber lässt er sich zum Sündenbock stempeln. Als Verräter macht er sich nur Feinde und bekommt kein Bein mehr auf die Erde – nicht einmal in einer anderen Abteilung. Als Sündenbock kann er immerhin hoffen, von den anderen wieder aufgenommen zu werden, wenn er noch eine Chance bekommt. Dass er loyal zu seinen Kollegen steht, sichert ihm ihre Sympathien. Außerdem dürfte er im Rennen um die Karriere so zurückgefallen sein, dass man ihn nicht mehr fürchten muss.

Normbrüche bagatellisieren
Um Sie in die Normfalle zu locken, werden Ihre foulspielenden Kollegen versuchen, die Normbrüche kleinzureden. Sie werden herausstellen, dass dieses Verhalten allgemein üblich ist. Sie werden Ihnen die Vorteile und Annehmlichkeiten vorführen. Sie werden erzählen, dass noch nie jemand aufgeflogen

ist. Oder sie werden es geradezu herausfordernd praktizieren – und nicht erwischt werden. Natürlich nicht, denn »jeder weiß doch, wie es läuft«. Nur Sie nicht. Denn Sie sind der Moralapostel hier. Sie glauben, dass Sie etwas Besseres sind, mosern Ihre Kollegen. Es ist gar nicht so leicht, als weißes Schaf unter lauter schwarzen seine Arbeit zu tun.

Manchmal wird es tatsächlich kaum möglich sein. Sie sind isoliert und werden von Ihren Kollegen schikaniert. Gar nicht einmal weil alle Sie in die Normfalle locken wollen, sondern weil Sie als vermeintlicher Moralapostel die anderen daran erinnern, dass sie sich nicht ganz korrekt verhalten. Dass Sie derartig unter Druck gesetzt werden, hat natürlich auch den Grund, Sie einzubinden. Sie können gegen die Kollegen nicht viel unternehmen, solange Sie mit ihnen gewissermaßen im Sumpf sitzen.

> **!** **Gegenstrategien**
>
> Da Sie wissen, wie das Spiel läuft, werden Sie zumindest nicht unbedarft in diese Falle hineintappen. Ob Ihnen das immer so viel hilft, bleibt abzuwarten. Setzt Sie tatsächlich Ihr gesamtes Umfeld unter Druck, ist es sehr schwer standzuhalten. Als einziges »weißes Schaf« werden Sie sich kaum dauerhaft halten können. Es dürfte zumindest sehr ungemütlich werden. Aber häufig wird ja nur der Eindruck erweckt, als sei der Normbruch die normalste Sache der Welt. Es genügt ja schon, wenn einige wenige nicht mitspielen, um dem Druck sehr viel von seiner Stärke zu nehmen. Sie machen einfach nicht mit. Und dass Sie nicht mitmachen, bagatellisieren Sie. Erklären Sie auf keinen Fall, dass Sie die Sache ethisch nicht verantworten können. Erfinden Sie lieber irgendwelche nichts sagenden Erklärungen. Es mag Ihnen zwar geradezu absurd erscheinen, dass Sie Ihre rechtschaffenen Motive verbergen sollen. Aber in der geschilderten Situation ist es einfach taktisch klüger. Sonst glauben die verehrten Kollegen nämlich, Sie führten etwas gegen sie im Schilde. Und wenn einer von ihnen Schwierigkeiten bekommt, werden sie sich gerne daran erinnern, dass Sie so viel gegen diese »bewährten Praktiken« einzuwenden hatten.
> Ein weiterer Punkt, den Sie im Auge behalten sollten: Können Sie dem massiven Gruppendruck kaum mehr standhalten, könnte es sinnvoller sein, sich versetzen zu lassen oder die Stelle zu wechseln als sich zu einem Normbruch verleiten zu lassen, der Ihnen ewig anhängt.

10.2 Die schmutzigen Tricks der Verleumdung

Ein Foulspiel, mit dem Sie immer rechnen sollten, sobald es um etwas geht: Ihr Konkurrent versucht, Sie herabzusetzen, Ihnen etwas anzuhängen, Sie zu verleumden. Dabei kann er das kaum offen tun. Denn dann würde seine Aktion schnell auf ihn selbst zurückfallen, nicht nur weil er als Ihr Konkurrent wenig glaubwürdig ist, wenn es um Ihre Fehler geht, sondern auch weil es

Die schmutzigen Tricks der Verleumdung 10

»auf der Vorderbühne« (→ Kapitel 1 unter der Zwischenüberschrift Spiele auf der Vorder- und der Hinterbühne«) gar nicht gut ankommt, wenn sich jemand hinstellt und über seinen Rivalen herzieht. Sogar wenn er die Wahrheit sagt, macht das einen schlechten Eindruck. Und wenn Ihr Konkurrent Sie verleumden will, dann sollten Sie davon ausgehen, dass er nicht selbst in Erscheinung tritt. Entweder wird er mit einem »geborgten Messer« (→ Kapitel 7.1) gegen Sie vorgehen, oder er wird anonym Gerüchte verbreiten. Es gibt aber noch einen dritten Weg: Witze machen.

Sie sollen zur Lachnummer werden
Man kann einem Konkurrenten dadurch schaden, dass man ihn zum Gespött macht. Deshalb kommt der Foulspieler gerne auf Ihre Fehler und Schwächen zu sprechen, indem er witzig darauf anspielt. Sie bringen ein paar Pfunde mehr auf die Waage, sprechen nicht so gut Englisch oder haben vor Jahren bei einer Betriebsfeier etwas zu viel getrunken? Grund genug, immer wieder in diese Kerbe zu schlagen und sich über Sie lustig zu machen. Der Foulspieler übertreibt maßlos, mengt zum Spaß noch die eine oder andere Unterstellung mit hinein, und Ihre Kollegen schütten sich aus vor Lachen. Keine angenehme Vorstellung, so verhöhnt zu werden. Aber wenn Sie Ihren Gegenspieler zu Rede stellen, erwidert der nur, dass Sie doch wohl »einen Spaß vertragen können«. Das Ziel des Foulspielers ist klar: Ihr Ruf soll so beschädigt werden, dass Sie für eine wichtige Position einfach nicht mehr in Frage kommen. Denn niemand will eine Witzfigur als Vorgesetzten haben.

Private Geheimnisse ins Gespräch bringen
Eigentlich soll man ja Berufliches und Privates nicht vermengen. Eigentlich. Denn es gibt kaum ein Thema, über das so gerne gesprochen wird, wie das Privatleben, vor allem das der anderen. Gerade wenn Sie versuchen, Ihre Privatsphäre abzuschotten, werden Sie zum Objekt aller möglichen Spekulationen. Man kann Sie nicht einordnen und macht sich deshalb so seine Gedanken: Haben Sie einen festen Partner? Wenn ja – wie läuft diese Beziehung? Wenn nein – warum sind Sie Single? Haben Sie irgendwelche unangenehmen Eigenschaften, die das erklären könnten? Und wie steht es mit Kindern? Freunden? Haben Sie ein ungewöhnliches Hobby?

Der Foulspieler klinkt sich gerne in solche Gespräche ein. Er nimmt begierig auf, was so geredet wird, und erzählt es gerne weiter. Weiß er irgendetwas Vertrauliches von Ihnen, so verrät er es nur, wenn sein Zuhörer verspricht, es für sich zu behalten. Das Gleiche gilt selbstverständlich auch für den Fall, dass sich der Foulspieler irgendeine wenig schmeichelhafte Geschichte ausdenkt, die er Ihnen andichten will. Auf diese Weise sorgt er dafür, dass sich die Sache auch wirklich herumspricht.

Unterstellungen, Verleumdungen, Rufmord
Die Gerüchteküche allein bringt noch niemanden um, zumal alle Beteiligten wissen, dass viel erzählt wird und man nicht alles davon glauben kann. Der Foulspieler braucht daher eine Verbindung zum realen Leben, um Sie ins Stolpern zu bringen. Wenn er Ihnen irgendetwas anhängen will, dann braucht er einen Haken, um es an Ihnen festzumachen. Und das geschieht auch: Warum haben Sie sich neulich so seltsam verhalten? Warum sind Sie angeblich wegen einer Magenverstimmung früher nach Hause gegangen? Wollten Sie irgendeine Begegnung vermeiden? Und warum gehen Sie so betont kühl mit der Praktikantin um? Haben Sie ein Verhältnis mit ihr? Das sind noch haltlose Spekulationen, aber ein geschickter Verleumder weiß seine Unterstellungen so einzurichten, dass seine Zuhörer glauben: Wie Sie sich verhalten, das passt ja genau zu seinen Unterstellungen. »Na ja, man weiß ja nicht, ob was dran ist, aber irgendwie komisch, wie sich die Kollegin verhält ...«

Dem Foulspieler geht es nicht nur darum, dass über Sie schlecht geredet wird. Vermutlich wird über die meisten Kollegen schlecht geredet, und doch machen sie ihren Weg. Ja, gerade über diejenigen, die ihren Weg machen, wird mit hoher Wahrscheinlichkeit schlecht geredet. Das dient auch denjenigen zum Trost, die hinter dem Verleumdeten zurückbleiben. Um Ihnen als Gegenspieler Schaden zuzufügen, muss der Foulspieler Ihnen schon richtig etwas anhängen, und zwar etwas, das die anderen zu Ihren Feinden werden lässt. Der entscheidende Punkt ist: Man muss es Ihnen auch zutrauen. Daher bereitet ein versierter Foulspieler erst einmal den Boden und lässt zunächst einige harmlosere Gerüchte kreisen, ehe er langsam seine Verleumdung lanciert.

Der Rufmörder als Fürsprecher
Dabei muss sich der Foulspieler immer wieder zurücknehmen, sonst ist sein Manöver allzu offensichtlich. Also wird er Zweifel anmelden, ob die Geschichte überhaupt stimmt, die er da über Sie weitererzählt: »Ich kann es mir ja nicht vorstellen, dass sie das getan hat, aber einer unserer Techniker hat gemeint, dass sie neulich ...« Besonders infam ist es, wenn er sich als Ihr Verteidiger aufschwingt und die Unterstellungen, die er selbst in die Welt gesetzt hat, mit eher schwachen Argumenten anzweifelt: »Ich kenne Herrn Möbius ja nun so lange. Und so etwas traue ich ihm einfach nicht zu. Er müsste uns ja alle an der Nase herumgeführt haben!«

Üblicherweise kommen die Unterstellungen bei dem, den sie betreffen, zuletzt an. Warum verhalten sich Ihre Kollegen Ihnen gegenüber so seltsam? Sie stellen einen Mitarbeiter zur Rede, aber der antwortet ausweichend. Erst nach und nach dämmert es Ihnen, was man sich über Sie erzählt. Sie sind schockiert und reagieren zuerst überhaupt nicht. Dann versuchen Sie, sich vielleicht zu rechtfertigen, und stellen fest, dass Sie sich in Widersprüche verwickeln. Sie können sich nicht an alles erinnern. Sie erkennen in den Blicken der Kollegen, mit denen Sie bis jetzt vertrauensvoll zusammengearbeitet haben, leise Zweifel: Was ist, wenn die Gerüchte stimmen?

Ihre Glaubwürdigkeit wird erschüttert
Sie sind schon schwer angeschlagen, wenn Sie um Ihren Ruf kämpfen müssen. Können Sie den Verdacht, der auf Ihnen lastet, nicht ausräumen, werden Sie möglicherweise untragbar. Sie können sich nur retten, indem Sie Ihre Glaubwürdigkeit in die Waagschale werfen. Und hier hat ein versierter Verleumder vorgesorgt, indem er genau in dieser Phase dafür sorgt, dass Ihre Glaubwürdigkeit erschüttert wird. Vielleicht tauchen irgendwelche Zeugen auf. Oder – noch wirkungsvoller: Es stellt sich heraus, dass Sie bei Ihrer ersten Erklärung nicht ganz die Wahrheit gesagt haben. In diesem Moment stürzt Ihre Glaubwürdigkeit ins Bodenlose. Allgemein wird erwartet, dass sich nach und nach herausstellt, dass die ganze schmutzige Geschichte stimmt. Und sogar wenn es Ihnen noch gelingt, die Vorwürfe zu entkräften; der ungeheuerliche Vorwurf wird unsichtbar an Ihnen kleben bleiben. Und wenn Sie sich später wieder einmal in einer kritischen Phase befinden, werden sich Ihre Kollegen gerne daran erinnern: Da war doch mal was ...

Verleumden nach der Salami-Taktik
Vielen ist nicht bewusst, wie schnell sich ihre Glaubwürdigkeit erschüttern lässt. Das »Verleumden nach der Salami-Taktik« ist besonders wirkungsvoll, weil Sie als das Opfer immer wieder in Situationen hineingeraten, in denen das Publikum an Ihrer Glaubwürdigkeit zweifelt. Üblicherweise knüpft die Verleumdung an irgendeinem Vorfall an, der Ihnen nicht sehr angenehm ist. Vielleicht haben Sie einen peinlichen Fehler begangen, den Sie mit Mühe vertuscht haben, aber Ihr Gegenspieler ist unglücklicherweise darauf aufmerksam geworden. Oder aber es gab einen Vorfall, den Sie längst bereinigt haben – zumindest glauben Sie das. Und mit einem Mal kommen in dieser Angelegenheit Gerüchte auf. Bevor sie Ihre Ohren erreichen, haben sie schon einige Fahrt aufgenommen. Sie erschrecken. Sie wissen nicht: Wie viel ist überhaupt bekannt? Sie fühlen vor: Etwas Genaues weiß offenbar keiner. Sie weisen die Vorwürfe entschieden zurück. Sie treffen auf keinen nennenswerten Widerspruch. Die Sache scheint gut zu gehen. Sie fühlen sich sicher. Vielleicht stachelt Sie noch ein Kollege an, Ihre Ehre reinzuwaschen, so etwas in der Art. Sie legen noch einmal nach, Sie haben Oberwasser. An den Gerüchten ist nichts dran.

Und dann tauchen neue Vorwürfe auf, Indizien, handfeste Belege, die Sie in Erklärungsnot bringen. Dass Sie allzu selbstbewusst die Vorwürfe zurückgewiesen haben, erweist sich nun als Fehler. Sie müssen einräumen, dass Sie damals etwas falsch gemacht haben. Kleinmütig legen Sie die Wahrheit auf den Tisch. Kaum jemand glaubt, dass Sie die ganze Wahrheit sagen. Doch wieder scheint sich das Blatt zu wenden. Einige Vorwürfe stellen sich als falsch heraus, Sie bekommen wieder ein wenig Oberwasser. Überflüssig zu sagen, dass dieses Wechselbad immer weitergeht, dass immer wieder Unterstellungen die Runde machen und Sie kaum noch mit dem Richtigstellen nachkommen. So bleiben Sie lange negativ im Gespräch, bis man Sie für untragbar hält – auch wenn sich kein einziger der Vorwürfe ganz bewahrheitet hat. Es genügt, wenn ein paar wenigstens teilweise stimmen, um Ihren Ruf zu ruinieren. Ihr Gegenspieler setzt die Gerüchte und Verleumdungen erst nach und nach in Umlauf. Am Anfang scheint alles recht harmlos, doch am Ende kann er fast behaupten, was er will: Man traut es Ihnen schließlich – auch noch – zu.

! Gegenstrategien

Wenn Sie jemand zur Witzfigur machen will, müssen Sie es ihm keineswegs mit gleicher Münze heimzahlen. Manche befürchten ja, in solch einem Wettstreit den Kürzeren zu ziehen, und sagen deshalb gar nichts. Doch das ist ein Fehler. Wesentlich wirkungsvoller ist es, das Spiel beim Namen zu nennen. Warum macht sich der Kollege denn über Sie lustig? Um Sie schlecht zu machen. Weil er mit fairen Mitteln nichts gegen Sie ausrichten kann. Oder ist irgendjemand anderer Ansicht? Lassen Sie also die dummen Scherze einfach an sich abperlen. Zeigen Sie niemals, wenn Sie getroffen sind. So etwas merkt sich Ihr Foulspieler nämlich besonders gut. Packen Sie ihn da, wo er zu packen ist: Dass man seinen Konkurrenten lächerlich macht, zeugt von einem ausgesprochen schlechten Charakter.
Tatsächlich sind die Gerüchte viel schwieriger zu bekämpfen. Zunächst einmal erfahren Sie häufig erst davon, wenn sich schon viele andere über Sie, wie man so sagt, die Mäuler zerrissen haben. Dann müssen Sie aufpassen, sich durch Ihre Reaktion nicht erst recht verdächtig zu machen. Dazu gehört übertriebenes Abstreiten ebenso wie völliges Ignorieren. Als Erfolg versprechendste Methode im Umgang mit Gerüchten wird meist empfohlen, in die Offensive zu gehen. Hüllen Sie sich nicht in Schweigen, sondern treten Sie den Vorwürfen selbstbewusst entgegen. Geben Sie eine Erklärung ab, stellen Sie die Dinge richtig. Und wenn Sie einen Fehler gemacht haben, dann räumen Sie den ein und bitten um Verständnis. Man wird Ihnen verzeihen – jedenfalls bedeutend eher, als wenn sich später herausstellt, dass Sie doch nicht die ganze Wahrheit gesagt haben.
Das alles stimmt natürlich. Und doch gibt es Fehler, Schwächen, peinliche Vorkommnisse, die will man nicht so leichthin preisgeben. Warum auch? Ihre Kollegen, die nicht weniger Unheil angerichtet haben als Sie, laufen ja auch nicht im Büßergewand herum. Und überhaupt denken Sie nicht daran, Ihre Fehler einzugestehen, wenn es Ihnen in der Vergangenheit immer wieder gelungen ist, von den eigenen Schwächen abzulenken und Verantwortung loszuwerden. Daher muss diese Frage taktisch beantwortet werden: Räumen Sie einen Fehler ein, dann erhöht das Ihre Glaubwürdigkeit. Insoweit sind Sie gut beraten, alle Fehler, die ohnehin ans Licht

kommen, unumwunden einzuräumen. Das könnten mehr sein, als Sie sich jetzt ausmalen. Verschweigen Sie etwas Wesentliches, dann dürfte es Ihnen doppelte und dreifache Unannehmlichkeiten bereiten, wenn es sich später herausstellt. Außerdem zieht es die Angelegenheit in die Länge, während ein Geständnis sie abkürzt. Auf der anderen Seite muss man eben auch sagen: Viele Dinge stellen sich keineswegs später heraus, sondern überhaupt nicht. Es ist also eine Frage der Abwägung von Risiken. Meist läuft es auf die folgende Kalkulation hinaus:

- Alles, was ohnehin herauskommt, sofort unumwunden zugeben.
- Alles, was sich im Bereich des Verzeihlichen abspielt, zugeben.
- Alles, was ohnehin nicht herauskommt, und alles, was sich im Bereich des Unverzeihlichen abspielt, sollten Sie im Spiel um die Macht verschweigen.

Eine weitere Gegenstrategie besteht darin, nun seinerseits den vermuteten Drahtzieher mit Unterstellungen, Verleumdungen und üblen Gerüchten zu überschütten. Nun, damit geben Sie nicht gerade ein Bild charakterlicher Größe ab. Der Wunsch, von eigenen Fehlern abzulenken, kommt hier allzu deutlich zum Vorschein. Vielleicht wenden sich wegen dieser armseligen Manöver sogar Verbündete von Ihnen ab. Doch wieder gibt es ein Andererseits: Moralisch robustere Naturen haben wenig Skrupel, sich auf diese Art zu wehren. Und manchmal haben sie sogar Erfolg damit.

10.3 Das Schikanierspiel

Ihr Chef lässt Sie stupide Aufgaben erledigen, die er penibel kontrolliert. Oder Sie haben auf seine Anweisung hin mit viel Engagement eine Aufgabe erledigt und er nimmt das Ergebnis nicht einmal zur Kenntnis. Unterläuft Ihnen ein kleiner Fehler, werden Sie vor allen anderen heruntergeputzt oder – schlimmer noch: mit hämischem Lob überschüttet. Ihre Kleidung, Ihre Art zu sprechen, die Ansichten, die Sie äußern, werden der Lächerlichkeit preisgegeben. Kurz gesagt, wir befinden uns in einem der niederträchtigsten Machtspiele überhaupt. Und Sie sind das Opfer.

Vielleicht erscheint Ihnen der Begriff Machtspiel an dieser Stelle nicht mehr angemessen, denn was soll daran noch Spiel sein, wenn es nur darum geht, Sie fertig zu machen? Aber genau in einer solchen Situation ist es oft das Beste, was Sie tun können: sich klarzumachen, dass Sie es mit einem Spiel zu tun haben. Das bedeutet gerade nicht, dass es harmlos ist, was hier geschieht. Denn das Ziel dieses Spiels ist, Sie zu zerstören.

Wer spielt das Schikanierspiel?
Meist sind es die Vorgesetzten, die mit ihren Mitarbeitern so umspringen. Aber auch Kollegen, die sich ihrem Opfer turmhoch überlegen fühlen, greifen zu diesem Spiel. Wer sich für unverzichtbar und unverletzlich hält, gehört

ebenfalls zu den möglichen Spielern, vor allem wenn er sich langweilt und keine echte Aufgabe hat. In einzelnen Fällen können sogar Mitarbeiter ihren Vorgesetzten schikanieren. Doch lange wird der das nicht durchstehen.

Der andere will nur spielen
Manche Opfer stehen mit einer gewissen Fassungslosigkeit vor solchen Praktiken. Was hat man dem anderen denn getan, dass er sich so aufführt? Gibt es irgendeinen Grund dafür? Einen Auslöser? Das mag sogar so sein. Nur ist der für den weiteren Fortgang des Spiels völlig unerheblich. Ob Ihr Chef auf Ihnen herumtrampelt, nachdem Sie Kritik an ihm geübt oder sich über ihn lustig gemacht haben, spielt keine Rolle. Es führt zu nichts, wenn Sie sich mit diesen Vorfällen weiterhin befassen und womöglich noch meinen, Sie müssten Wiedergutmachung leisten.

Solche Erklärungsversuche lenken Sie davon ab, den Kern des Spiels zu erkennen: Ihrem Gegenüber geht es darum, Sie zu demütigen und Sie zu zerbrechen, und zwar nicht, weil Sie ihm irgendwelche Unannehmlichkeiten bereitet haben, sondern weil ihm das ein Gefühl von Macht gibt. Der Spieler fühlt sich erst wohl, bewundert, anerkannt, wenn er die anderen kaputt macht. »Es geht darum, alles zu zerdrücken, was schwächer ist als man selbst«, beschreibt die französische Psychoanalytikerin Marie-France Hirigoyen diese Einstellung. Dadurch, dass er Sie demütigt, erfährt der Spieler seine Selbstbestätigung. Mit Fleiß und Diskussionen werden Sie ihn nicht davon abbringen können. Im Gegenteil, solche Aktionen erhöhen für den Spieler nur den Reiz, sein Spiel fortzusetzen.

Der Täter fühlt sich unangreifbar
Ein Motiv für diese grenzenlose Rücksichtslosigkeit: Der Spieler möchte das Gefühl auskosten, unangreifbar zu sein. Vielleicht fühlt er sich bereits so, vielleicht will er auch nur ausprobieren, wie weit er kommt. Deshalb hält er sich an diejenigen, die von ihm abhängig, ja, die ihm ausgeliefert sind. Und wenn er seine Opfer gedemütigt hat, dann wird er beim nächsten Mal womöglich noch ein Stück weiter gehen. Um es deutlich zu sagen: Dieses Verhalten trägt unverkennbar soziopathische Züge, anders gesagt: Ihr Chef ist gemeingefährlich, wenn er solche Spielchen mit Ihnen oder irgendeinem anderen Menschen treibt.

Allerdings gibt es das Schikanierspiel auch ein paar Nummern kleiner, was die Sache auch nicht gerade angenehm macht. Sondern das heißt vor allem, dass Sie dem Spiel überall begegnen können. Auch ganz sympathische Zeitgenossen können zu kleinen Schikanierspielern werden, vielleicht sogar Sie und ich, wenn bestimmte Bedingungen gegeben sind. Und diese Bedingungen sehen so aus, dass wir auf keinen Widerstand mehr treffen. Es gibt keine Herausforderung, keine Aufgabe mehr, an der wir uns abarbeiten können. Wir sind umgeben von Menschen, die uns nur noch in unserer Großartigkeit bestätigen. Vielleicht haben wir alle Konkurrenten aus dem Weg geräumt, vielleicht haben wir sie eingeschüchtert, mundtot gemacht. Was wir äußern, erregt keinen Widerspruch mehr. Was wir fordern, wird bedingungslos akzeptiert. Solche Verhältnisse sind außerordentlich ungesund. Für die Opfer sowieso, aber auch für die machtbewussten Täter, die sich fast zwangsläufig in kleine Scheusale verwandeln – sobald sie auf der ganzen Linie gesiegt haben. Nur sehr gefestigte Persönlichkeiten kommen in einer solchen Situation zurecht. Sie haben sich die Fähigkeit zur Selbstkritik erhalten.

Manchmal liegt der Fall aber auch ganz simpel: Ihr Chef will Sie einfach nur loswerden, weil Sie auf einer Stelle sitzen, die er streichen oder anderweitig besetzen möchte. Also versucht er, Sie mit allen Mitteln rauszuekeln. Oft spannt er dazu auch seine Mitarbeiter ein.

Gegenstrategien !

Je nachdem, wie stark Sie dem Foulspieler ausgeliefert sind, kann Ihre Reaktion ganz unterschiedlich ausfallen. Doch bei allem, was Sie tun, sollten Sie sich an den folgenden Leitsatz halten: Lassen Sie sich nicht zerstören. Im Wesentlichen haben Sie drei Möglichkeiten:

- Sie nehmen den Kampf auf und legen dem vermeintlich übermächtigen Foulspieler das Handwerk. Dazu suchen Sie sich Verbündete und nutzen konsequent die Schwachpunkte Ihres Gegenspielers.
- Sie setzen sich den Schikanen nicht weiter aus. Sie verlassen das Feld, suchen sich eine neue Stelle und schonen Ihre Gesundheit.
- Sie halten durch und versuchen, aus der Situation das Beste zu machen. Sie entwickeln kleine Überlebensstrategien, die es Ihnen ermöglichen, eine sehr belastende Situation durchzuhalten.

Vielleicht erscheint Ihnen die dritte Möglichkeit allzu duldsam. Vielleicht meinen Sie, man dürfe vor solch einem Scheusal nicht einfach kapitulieren. Doch eine Kapitulation soll diese Gegenstrategie gerade nicht sein. Es geht nur darum, dass in einigen Fällen die ersten beiden Möglichkeiten überhaupt nicht in Frage kommen. Vielleicht sind Sie Ihrem Vorgesetzten derart ausgeliefert, dass Sie sich weder wehren noch sich ihm entziehen können. Sie sind darauf angewiesen, zumindest eine gewisse Zeit einfach nur durchzuhalten. Da sind die ersten beiden Strategien nicht sinnvoll. Sie sollten sich auf keinen Kampf einlassen, den Sie nur verlieren. Und Sie sollten nicht das Feld räumen, wenn Sie darauf angewiesen sind zu bleiben.
Doch welche Möglichkeiten haben Sie zu überleben, wenn Ihr Chef Sie schikaniert? Robert I. Sutton, Managementprofessor in Stanford, hat eine Reihe von nützlichen »Überlebenstipps« zusammengetragen. So ist schon einiges gewonnen, wenn man

sich die eigene Situation eingesteht und emotionale Distanz entwickelt. Man hängt sein Selbstwertgefühl nicht mehr daran, ob einem im Beruf viel gelingt. Die Sache ist abgehakt – zumindest was alle Angelegenheiten betrifft, in die der Foulspieler verwickelt ist. Überhaupt geht es darum, dem Peiniger möglichst aus dem Weg zu gehen, die Begegnungen mit ihm auf ein Minimum zu reduzieren und für sich Bereiche zu finden, die Sie vor ihm abschirmen können. Von Menschen, die Phasen extremer Machtlosigkeit durchgestanden haben, wissen wir, welche überragende Bedeutung es hat, wenn man sich solche Refugien schafft, in denen man Einfluss nehmen kann – und wenn es die Zimmerpflanzen sind, um die man sich kümmert. Besser noch, wenn Sie Bereiche kontrollieren, in denen Sie sich – unbemerkt von Ihrem Gegenspieler – kleine Erfolge schaffen können. Sie sollten das nicht gering achten. Wie wir schon im ersten Kapitel erwähnt haben: Menschen müssen die Erfahrung machen, Macht ausüben zu können, wie bescheiden diese Macht auch immer ausfällt. Sonst verkümmern sie.

Doch auch die zweite Möglichkeit kann die beste Alternative sein. Arbeitspsychologen haben beobachtet, dass sich Mobbingopfer viel zu lange einer Situation aussetzen, die sie kaputt macht. Sie bemühen sich, das Verhältnis zum Mobber zu reparieren. Sie versuchen, ihre Arbeit besonders gut zu machen. Sie geraten immer tiefer in eine Lage, die aussichtslos ist – und an der sie zerbrechen. Genau das dürfen Sie, sollten Sie betroffen sein, aber nicht zulassen. Unterschätzen Sie nicht die Belastung, der Sie ausgesetzt sind, wenn Sie für jemanden arbeiten, der Sie fertig machen will. Stellen Sie sich ernsthaft die Frage, ob Sie sich das antun (lassen) wollen. Manchmal ist es besser, das Feld zu räumen. Und zwar schnell. Wenn Sie zu lange warten und auf Besserung hoffen (mit der Sie bei diesem Spiel ohnehin nicht rechnen können), sind Sie nicht mehr in der Lage, anderswo Fuß zu fassen. Sie sind buchstäblich am Boden zerstört und arbeitsunfähig. So weit sollten Sie es niemals kommen lassen.

Allerdings können Sie auch den Kampf aufnehmen. Dies wird nicht einfach sein, denn Ihr Gegenspieler tritt Sie ja nicht, weil er Sie herausfordern möchte, sondern weil er sich seiner Überlegenheit vollkommen gewiss ist. Nun, er kann sich irren, aber um ihm diese Lektion zu erteilen, müssen Sie einige Hebel in Bewegung setzen. Als Erstes sollten Sie sich darum kümmern, Verbündete zu gewinnen. Besonders beliebt macht sich Ihr Gegenspieler durch sein Verhalten bestimmt nicht. Also, versuchen Sie, sich mit Leidensgenossen zusammenzutun. Es ergeben sich gewiss Gelegenheiten, Ihrem Peiniger die eine oder andere Blamage beizubringen. So berichtete einer meiner Gesprächspartner von der tiefen Befriedigung, die alle Kollegen empfanden, als ihr tyrannischer Vorgesetzter auf einem Betriebsfest eine humoristische Einlage beisteuerte – und niemand lachte oder applaudierte. Obendrein lässt sich durch Hartnäckigkeit erstaunlich viel erreichen. Auch wenn Sie am Anfang lächerlich erscheinen und Sie sich allein gelassen fühlen, allein dadurch, dass Sie als einziger den Mumm haben, dem selbstherrlichen Boss die Stirn zu bieten, können Sie sich ungeheuren Respekt verschaffen, zunächst nur hinter vorgehaltener Hand. Aber wenn die Position des Tyrannen einmal zu wackeln beginnt, kann es manchmal schnell gehen. Kollegen, die sich vorher noch über Sie lustig gemacht oder Ihnen eine Profilneurose unterstellt haben, sind mit einem Mal auf Ihrer Seite und mit dabei, den Tyrannen der Abteilung zu meucheln.

Das Schikanierspiel 10

In diesem Zusammenhang spielt es natürlich auch eine wichtige Rolle, wie sehr über Ihren Peiniger die schützende Hand von oben gehalten wird. Häufig will die höhere Führungsebene keinen Ärger und keine Unruhe. Folglich muss es Ihr Bestreben sein, dorthin zu vermitteln, dass es nur deshalb Ärger und Unruhe gibt, weil sich Ihr Vorgesetzter so aufführt. Auch interne Konkurrenten lassen sich möglicherweise mobilisieren. Auf jeden Fall wird Ihr Vorgesetzter spüren, dass er doch nicht so unangreifbar ist, wie er geglaubt hat.

Ein letzter Punkt betrifft Sie als Außenstehenden: Bekommen Sie mit, wie ein Kollege, Geschäftspartner, Kunde mit seinen (oder Ihren) Mitarbeitern respektlos umgeht, können Sie viel bewirken, indem Sie nicht einfach darüber hinweggehen. Sie können ihn darauf ansprechen und ihn auffordern, sein Verhalten zu ändern. Solche Eingriffe von außen können Wunder wirken. Doch unabhängig davon sollten Sie sich gründlich überlegen, ob so jemand ein geeigneter Verbündeter für Sie ist. Denken Sie daran, dass Sie ihn durch Ihr Bündnis unterstützen und stärken. Ob Sie wollen oder nicht, Sie setzen Ihren Stempel unter sein Verhalten. Er wird sich bestätigt fühlen und weiterhin seine rücksichtslosen Spiele treiben. Es ist bestimmt kein beruhigendes Gefühl, sich vorzustellen, auf jemanden angewiesen zu sein, der seine Mitmenschen so schlecht behandelt.

Literatur

Berne, Eric: Spiele der Erwachsenen. Psychologie der menschlichen Beziehungen, Reinbek 1990.

Bosetzky, Horst: »Mikropolitik und Führung«, in: Alfred Kieser (Hrsg.): Handwörterbuch der Führung, 2. Auflage, Stuttgart 1995, Spalten 1517–1526.

Bueno de Mesquita, Bruno/Smith, Alastair: The Dictator's Handbook. Why Bad Behavior is Almost Always Good Politics, New York 2011.

Cialdini, Robert: Die Psychologie des Überzeugens, 2. Nachdruck, Bern 1999.

Cohen, Michael/March, James G./Olson, Johan P.: »A Garbage Can Model of Organizational Choice«, in: Administrative Science Quarterly, 17. Jahrgang, S. 1–25.

Crozier, Michel/Friedberg, Erhard: Macht und Organisation, Königstein/Taunus 1979.

De Waal, Frans: Der Affe in uns, München 2006.

Galinsky, Adam D./Gruenfeld, Deborah/Magee, Joe C.: »From Power to Action«, in: Journal of Personality and Social Psychology, 2003, Vol. 83, No. 3, S. 453–466.

Goffman, Erving: Wir alle spielen Theater. Selbstdarstellung im Alltag, München 1983.

Hirigoyen, Marie-France: Die Masken der Niedertracht. Seelische Gewalt im Alltag, München 1999.

Keltner, Dacher: Das Machtparadox. Wie wir Einfluss gewinnen – oder verlieren, Frankfurt am Main 2016.

Knaths, Marion: Spiele mit der Macht, Hamburg 2007.

Kühl, Stefan: »Ganz normale Organisationen. Organisationssoziologische Interpretationen simulierter Brutalität«, in: Zeitschrift für Soziologie, Heft 2, 2005, Seite 90–111.

Langer, Ellen: Psychology of Control, New York 1983. Luhmann, Niklas: Macht, 3. Auflage, Stuttgart 2003.

Manzoni, Jean-François/Barsoux, Jean-Louis: Das Versager-Syndrom. Wie Chefs ihre Mitarbeiter ausbremsen und wie es besser geht, München 2003.

March, James G./Simon, Herbert A.: Organisation und Individuum. Menschliches Verhalten in Organisationen, Wiesbaden 1976.

Neuberger, Oswald: »Spiele in Organisationen. Organisationen als Spiele«, in: W. Küpper/G. Ortmann (Hrsg.): Mikropolitik. Rationalität, Macht und Spiele in Organisationen, Opladen 1988, Seite 53–86.

Neuberger, Oswald: Mikropolitik. Der alltägliche Aufbau und Einsatz von Macht in Organisationen, Stuttgart 1995.

Nöllke, Matthias: Konflikte mit Kollegen und Chefs, Planegg 2000.

Nöllke, Matthias: So managt die Natur, Planegg 2004.

Page, Martin: Managen wie die Wilden, München/Zürich 1973.

Paris, Rainer: Normale Macht, Konstanz 2005.

Paris, Rainer: Stachel und Speer. Machtstudien, Frankfurt am Main 1998.

Parkinson, Cyril Northcote: Parkinsons Gesetz und andere Untersuchungen über die Verwaltung, 3. Auflage, Reinbek 1968.

Pfeffer, Jeffrey: Macht. Warum manche sie haben und andere nicht, Kulmbach 2011.

Popitz, Heinrich: Phänomene der Macht, Tübingen 1986.

Popitz, Heinrich: Soziale Normen, Frankfurt am Main 2006.

Sapolsky, Robert: Warum Zebras keine Migräne kriegen. Wie Stress den Menschen krank macht, München 1998.

Sun Tsu: Über die Kriegskunst. Wahrhaft siegt, wer nicht kämpft, Wiesbaden 2005.

Sutton, Robert I.: Der Arschloch-Faktor. Vom geschickten Umgang mit Aufschneidern, Intriganten und Despoten im Unternehmen, München 2007.

Weber, Max: Wirtschaft und Gesellschaft, 5. Auflage, Tübingen 1980.

HaUFE.

Ihr Feedback ist uns wichtig!
Bitte nehmen Sie sich eine Minute Zeit

www.haufe.de/feedback-buch